「도덕경」의 철학

『도덕경』의 철학

지은이 / 한스-게오르크 묄러
옮긴이 / 김경희
펴낸이 / 강동권
펴낸곳 / (주)이학사

1판 1쇄 발행 / 2021년 2월 10일

등록 / 1996년 2월 2일 (신고번호 제1996-000015호)
주소 / 서울시 종로구 율곡로13가길 19-5(연건동 304) 우 03081
전화 / 02-720-4572 · 팩스 / 02-720-4573
홈페이지 / ehaksa.kr
이메일 / ehaksa1996@gmail.com
페이스북 / facebook.com/ehaksa · 트위터 / twitter.com/ehaksa

한국어판 ⓒ (주)이학사, 2021, Printed in Seoul, Korea.
ISBN 978-89-6147-379-8 93100

THE PHILOSOPHY OF THE DAODEJING BY HANS-GEORG MOELLER
Copyright ⓒ 2006 Columbia University Press
All rights reserved.

Korean Translation Copyright ⓒ 2021 Ehaksa Inc.
This Korean edition is a complete translation of the U.S. edition,
specially authorized by the original publisher, Columbia University Press
through Guy Hong Agency.

이 책의 한국어판 저작권은 기홍에이전시를 통해 콜롬비아대학출판부와 독점 계약한
(주)이학사에 있습니다. 저작권법에 의해 한국 내에서 보호를 받는 저작물이므로
무단 전재와 무단 복제를 금합니다.

* 책값은 뒤표지에 표시되어 있습니다.

한스-게오르크 묄러 지음 『도덕경』의 철학
김경희 옮김

無爲
自然

이학사

일러두기

1. 이 책은 Hans-Georg Moeller, *The Philosophy of the Daodejing*(Columbia University Press, 2006)을 우리말로 옮긴 것이다.
2. 본문과 주석의 한자 병기는 모두 옮긴이가 한 것이다.
   ① 지은이가 한자나 한문 구절을 한자 발음 그대로 알파벳 이탤릭체로 표기한 경우: 한글 고딕체로 표기하고 한자나 한문 구절을 병기했다.
   ② 지은이가 한자나 한문 구절을 한자 발음 그대로 표기하되 알파벳 이탤릭체로 표기하지 않은 경우(보통체): 보통체로 표기하고 한자 병기는 문맥상 필요할 경우에만 했다.
   ③ 지은이가 이를 ( )로 처리한 경우: ( ) 안에 해당 한자만 보통체로 표기했다.
   ④ 그 외의 한자 병기 및 [ ] 안의 한자: 옮긴이가 문맥 이해를 위해 추가한 것이다.
3. 원서의 이탤릭체는 고딕체로(단 도서명은 『 』로) 표기하였다.
4. 숫자로 표기한 각주는 원서의 각주이고, 별표(*)로 표기한 각주는 옮긴이의 각주이다.
5. 부호의 쓰임은 다음과 같다.
   『 』: 책 제목
   「 」: 글 제목
   ( ): 지은이의 부연 설명
   [ ]: 본문에서 옮긴이의 부연 설명, 음이 다른 한자의 병기, 인용문에서 지은이의 부연 설명
   [*]: 인용문에서 옮긴이의 부연 설명

스승이자 멘토, 친구인

롤프 트라우체텔Rolf Trauzettel에게

차례

서문 『도덕경』의 철학   9

제1장 『도덕경』을 읽는 법   17

제2장 성性의 도道   54

제3장 음陰과 양陽, 기氣, 도道와 덕德   74

제4장 역설의 정치학   111

제5장 전쟁에 대하여   148

제6장 만족의 대가들: 욕구, 정서 및 중독   168

제7장 무심함과 소극적 윤리학   187

제8장 영속성과 영원성   209

| 제9장 죽음과 죽음의 형벌 | 226 |
| 제10장 "사람의 충동이 없음": 인간주의에 대한 도가의 비판 | 248 |

| 부록 I 「도덕경」 판본의 역사 | 271 |
| 부록 II 「도덕경」의 영역본들 | 273 |

| 옮긴이의 말 | 279 |
| 찾아보기 | 289 |

서문
『도덕경』의 철학

얼마 전 나는 어떤 책의 서론을 써달라는 요청을 받았다. 『도덕경道德經』(또는 『노자老子』. 이하 『노자』라고 칭할 것이다. 글자 수가 적어서이지 다른 뜻은 없다)을 가르치는 일에 관한 논문들을 모아놓은 책이었다.[1] 그 책에서 여러 저자는 이 고대 도가의 "고전"이 본성상 종교적이지 철학적이지 않다고, 적어도 철학적인 것이 주된 것은 아니라고 주장한다. 나는 정중하게 이 의견들에 반대하는 입장을 밝혔다. 내 생각에 『노자』라는 텍스트는 애초부터(즉 기원전 4-3세기경부터) "정치철학"이라고 부를 만한 것에 대한 하나의 지침서였으며, 더 구체적으로 말하자면 사회에서, 나아가 우주에서 질서를 유지하거나 확립하는 방법에 대해 논한 전문서였다. 현재 남아 있는 역사적 증거를 감안할 때 『노자』가 종교 활동들의 초석

---

[1] Hans-Georg Moeller, "Introduction", in Gary D. DeAngelis & Warren G. Frisina, eds., *Teaching the Daodejing*, Oxford: Oxford University Press, 2008, 3-10.

이 되고 종교적인 도교道敎가 하나의 사회현상으로서 "급부상"하게 된 것은 한漢 왕조(기원전 206-기원후 220)에 이르러서이다.

『노자』를 철학 텍스트로 간주한다고 하더라도 독자들은 이따금 이 책이 모호하고 막연하며, 따라서 그다지 좋은 철학서가 아니라고 불평하곤 한다. 『노자』는 해독하기 어려운 경우가 다반사이다. 게다가 텍스트의 간결함이 그것의 "신비주의적" 특성에 더해져 내용을 불가해한 것처럼 보이게 만드는지도 모른다. 철학 텍스트에서 명료함을 기대하는 사람들은 특히 그렇게 느낄 것이다. 그러나 독자들은 『노자』가 문체와 본성에 있어서 현대의 철학적 저술들과 다르다는 점 때문에 선입견을 가져서는 안 된다. 『노자』는 확실히 "우리"가 사는 현대 서양의 철학 논문들과 비슷한 텍스트들은 결코 생산한 적이 없는 시대와 문화로부터 탄생했다. 그런데도 『노자』는 그 나름의 방식으로 어떤 철학적 "가르침"을 담고 있으며, 그 가르침은 『노자』가 속한 문화적 맥락에서는 명료함과 정합성을 가지고 있었다. 이 책에서는 『노자』의 이런 철학적 가르침, 적어도 그 가르침의 가장 중요한 측면들을 드러내 보이고자 한다.

개략적으로 말해서 고대 중국철학은 참인 것과 단지 그렇게 보이기만 하는 것(또는 거짓인 것)을 구별하는 데 큰 관심이 없었다. 이것은 서양의 그리스철학자들과 크게 다른 점이다. 중국철학은 참과 거짓을 구별하는 것보다는 질서(治)와 혼란(亂)을 구별하는 데 관심이 컸으며, 특히 혼란이 아닌 질서를 세우는 방법에 큰 관심을 보였다. 공자를 계승한 맹자(기원전 372?-289?)는 고대 중국철학자들에 대해 일종의 "직무 해설job description"을 하듯 다음과 같이 정의한다.

> 마음을 쓰는 자들이 있고 근력을 쓰는 자들이 있다. 전자는 명령(들)을 내리고(治) 후자는 명령(들)을 받는다. 명령을 받는 자들은 명령을 내리는 자들을 먹여 살린다. 이것은 온 천하가 받드는 원칙이다.2*

"질서order"를 가리키는 한자(治)는 동사로 사용될 경우 명령을 내린다는 의미이며, 따라서 다스린다는 의미이다. 이것은 영어 "order"의 용법과도 다를 게 없다. 군주들이 실제로 질서를 가져오는 일을 담당했다면, 맹자의 시대에, 그리고 『노자』의 가장 오래된 흔적들을 담고 있는 곽점본郭店本3의 시대에 철학자들의 역할은 마음을 써서 군주들을 있는 힘껏 보좌하는 데 있었다. 『노자』도 이 규칙에서 예외가 아니다. 이 규칙은 맹자의 말에서 분명히 나타나듯이 "엘리트주의"를 다소 아무렇지도 않게 내비친다. 좋든 싫든 고대 중국에서 철학이나 지적인 활동은 육체노동과 구별되었고, 따라서 철학 텍스트들은 (주로 좋은 통치와 사회질서의 문

2　다음 번역본에서 인용하였다. D. C. Lau, *Mencius*(London: Penguin, 1970), 101(번역 수정).

*　『孟子』「滕文公·上」 4: "或勞心, 或勞力. 勞心者治人, 勞力者治於人. 治於人者食人, 治人者食於人, 天下之通義也."

3　「부록 I」을 보라.

제를 다루었기 때문에) 사실상 정치적이었을 뿐만 아니라 "비밀스럽기esoteric"까지 했다. 그 텍스트들은 교양 교육에 기여하려는 의도를 가진 것이 아니었다. 전체 인구 중 일부 사람들만이, 즉 배움과 권력에 접근할 수 있는 자들만이 그 텍스트들을 연구할 수 있었다. 『노자』를 역사적으로 이해하고자 한다면 우리는 이런 맥락을 받아들여야만 하며, 철학 전문서로서 『노자』는 사람들이 널리 접근할 수 있게 하려는 시도를 하지 않았다는 사실 또한 받아들여야 한다. 『노자』는 애초에 소수의 사람들을 위한 텍스트였다. 그리고 『노자』 자체가 이 점을 분명하게 보여주고 있다.

『노자』에 역사적으로 접근한다는 것은 현대의 해석학적 원리들을 순조롭게 적용할 수 없다는 것을 의미한다. 이 책의 제1장에서 보겠지만 지금 우리가 철학 텍스트에 접근할 때 전제하는 많은 가정이 『노자』를 읽을 때는 장애물로 작용한다. 『노자』는 "비밀스럽다"는 특성을 띨 뿐만 아니라 신원을 확인할 수 있는 저자도 없으며 1인칭의 목소리도 없다. 그리고 선형적인 방식으로 진행되지도 않는다. 이런 특징들은 현대의 독자들에게 어느 정도 인내력을 요구한다. 『노자』라는 텍스트는 그 체재에 있어서 매우 "이국적outlandish"이다. 우리가 글쓰기의 "자국적inlandish" 스타일들만 고집한다면 『노자』는 언제까지나 우리에게 이질적인 것으로 남게 될 것이다.

『노자』는 형식에 있어서 이질적일 뿐만 아니라 내용 또한 상당히 "낯설다". 어쩌면 그것의 불가사의한 문체보다도 훨씬 더 특이한 것은 거기에 제시된 많은 가르침일 것이다. 우리가 오늘날 당연하게 여기는 가치들과 관념들 대부분을 『노자』에서는 발견할 수 없다. 『노자』는 확실히 정치적 텍스트로 읽힐 수 있기는 하지만, 우리는 이를테면 "민주주의", "자유", "권리", "정의" 같은 개념들에 관해서는 아무것도 알아낼 수가 없다. 오늘날의 정치적 담론은 약 2500년 전의 중국의 정치적 담론과는 유사성이 거의 없다. 틀에 박힌 편견을 가지고 그 텍스트에 접근하는 것은 그것이 오늘날의 의미론에 완벽하게 맞아떨어질 것이라고 기대하는 것만큼이나 해석학적으로 문제가 있다.

그렇다면 『노자』가 "우리"를 위해 저술된 게 아니라는 사실은 이 텍스트를 우리와 아무 상관 없는 것으로 만드는 것일까? 『노자』를 연구하는 것은 단지 역사학적 가치만을 갖는 것일까? 나는 그렇게 생각하지 않는다. 자신이 쓰는 언어를 더 잘 이해하기 위해서는 외국어를 연구하는 것이 중요하듯이 자신이 어떻게 사유하는지를 더 잘 이해하기 위해서는 다른 방식으로 철학하고 사고하는 것을 연구하는 게 중요하다. 『노자』는 실로 외국어만큼이나 도전 의식을 불러일으킨다. 이 텍스트는 사람들이 너무나 친숙해져 있는 것을 달리 생각하고 다른 각도에서 바라볼 것을 요구한다. 이 때문에 나는 이 책의 몇몇 장에서 대조 분석contrastive analyses을 포함시켰다. 예컨대 성性과 시간에 대해 다룬 장들에서는 『노자』의 철학이 서양의 전통에서 이 사안들에 대해 지배적이었던 견해들과 얼마나 크게 다른지를 설명하고자 하였다. 이처럼 『노자』를 "대조 분석의 방법으로" 연구하는 것은 문화적 조건에 따라 발생하는 요소들을 연구하는 훈련이 될 수 있다.

『노자』 같은 텍스트를 연구하는 것은 역사적으로 다른 사고방식들이 있었음을 보여준다는 소극적인 가치만을 갖는 것이 아니다. 이런 연구는 신뢰할 만한 대안들을 제시한다는 점에서도 가치가 있을 수 있다. 이 책에서 다룰 네 가지 주제를 예로 들자면 『노자』는 정서, 도덕, 죽음, 전쟁 같은 중요한 사안들에 대한 견해들을 밝히고 있으며, 이 견해들은 현대의 독자들에게 "적극적인" 무언가를 제공할 수 있다. 어쩌면 『노자』가 가르치는 "무심함indifference"은 오늘날 만연해 있는 "편 가르기"의 풍조를 누그러뜨릴 뭔가를 할 수도 있을 것이다.

『노자』에서 내가 철학적으로 가장 흥미롭다고 생각하는 측면은 이 텍스트가 인간적 행위주체성human agency에 도전한다는 점이다. 이는 이 책의 마지막 장에서 구체적으로 다룰 측면이기도 하다. 주체성의 발견으로부터 시작된 근대 서양철학의 전통은 자아ego와 그 자아의 힘들에 너무 집중해왔다. 이런 전통에서 『노자』의 입장은 다소 거북스러운 것으로 감지될지도 모른다. 『노자』의 격률인 "행위하지 않음(無爲)"은 인간 사회를 포함해서 세계 전체를 개별적 활동들에 기초하고 있다기보다는 "스스로 그러하게(自然)" 또는 자발적으로 일어나는 작용에 기초하고 있는 하나의 메커니즘으로 보는 관점으로 이어진다. 내가 흥미롭게 생각하는 것은 바로 이런 "자기생산적autopoietic" 대안이다.[4]

---

[4] 이 책의 원고를 완성한 뒤에 나는 우리 시대에 비非인간주의적이고 "신新도가적인" 새로운 철학을 제시하는 훌륭한 책을 한 권 알게 되었다. John Gray, *Straw*

원고 교정에 있어서 라이언 오닐Ryan O'Neill에게 신세를 졌다. 그는 많은 교정 사항을 건의해주고 내 영어도 고쳐주었다.

Dogs: Thoughts on Humans and Other Animals(London: Granta, 2002)[존 그레이, 『하찮은 인간, 호모 라피엔스』, 김승진 옮김, 이후, 2010]이다. 도가적 사유의 현대적 타당성에 관심 있는 사람들에게 강력 추천한다.

제1장
『도덕경』을 읽는 법

> 어둠보다도 더 어두우니 ―
> 온갖 오묘함의 문이다.*
> 『노자』 제1장

　『도덕경』 또는 역사적으로 더 앞서는 제목인 『노자』[1]는 독자들의 마음을 사로잡을 수도 있고 또 곤란하게 만들 수도 있는 책이다. 많은 사람이 이 텍스트가 지닌 "어둠"에 매력을 느끼고 이로부터 영감을 얻는다. 어떤 이들에게 이 어둠은 지적인 신비로움과 경이로움을 간직한 심연으로 보인다. 그러나 이 동일한 어둠이 다른 이들에게는 이해를 가로막는 장애물로 보인다. 이런 독자들은 『노자』의 수수께끼 같은 구절들과 어휘들을 이해하는 데 어려움을 느낀다. 이들은 『노자』에서 진정으로 깨우침을 주는 그 어떤 것도 알아차리지 못하고, 어둡고 감춰져 있는 것에서 흥미로운 점을 전혀 발견하지 못한다.
　『노자』가 지닌 "어둠"은 부분적으로는 이 책이 오래전에 텍스

---

* "玄之又玄, 衆妙之門."
1 『노자』 판본의 역사에 대해서는 「부록 I」을 보라.

트 유형에 있어서 한 차례 큰 변화를 겪었다는 사실에 기인한다. 애초에 『노자』라는 텍스트는 읽히기 위해, 특히 21세기 독자들에게 읽히기 위해 저술된 것이 아니었다. 『노자』는 격언들의 모음집으로서 수세기에 걸쳐 분량이 점점 늘어나 현재의 모습에 이르렀으며, 초창기에는 저술의 형태로 전해졌다기보다는 구두로 전해졌다. 그 텍스트는 처음에는 한 권의 "책"이 되기 위한 것도, 그것을 연구하는 이들에게 읽히기 위한 것도 아니었던 것으로 보인다. 그것은 암송되기 위한 것이지 정독되기 위한 것이 아니었다.

불과 지난 몇십 년 사이 무덤들 속에서 대나무나 비단에 적힌 가장 오래된 『노자』 필사본들이 발굴되어 지상에 모습을 드러냈다. 이 필사본들은 고인이 된 자에게 읽을거리로 주어졌다기보다는 그가 조상들의 세계로 건너갈 때 사용할 위신과 지혜의 징표이자 권력과 지위의 척도로 주어졌다. 저술은 의례적 목적으로 행해졌고, 이 『노자』 필사본들의 경우 장례식을 위한 것이었다. 그리고 고대 중국 사회에서 장례식에서 거행되는 의례들은 가장 공을 들여야 하는 중요한 의례였다. 그러나 죽은 자가 아닌 살아 있는 중국 고대인들에게 『노자』는 책의 형태로 존재하지 않았다. 오히려 그것(더 정확히 말해 나중에 그것을 구성하게 될 격언들)은 교육에 접근할 수 있었던 사람들, 즉 사회적 권력과 재산을 가진 소수의 특권층에게 구두로 전수되었다고 보아야 한다. 이 사람들은 『노자』 같은 텍스트들을 암기를 통해 익혔다. 『노자』가 드러내는 시적인 성격, 정치적이고 철학적인 내용 그리고 수수께끼 같은 격언들의 역사적 배경은 그 격언들이 문화적 엘리트 계층 내부에서 입에서 입으로 전해졌음을 암시한다. 기원전 4-3세기에 『노자』는 이 집단이 사회적 권력을 행사하거나 신체를 양성할 때 따라야 할 지침으로, 그리고 자연과 우주 안에서 자신들에게 적합한 자리를 찾도록 안내해주는 지침으로 활용되었다.

『노자』의 가르침들은 고대 중국인들의 삶의 방향 정립이 보여주는 핵심 패턴들에 속한다. 그 패턴들 속에서 그들은 자신들이 국가와 우주에서 차지하고 있는 위치를 이해했다. 『노자』와 그 밖의 철학 텍스트들에 담겨 있는 가르침들은 의미meaning의 일반적 원천으로도 기능했다. 그 가르침들은 세계를 이해할 수 있게 해주는 일련의 도식들을 제공했으며, 더 중요하게는 사람들이 이 세계 속에서 행동을 도모하는 것을 도왔다. 『노자』 같은 텍스트들은 고대 중국인들의 자기 기술self-descriptions과 자기 처방self-prescriptions의 기록들이다. 우리가 오늘날 그런 텍스트들을 읽을 때 취하는 독해 방식은 그것들이 예전에 연구되었던 방식과는 상당히 다르다. 우리가 지닌 세계관은 고대 중국인들이 지닌 세계관이 아니다. 따라서 페이퍼백으로 인쇄된 영역본 『노자』는 더 이상 2000여 년 전의 『노자』와 똑같은 책이 아니다. 우리는 이 텍스트를 먼 옛날 그것을 암기하려고 애썼던 중국의 통치 계층의 구성원들과는 완전히 다른 방식으로 지각하고 있다.

오늘날 우리가 서점에서 발견하게 되는 『노자』는 더 이상 그것이 생겨난 원래의 문화적 맥락 속에 놓여 있지 않다. 지금의 『노자』는 예전 어느 한 지역에서 생생하게 통용되었던 의미론 — 의미의 네트워크 — 이 화석화되어 나타난 변형물의 일종이며, 그

지역은 소위 "서양 문명"의 전신들과는 거의 접촉이 없었던 곳이다. 『노자』에 담긴 의미가 엮어내는 의미론적 네트워크는 한때는 (살아 있는 사람들뿐만 아니라, 추정상 죽은 사람들 사이에서도) 타당성을 가졌고 숭배되었지만, 지금은 모호한 것이 되어버렸다. 그리고 이것이 바로 『노자』가 많은 독자에게 어둡고 불가해한 것으로 보이는 이유 중의 하나이다.

이 모든 점을 감안한다면 분명 『노자』는 우리가 한 권의 책에서 기대하게 되는 특징들 가운데 많은 것을 결여하고 있을 수밖에 없다.

첫째, 『노자』는 신원을 확인할 수 있는 한 명의 저자가 없다. 그 텍스트에는 개인적인 생각들을 표현하고 있는 저자가 없다. 그 텍스트가 우리를 하나의 독창적인 "사고방식"으로 안내할 것이라고 기대한다면 곧 실망하게 될 것이다. 거기에는 우리를 향해 말을 건네는 특정한 개인이 없다. 그 텍스트에서 종종 만나게 되는 "나"는 우리에게 말을 걸어 자신이 관찰한 것들을 전달하고 싶어 하는 한 개인의 자아가 아니다. 그것은 오히려 잠재적 독자 — 청자라고 하는 것이 더 낫겠다 — 가 차지할 법한 공간을 표시한 것이다. 도가의 가르침을 따르는 자들은 『노자』에서 "나"가 언급되면 그들 자신과 그들의 자아를 그 텍스트 속에 "끼워 넣을" 수 있게 된다. 『노자』는 그것을 연구하는 사람들에게 그 가르침들과 일체가 되기를 익명의 방식으로 요구하고 있는 것이다. 그 가르침들은 독특한 통찰들로서 제시된 것이 아니다. 오히려 그것들은 일반적 이치를 보여주기 위해 소개된 것이다.

둘째, 『노자』는 체계적으로 다루는 주제가 없다. 격언들의 모음집인 『노자』는 단편적인 방식으로 가르침들을 표현한다. 그것의 "철학적 조각들"은 특정한 패턴으로 배열되어 있지도 않다. 논리적 결론들의 특별한 순서도 없고 일련의 논증들도 없다. 그 텍스트가 겨냥하는 명확한 논점도 없다. 공자의 어록인 『논어論語』처럼 문답의 체재로 철학적 용어나 도덕적 가치를 명료하게 표현하는 스승과 제자 간의 대화도 없다. 성패가 걸린 뚜렷한 쟁점도 없고, 내용의 명확한 범위도 없다. 그 텍스트가 무엇을 다루고 있는지에 대한 개괄적인 설명조차 없다. 독자들은 그 텍스트가 뭔가를 애써 전달하려고 한다는 것은 알지만 그것이 구체적으로 무엇인지에 대해서는 그다지 확신하지 못한다.

셋째, 『노자』는 명확한 순서에 따라 읽을 수 있도록 저술된 텍스트가 아니다. 그것은 사실상 시작과 끝을 가지고 있지 않으며, 일정한 경로를 따라 전개되지도 않는다. 그동안 출토된 가장 오래된 필사본들은 『노자』에 실려 있는 자료들이 애초에는 (곽점본처럼) 더 짧은 모음집이었고 (곽점본과 마왕퇴본처럼) 서로 다른 순서로 배열되어 있었음을 시사한다.[2] 오늘날 우리는 저술과 책에 익숙하며, 그에 상응하는 독서 습관을 길러왔다. 그러나 그런 가정들, 이를테면 하나의 텍스트는 시작과 끝을 가지고 있다는 가정은 먼 옛날 중국 고대에는 매우 이상한 것이었다. 고대 중국인들에게 『노자』와 같은 텍스트들은 "보통은" 책의 앞뒤 표지 사이에 존재하는 것이

---

2 「부록 I」을 보라.

아니라, 입으로 암송하는 행위 속에 그리고 기억 속에 존재했다. 오래된 필사본들은 단지 『노자』라는 텍스트가 어떻게 땅에 묻히고 화석화되었는지를 보여줄 뿐이다. 그것들은 그 텍스트가 사람들의 삶 속에서 실제로 어떻게 사용되었는지는 보여주지 못한다. 그것은 지혜를 담은 구술적 격언들의 형식으로 사용되었으며, 거기에는 엄격하게 정해진 순서도, 순차적인 배열도 없었다.

그러나 『노자』가 한 명의 저자도 없고 명확하게 제시된 주제도 없다면, 그리고 시작과 끝도 결여하고 있다면 어떻게 읽힐 수 있을까? 읽히기 위해서 저술된 것이 아닌데 어떻게 읽힐 수 있다는 것인가? 『노자』가 보여주는 아주 특이한 형식을 감안할 때 그 텍스트는 서양 문화의 전통적인 선형적 텍스트들, 예컨대 책이나 에세이, 연설문 같은 텍스트들에 비견될 수가 없다. 놀랍게도 『노자』는 어떤 의미에서는 인터넷의 소위 하이퍼텍스트hypertext 같은 비전통적이고 비선형적인 텍스트들에 견주는 것이 더 용이할 수도 있다. 인터넷의 하이퍼텍스트 역시 한 명의 명확한 저자가 결여되어 있고 시작과 끝이 없으며 특정한 한 가지 사안만을 다루지도 않는다.

일직선으로 전개되는 논의나 줄거리를 따라 펼쳐지는 선형적 텍스트들과 반대로 하이퍼텍스트는 풀기 어려울 정도로 복잡하게 얽혀 있다. 그리고 그 복잡성은 꼭 풀어야 하는 것도 아니다. 인터넷의 웹은 하나의 실이 아니라 여러 가닥의 실이 얽히고설켜 있는 거미줄처럼 작동한다. 그것은 정확한 시작이 없으며(우리는 어떤 사이트에서든 "서핑"을 시작할 수 있다), 정확한 끝도 없다(그 내용이 계속해서 갱신되고 확장되기 때문이다).

인터넷의 하이퍼텍스트는 게시판 같은 역할을 한다. 그 위로 새로운 전달 사항들이 끊임없이 올라오는가 하면 다른 것들은 내려간다. 그 넷Net에는 우리 사회의 의미론이 걸려든다. 사회는 넷의 외부에서와 마찬가지로 그 내부에서도 소통함으로써 사회적 구성물들을 건립해간다. 웹사이트들은 거대한 게시판 위에 붙어 있는 작은 공고문 같은 것들로서 단편적인 성질을 갖는다. 그것들이 담고 있는 정보는 분산되어 있고 대개는 지극히 압축되어 있다. 하지만 우리는 그 정보들의 내용에 이미 익숙하기 때문에 그것들을 바로 이해한다. 우리가 넷에서 발견하는 것들은 일상생활을 하면서 익히 알고 있는 것들이기 때문에 우리는 그것들에 친숙하다. 또한 넷은 지극히 반복적이다. 넷상에는 단 하나의 은행, 단 하나의 대학, 단 하나의 신문, 단 하나의 스포츠 중계권만 있는 것이 아니다. 그런 것들이 셀 수 없이 많다. 각각은 세부적인 면에서만 다를 뿐이다. 그런 넷의 카오스를 통과할 수 있도록 우리를 안내하는 것은 링크들links이다. 그 링크들은 우리를 이 페이지에서 저 페이지로, 이 사이트에서 저 사이트로 인도하는 횡단보도와 같다. 그것들의 도움으로 우리는 동일한 정보가 조금씩 변주되어가는 것을 볼 수 있다. 링크들은 우리를 넷에 있는 하나의 노드node에서 그다음 노드로 인도한다.

많은 웹사이트가 보여주는 간결함은 익숙함을 전제로 한다. 하이퍼텍스트는 정도의 차이는 있지만 대체로 간명한 브로슈어들의 방대한 집합체이다. 그 브로슈어들은 통상 그것들이 무엇에 관한 것인지 먼저 설명해주지 않는다. 하이퍼텍스트는 책이 아니며 독자를 그것의 주제로 친절하게 안내하지도 않는다. 사전 지식을 당연한 것으로 가정한다. 하이퍼텍스트의 노련한 "유저들users"은 그 지형에 익숙하며, 조종을 받거나 안내를 받거나 지시를 받을 필요 없이 이 사이트에서 저 사이트로 서핑을 한다. 그들은 이미 그 주제에 이골이 나 있으며 무엇을 기대해야 하는지도 알고 있다.

수많은 웹사이트처럼 『노자』도 익명의 방식으로 말한다. 다수의 가상 포스팅에는 개인적인 어조나 사적인 출처가 없다. 메시지들은 비슷하지만 메신저는 감춰진 채로 있다. 아니, 메신저가 누구인지는 대수롭지 않은 문제라고 하는 편이 낫겠다. 이런저런 웹사이트의 텍스트를 정확히 누가 업데이트했는지는 사실 중요하지 않다. 이와 마찬가지로 『노자』와 같은 텍스트는 특정 장의 특정 버전에 누가 책임이 있는지를 안다고 해도 그 텍스트를 이해하는 일과는 무관한 경우가 흔하다. 이 점은 인터넷상에서처럼 "업데이터들"이 이름조차 알려져 있지 않은 경우가 많다는 사실로 입증되며, 이런 종류의 정보를 추적하는 데 아무도 관심을 갖지 않기 때문에 텍스트의 역사를 재구성하는 것은 이내 불가능한 것이 되어버린다.

하나의 텍스트로서 『노자』는 너무 복잡하게 얽혀 있어서 그 얽힘을 푸는 것이 거의 불가능할 정도이다. 하이퍼텍스트와 마찬가지로 그것을 풀려는 시도는 모두 부적절한 것이 될 것이다. 『노자』는 결코 "완성되지" 않았다. 진본이라고 할 만한 원본을 발견할 수도 없다. 원래의 순서나 차례도 없다. 그 자료들은 서로 다른 시기에 상이한 형식으로, 상이한 순서로 『노자』라는 "게시판" 위에 올라왔다. 그것들은 수세기에 걸쳐 여러 차례 되풀이해서 다시 쓰이고 다시 조판되고 확대되고 축약되었고, 어느 시점에 이르러서야 우리가 떠올리는 "책"의 개념과 유사한 "표준적" 형식을 띠게 되었다. 그러나 이것은 『노자』의 판본의 역사에서 비교적 후기에 일어난 일이며, 그 텍스트가 형성될 무렵에 가지고 있었던 그것의 본성을 대변하지는 않는다. 그 역사의 초창기에, 특히 기원전 5세기나 4세기에 『노자』는 한 권의 책으로 기능했다기보다는 일종의 고대의 하이퍼텍스트로, 또는 구성과 해체, 확대와 축소의 지속적 과정 속에 놓여 있었던 텍스트적 게슈탈트gestalt로 기능했다.

인터넷상의 많은 간명한 텍스트처럼 『노자』의 장들도 하나의 주제를 조금씩 변주하면서 반복하는 경향이 있으며, 이 주제가 무엇을 의미하는지에 대해 명쾌하게 설명해주는 법이 없다. 무엇이 쟁점이 되고 있는지를 이미 알고 있는 『노자』의 노련한 "유저"에게는 사전 지도가 필요 없다. 이미 입문해 있는 자들의 담론에서는 일시적 유행어들과 전문용어들termini technici이 반복해서 등장하고 은어가 자리 잡고 있는 것이 전형적인 현상이다. 고대 중국에서 『노자』를 "서핑했던" 자들은 그것의 의미론에 익숙해져 있었다. 그 의미론은 상세하게 해명될 필요 없이 그저 사용되고 재사용될 뿐이었다.

물론 『노자』 안에서는 이 사이트에서 저 사이트로가 아니라 이 장에서 저 장으로, 이 구절에서 저 구절로 이동하게 된다. 그리고 이 이동을 가능하게 하는 것은 전자 신호들이 아니라 수사학적 신호들이다. 이 "혼돈스럽고" 무질서한 본문의 장들과 구절들을 연결하는 다리들, 또 그 본문을 한데 모여 있게 하면서 그것의 통일성을 만들어내는 경첩들은 반복해서 잇따라 등장하는 표현들과 어구들, 이미지들과 상징들, 전략들과 격률들이다. 『노자』에서 "네트워킹"은 언어학적으로 이루어진다. 모든 장은 동일하거나 유사한 메타포들을 사용함으로써, 또 유사한 모토들을 약간의 변주를 통해 반복함으로써, 그리고 동일한 일군의 어휘들을 응용함으로써 다른 장들과 연결되고 있다.

『노자』를 면밀히 살펴보면 볼수록 이 책은 수사학적 연결 고리들의 끝없는 연쇄이자 서로 연관된 격언들의 네트워크이며 서로 연상되는 이미지들과 교훈들의 모음집으로 그 모습을 드러낸다. 이 링크들을 따라가면서 반복되고 변주되는 것들을 추적하다 보면 그 텍스트가 지닌 모호함은 사라질 것이다. 만약 각 장들을 따로따로 읽거나 책 전체를 선형적으로 읽게 되면 그 텍스트는 해석학적으로 여전히 닫힌 채로 있게 될 것이다. 그러나 그와 다른 독해 전략을 택해서 『노자』를 일종의 하이퍼텍스트로 다룬다면, 즉 비선형적임에도 불구하고 단단히 연결되어 있는 자료들의 모음집으로 다룬다면 그때 "어둠"은 사라지고 『노자』는 정말로 "온갖 오묘함의 문[衆妙之門]"이 될 것이다.

어떤 장, 어떤 구절에서 출발하든 우리는 『노자』에 대한 탐색을 시작할 수 있다. 다음 단락부터는 임의로 선택한 출발점이 실제로 어떻게 다른 모든 장 및 절과 관계하고 그것들과의 연결로 이어지는지를 보여주고 싶다. 그렇게 하면 그 텍스트의 "네트워크 같은"

구조가 선명하게 드러날 것이다. 그러나 주어진 구절이나 행의 모든 "링크"를 다 따라가는 것은 거의 불가능하다. 이것은 결코 완수될 수 없는 과제이다. 단락들 간의 상호 관계를 알아내는 것이 거의 무한하게 가능하기 때문이다. 더욱이 『노자』에 온축되어 있는 이미지들, 상징들, 전략들, 교훈들은 다소 제한되어 있기 때문에 그 관계를 알아내려고 하는 것은 이내 지극히 반복적인 작업이 되고 말 것이다. 『노자』의 링크들, 즉 독자로 하여금 그 텍스트를 통과하도록 안내하는 모티프들과 모토들은 대개는 동일한 것의 변주이다.

『노자』를 통과하게 될 이후의 여정을 위한 나의 출발점은 제6장이다.

> 골짜기의 혼은 죽지 않는다 —
> 　　이것을 일러 어두운 여성스러움이라고 한다.
> 어두운 여성스러움의 문 —
> 　　이것을 일러 하늘과 땅의 뿌리라고 한다.
>
> 계속 이어지는구나!
> 　　마치 존재하는 듯하다.
> 　　아무리 써도 고갈되지 않는다.*

---

* 제6장: "谷神不死, 是謂玄牝. 玄牝之門, 是謂天地之根. 綿綿呵若存, 用之不勤."(마왕퇴 갑본) "谷神不死, 是謂玄牝. 玄牝之門, 是謂天地根. 緜緜若存, 用之不勤."(왕

이 구절들은 확실히 "어두운" 『노자』에서도 "더 어두운" 구절들에 속한다. 이 어둠은 다음 사실에서 기인한다. 즉 우리가 여기서 발견하는 것은 추가적인 해명이나 설명이 없는 몇 가지 핵심 이미지들이며, 그 이미지들은 몇 안 되는 글자들과 단어들 속에 몰려 있다는 사실이다. 그럼에도 불구하고 문장이면 문장, 단어면 단어로 이어지는 이 이미지들은 우리를 『노자』 전체의 메타포들과 수사법들로 안내할 "링크들"로 볼 수 있으며, 이 더 큰 맥락 속에서

필본) 마왕퇴 을본은 갑본의 '綿綿呵若存'이 '緜緜呵其若存'으로 되어 있다.
지은이는 이 책에서 인용하고 있는 『노자』의 본문을 『노자』의 여러 판본(「부록 I」 참조) 중 어떤 판본에 의거하여 번역하였는지 따로 밝히지 않고 있다. 이 책이 출간된 이듬해인 2007년에 지은이의 『노자』 영역본이 출간되었는데(Hans-Georg Moeller, *Daodejing(Laozi): A Complete Translation and Commentary*, Chicago: Open Court, 2007), 이 책의 인용문들과 이 영역본의 번역문들이 일치한다. 이 영역본은 그 이전에 출간된 지은이의 『노자』 독역본을 토대로 하였고(Hans-Georg Moeller, *Laotse: Tao Te King: Nach den Seidentexten von Mawangdui*, Frankfurt am Main: Fischer, 1995), 이 독역본은 마왕퇴馬王堆 한묘漢墓에서 출토된 백서본帛書本을 저본으로 하였다. 영역본의 서문에서 지은이는 백서본에 의거하여 번역하였지만 곽점본, 하상공본河上公本, 왕필본王弼本 등 다양한 판본도 함께 고려하였다고 밝히고 있다(Moeller, *Daodejing*, vii-viii).
서양에서는 동양의 고전들을 번역하거나 인용할 때 대체로 한문 원문을 싣지 않으며, 이 책의 영어 원본에도 『노자』의 원문이 전혀 실려 있지 않다. 이 책에서는 독자들의 이해와 편의를 위해 백서본 『노자』의 원문을 각주에 따로 밝혔다('마왕퇴 갑본·을본'으로 표기). 전통적으로 가장 많이 읽혀온 왕필본의 원문도 함께 실어 독자들이 비교해볼 수 있도록 하였다('왕필본'으로 표기). 백서본(갑본·을본)은 다음 책에 실린 원문을 따랐다. 출토된 원본들의 훼손된 부분들에 대한 복원과 교정 작업이 이루어진 원문이다. 國家文物局古文獻研究室編, 『馬王堆漢墓帛書』(壹), 北京: 文物出版社, 1980. 왕필본의 원문은 다음 책에 실려 있는 『老子道德經註』를 따랐다. 樓宇烈 校釋, 『王弼集校釋』, 北京: 中華書局, 1980.

만 그것들은 유의미해질 수 있다.

제6장의 첫 번째 구절은 내가 번역한 영문에서는 여덟 개의 단어로 이루어져 있다.* 그러나 한문 원문은 네 글자로만 되어 있다[谷神不死]. 원문을 문자 그대로 옮기면 "골짜기 혼 안 죽는다"가 될 것이다. 지극히 간결한 이 격언은 하나의 이미지 ― "골짜기의 혼[谷神]" ― 로 시작하고, 그런 다음 이 이미지는 특정한 성질, 즉 죽지 않음[不死]이라는 성질과 결부된다. 누가 봐도 알 수 있듯이 이 행의 핵심 이미지는 골짜기이다. 그리고 골짜기에는 모종의 "혼spirit"이 있다고 이야기된다. 이 혼은 이를테면 "미국의 혼American spirit"처럼 미덕이나 힘, 능력 같은 것으로서 골짜기에 없어서는 안 될 것처럼 보인다. 나는 골짜기의 "혼"이 이런 이미지의 구조에 기인한다는 점을 논증해 보일 것이다. 이는 곧 골짜기가 그것과 비슷하게 "혼"을 가지고 있고 또 유사한 특징들을 가지고 있는 『노자』의 다른 이미지들과 어떤 구조를 공유하고 있다는 말이다. 골짜기는 유사한 성질을 공유하는 여러 이미지 중 하나라는 점이 곧 밝혀질 것이다.

제6장에서 골짜기는 특정한 성질을 지닌 것으로 언급되고 있다. 이 성질은 골짜기에 기인하고 그것의 구조에 수반되는 어떤 효과를 표현하고 있다. 바로 불멸성이다. 이런 식의 연결은 『노자』의 수사학에서는 전형적인 것으로 드러날 것이다. 즉 어떤 이미지들은 유사한 구조를 공유하고 있으며, 이런 구조적 유사성 때

---

* "The spirit of the valley does not die."(Moeller, *Daodejing*, 17)

문에 유사한 특징들과 일정한 효력 또한 공유하고 있다. 구조와 효력, 이 두 가지 요소는 서로 결합해서 암시적이거나 명시적인 하나의 교훈, 또는 하나의 전략적 지침의 역할을 하는 것으로 이해될 수 있다. 다시 말해 이 이미지들의 구조에 준하여 행위를 하면 어떤 특징들이나 성질들이 필연적으로 수반될 것이며, 그 결과 특정한 효과들을 산출하고 특정한 효력을 불러일으킬 수 있을 것이다. 이처럼 골짜기의 이미지는 행동과 처신을 위한 하나의 전략을 시각화한 것이며, 그것은 일정한 결과들을 어떻게 달성할 수 있는지를 보여준다. 이런 식으로 제6장의 첫 행은 이미 『노자』의 수사학을 구성하는 세 가지 기본 요소들을 담고 있다. 다시 말해 이미지들, 그리고 그것들의 고유한 구조들은 일정한 특성들 또는 어떤 효력과 결부되어 있으며, 그 이미지와 그것의 효력이 결합해서 하나의 전략을 가르쳐준다.

그렇다면 "골짜기"는 어떤 종류의 이미지이며 그것의 구조는 어떤 것인가? 골짜기의 이미지를 『노자』에 나오는 다른 이미지들로 연결시켜주는 하나의 "링크"로 생각한다면 그것의 구성과 의미를 곧바로 발견할 수 있을 것이다. 골짜기는 제15장에서도 언급되고 있다. 다음과 같이 말한다.

얼마나 질박한가!
　　자르지 않은 목재처럼.
얼마나 불가해한가!
　　흙탕물처럼.

얼마나 광대한가!
골짜기처럼.*

이 구절에서 골짜기는 다른 두 가지 이미지, 즉 자르지 않은 목재 및 흙탕물과 대구를 이루고 있다. (이 이미지들을 위해 선택된 단어들은 중국어로 압운을 이룬다. 이는 발음상으로 그것들의 유사성을 강조한 것이다.**) 『노자』의 유명한 편집자이자 주석가인 왕필王弼(226-249)이 말했듯이 이 세 가지 이미지는 한 가지 특성을 공유하고 있다.*** 이 이미지들은 그 자체로 드러나는positive 특수한 형태나 모양이 없다. 말하자면 이것들은 모두 "그 자체로는 드러나지 않는negative" 모양들이다. 자르지 않은 목재는 아직 모양이 없다. 그것은 원자재 그대로이고 식별 가능한 형태가 없다. 이와 유사한 특성을 흙탕물도 지니고 있다고 할 수 있다. 물이라는 것은 대개 특정한 모양이 없고 그 점 때문에 어떤 모양도 될 수 있지만, 흙탕물은 아직 가라앉지 않은 입자들의 "혼돈스러운" 덩어리이다. 이 흙탕물도 깨끗해지면 특유의 색깔과 특성을 띠겠지만, 아직까지는 실제적 형태에 앞서는 원초적 "비非형태"의 상태에 있다. 이런

---

* 제15장: "沌呵其若樸, 涷呵其若濁, 湷呵其若谷."(마왕퇴 을본) "敦兮其若樸, 曠兮其若谷."(왕필본) 마왕퇴 갑본은 을본의 맨 앞글자 '沌'이 훼손되어 있다.
** 樸[pǔ], 濁[zhuó], 谷[gǔ].
*** 王弼, 『老子注』, 제15장: "여기서 '-처럼[若]'이라고 한 것들은 모두 그 모습이나 형상을 일정하게 드러낼 수도 없고 이름 붙일 수도 없음을 말한 것이다[凡此諸若, 皆言其容象不可得而形名也]."

이미지들의 맥락에서 골짜기는 텅 비어 있음의 이미지, 즉 아직 채워져 있지 않은 빈 공간의 이미지인 듯이 보인다. 또한 그것은 "광대하다". 광대하게 텅 비어 있는 공간이다. 골짜기는 그것을 둘러싸고 있는 "가득 차 있는" 산들과 반대로 그 자체로는 드러나지 않는 형태이다. 그것은 내용물도 없고 그 자체로 드러나는 특색도 없다. 그것은 순전히 잠재적이며, 아직 구체적으로 실현되지 않은 잠재력이다.

골짜기는 제15장의 맥락에서는 다른 무엇보다도 "특색 없음"을 나타내는 한 가지 이미지임이 분명하다. 이제 우리는 『노자』 전체를 통해 이 이미지들을 더 멀리까지 추적할 수 있게 되었다. 그러나 나는 자르지 않은 목재와 흙탕물로 화제를 돌리기보다는 계속해서 골짜기를 따라가보고자 한다. 그리고 그 첫 번째 결과로 골짜기는 그 자체로는 드러나지 않음, 텅 비어 있음, 형태를 띠고 있지 않음을 표현하는 이미지라고 결론 내릴 것이다. 이처럼 골짜기는 현실화에 앞서는 빈 공간을 나타내고 있는 듯 보인다.

제28장에서 골짜기는 다시 언급되고 있다. 그리고 다시 "자르지 않은 목재"와 연결해서 이야기된다.

세상의 골짜기가 되어라.
    그러면 항구적 효력이 충분히 갖춰질 것이다.
항구적 효력이 충분히 갖춰지면
    다시 자르지 않은 목재의 상태로 돌아갈 것이다.*

여기서 골짜기는 "항구적 효력"을 지닌 것으로 이야기된다. 이 "효력efficacy" 또는 "힘(德)"은 골짜기가 지닌 생산력인 것처럼 보인다. 골짜기는 비옥한 생산의 공간이며, 이 생산력은 항구적이다. 골짜기는 해마다 생물들이 자라게 한다. 당연한 말이겠지만 골짜기는 물이 흐르는 골짜기이기도 하다. 그래서 제41장에서는 다음과 같이 말한다.

> 더 큰 효력은 물이 흐르는 골짜기를 닮았다.**

제39장은 독자들로 하여금 물이 흐르는 비옥한 골짜기의 특성으로 다시 돌아가게 한다. 그것은 바로 우리 여행의 출발점이었던 지점, 즉 텅 비어 있음이다.

> 물이 흐르는 골짜기들은 가득 차 있는 상태로 있으려고 하지 않으니,
> 고갈되면 안 되기 때문이다.***

---

* 제28장: "爲天下谷, 恒德乃足. 恒德乃足, 復歸於樸."(마왕퇴 을본) "爲天下谷, 常德乃足, 復歸於樸."(왕필본) 마왕퇴 갑본에는 을본의 '恒德乃足'이 '德乃足'으로 되어 있다. 지은이는 을본을 따라 번역하였다.
** 제41장: "上德如谷."(마왕퇴 갑본·을본) "上德若谷."(왕필본)
*** 제39장: "謂谷毋已盈將將恐竭."(마왕퇴 갑본) "谷毋已盈將將恐竭."(마왕퇴 을본) "谷無以盈將恐竭."(왕필본)

그 자체로는 드러나지 않는 골짜기의 특성들, 즉 텅 비어 있음과 특색 없음은 골짜기로 하여금 생산력이라고 하는 긍정적인 특성을 갖게 한다. 『노자』가 골짜기가 지니고 있다고 보는 이 양육의 "힘"은 그것이 형태 없이 존재한다는 점, 순전히 잠재적이라는 점과 직접적으로 관계가 있다. 그 자체는 모양이 없으면서 모양을 지닌 것으로 하여금 모양을 띨 수 있게 하는 것이다. 그리고 제39장에서 말하듯이 골짜기의 텅 비어 있음은 그것의 고갈될 줄 모름을 보증한다. 텅 비어 있는 것을 비울 수는 없기 때문이다. 그 자체로 드러나는 특색을 가지고 있지 않다는 바로 그 이유 때문에 골짜기는 비옥한 생산력의 마르지 않는 샘이 된다. 텅 비어 있음과 지속성과 생산력은 서로 연결되어 있다. 이 상호 연결은 우리를 처음 출발점이 되었던 제6장의 "골짜기의 혼은 죽지 않는다"로 곧장 되돌아가도록 인도한다.

 골짜기의 게슈탈트, 즉 그 자체로는 드러나지 않고 순전히 잠재적이며 불멸하는 빈 공간은 독자를 동일한 특징들을 공유하는 다른 유사한 한 쌍의 이미지들로 인도할 수 있다. 제6장에서 골짜기의 이미지는 다른 장에 나오는 골짜기나 물이 흐르는 골짜기에 대한 언급들로 연결시켜주는 링크의 역할을 할 뿐만 아니라, 동일한 구조를 가진 다른 이미지들로 연결시켜주는 링크의 역할도 한다. 이처럼 골짜기와 유사한 구조를 갖는 이미지는 제5장에 나오는 풀무이다.

 하늘과 땅 사이의 공간 ―

풀무를 닮지 않았는가?
텅 비어 있지만 소모되지 않고,
움직일수록 더 많은 것이 나온다.*

골짜기와 마찬가지로 풀무도 역시 "텅 비어 있지만 소모되지 않는다". 골짜기와 풀무 모두 텅 비어 있음이 고갈될 줄 모름의 조건이 된다. 텅 비어 있는 것은 다 써버릴 수가 없다. 동시에 이런 텅 비어 있음은 지속적인 생산력을 나타낸다. 다시 말해 그곳에서는 항상 무언가가 생겨난다. 제11장에서는 골짜기와 풀무의 생산적인 텅 비어 있음과 완벽하게 유비를 이루는 또 다른 이미지들을 몇 가지 소개하고 있다.

서른 개의 바퀴살이 하나의 바퀴통에 모인다.
그것이 텅 비어 있음[의 공간]에 있기에
수레의 유용함이 있다.
찰흙이 구워져서 항아리가 만들어진다.
그것이 텅 비어 있음[의 공간]에 있기에
항아리의 유용함이 있다.
출입구와 창을 끌로 파낸다.
그것이 텅 비어 있음[의 공간]에 있기에

* 제5장: "天地之間, 其猶橐籥與? 虛而不屈, 動而愈出."(마왕퇴 갑본·을본) "天地之間, 其猶橐籥乎? 虛而不屈, 動而愈出."(왕필본)

방의 유용함이 있다.*

여기서 수레바퀴, 항아리, 방이라는 세 가지 이미지는 골짜기와 풀무가 지닌 특성들과 똑같은 특성들로 연결되어 있다. 바퀴통은 속이 빈 공간으로 닳을 수 없으면서도 바퀴와 수레가 부드럽게 굴러갈 수 있게 만든다. 항아리 역시 골짜기와 비슷한 역할을 한다. 즉 항아리의 텅 비어 있는 가운데 부분이 그것을 그릇으로 만들어 준다. 텅 비어 있는 가운데 부분은 어떤 것이든 담을 수 있지만 결코 다 써버릴 수는 없다. 우리가 항아리의 내용물을 바꿀 때마다 그것은 계속해서 "다시 새로워진다". 출입구와 창은 우리가 집과 방을 사용할 수 있게 해준다. 그러나 그것들은 큰 구멍일 뿐이기 때문에 아무리 뻔질나게 사용해도 결코 "고갈되지" 않는다. 이 모든 이미지는 죽지 않는 "골짜기의 혼"을 형상화하고 있다. 골짜기는 생명의 지칠 줄 모르는 원천이며, 풀무와 바퀴통은 지속적 운동의 지칠 줄 모르는 중심이다. 항아리와 창과 출입구 안쪽의 텅 비어 있는 부분은 아무리 많이 사용해도 줄어들거나 고갈될 수 없다.

이처럼 제6장에 나오는 골짜기의 이미지는 일차적으로는 그 이미지가 글자 그대로 다시 등장하는 다른 장들과 다른 구절들로 연

---

* 제11장: "卅輻同一轂, 當其无有, 車之用也. 埏埴而爲器, 當其无有, 埴器之用也. 鑿戶牖, 當其无有, 室之用也."(마왕퇴 을본) "三十輻共一轂, 當其無, 有車之用. 埏埴以爲器, 當其無, 有器之用. 鑿戶牖以爲室, 當其無, 有室之用."(왕필본) 마왕퇴 갑본은 을본의 '埏埴而爲器'에서 '而'가 없다.

결되는 링크이다. 그러나 그것은 유사한 역할을 하는 또 다른 이미지들로 연결되는 링크이기도 하다. 이 이미지들은 공통된 구조를 공유하기 때문에 결국 이것들은 모두 독자를 동일한 구조에 대한 더 추상적인 설명으로 인도하는 링크로서 이해될 수 있다. 제11장의 끝부분에서는 앞서 언급한 세 가지 이미지(그리고 암암리에 골짜기와 풀무의 이미지까지 포함해서)의 구조가 다음과 같은 말로 요약되어 있다.

> 그러므로
> 이로움을 위해 있음(有)이 있고,
> 쓰임을 위해 없음(无)이 있다.*

이 이미지들은 모두 효력의 이미지들이다. 그것들은 어떤 것이 어떻게 작동하는지를 보여준다. 어느 경우든 그 효력은 텅 비어 있음과 가득 차 있음, "가지고 있음"과 "가지고 있지 않음", "있음"과 "없음"의 결합에 기초하고 있다. 골짜기는 "가득 차 있는" 산들로 둘러싸여 있는 텅 빈 공간으로 이루어져 있고, 출입구는 목재로 둘러싸여 있는 텅 빈 공간으로 이루어져 있다. 다른 것들도 마찬가지이다. 또한 이 이미지들은 텅 비어 있음의 무궁무진한 유용성을 강조하고 있다. 여기서 텅 비어 있음은 갖가지 사물이나 "시나

---

* 제11장: "故有之以爲利, 无之以爲用."(마왕퇴 갑본·을본) "故有之以爲利, 無之以爲用."(왕필본)

리오"의 영속적인 "이로움"을 위한 조건이 된다. 이 이미지들이 말해주듯이 영속적인 기능이 가능하기 위해서는 텅 비어 있음과 가득 차 있음, 또는 있음과 없음을 효과적으로 통합하는 하나의 구조가 있어야만 한다.

이렇게 골짜기의 이미지로부터 출발해서 이제 『노자』를 통과하도록 우리를 안내해줄 잠재적 "링크 장치linkage"의 세 번째 단계에 이르렀다. 유사한 구조를 지닌 이미지들을 반복해서 사용하는 방식 이외에도 링크의 역할을 한다고 볼 수 있는 것이 있다. 기본 구조 자체를 곧바로 언급한 부분들이다. 제6장에 나오는 골짜기의 이미지는 우선 『노자』의 다른 부분들에 나오는 골짜기의 이미지들과 관련이 있고, 그다음에는 그것과 유사한 또 다른 이미지들과 관련이 있다. 그리고 세 번째로는 이 모든 이미지의 공통 구조와 관련이 있다. 이 구조적 관점에서 보면 골짜기의 이미지는 예를 들면 제40장과 관련이 있다. 이 장에서 『노자』는 더 이상 이미지들을 사용하지 않고 추상적인 수준에서 있음과 없음 그 자체에 대해 이야기한다.[3]

이 추상화의 길을 한 걸음 더 따라가다 보면 "링크 장치"의 네 번째 단계를 발견할 수 있다. 있음과 없음, 또는 텅 비어 있음과 가득 차 있음은 분명 『노자』에 나오는 여러 구체적 이미지를 구성하고 있는 두 가지 구조적 요소들이다. 때로 이 구조적 요소들은 이

---

3 제40장은 이 책의 제3장, 「음陰과 양陽, 기氣, 도道와 덕德」에서 자세하게 논할 것이다.

미지의 형식으로 설명되지 않고 추상적 상징의 형식으로 재등장한다. 구체적 이미지가 결여된 그런 "무미건조한" 상징들은 『노자』에서는 숫자들이다. 이 점은 제42장에서 분명해진다.[4] 이 장에서는 "만 가지 사물"이 "하나"와 "둘"과 "셋"으로부터 생겨나는 것으로 묘사되고 있다. 이처럼 제42장과 같은 추상적인 장조차도 "골짜기의 혼"을 표현할 수 있는 또 다른 가능성을 보여줄 뿐이다.

골짜기의 이미지를 변주한 것들과 추상화한 것들을 자세히 살펴보면 명확하게 드러나는 점이 있다. 앞서 언급했듯이 그것들이 주로 어떤 효과들과 관련되어 있다는 점이다. 골짜기의 효력은 생명을 지속적으로 생산해낼 수 있는 능력에 있다. 바로 이 효과, 즉 무궁무진한 유용성이라는 효과는 다양한 이미지와 구조 덕분에 확보되었다. 그리고 이로부터 이 이미지들과 구조들이 단순히 무언가를 표현하는 데만 그치지 않고 입증하고 있다는 점이 드러난다. 그것들은 동일한 교훈의 반복이다. 그것들은 모두 다음을 말하고 있다. 즉 사람들이 이 효력의 구조에 따라 어떤 시나리오나 행동 패턴을 수립할 수 있다면, 그리고 이 구조적 구성 요소들에 준하여 행위할 수 있다면 그에 상응하는 결과들과 "이로움"을 얻을 수 있을 것이라는 점이다. 그 이미지들은 모두 생산성, 즉 생명(골짜기)이나 운동(바퀴, 풀무) 또는 기능(창, 출입구)에 있어서의 생산성의 실례들이다. 따라서 그 이미지들은 사색만을 위한 것이 아니라 실천을 위한 것이기도 하다. 그것들은 행위와 처신을 위한 가

---

[4] 제42장 역시 이 책의 제3장에서 자세하게 논할 것이다.

르침이자 전략적 훈련을 위한 학습 자료이다.

　이처럼 제6장의 첫 행은 하나의 전략적 격률로서 정체를 드러내며, 그 격률은 『노자』 전체에서 다양한 격언과 모토 속에 되풀이해서 반영되어 있다. "골짜기의 혼은 죽지 않는다"는 구는 특별히 제6장에만 속하는 것이 아니다. 그것은 다른 많은 구절 및 행과 공명하고 있으며, 어떤 장을 읽든 연상되고 환기될 수 있다. 『노자』의 본문은 한 장에서 발견되는 것이 다른 장들에 나오는 것과 연결되는 방식으로 구성되어 있다. 본문의 요소들은 끊임없이 변주되면서 서로의 메아리가 되어준다. 원리상으로는 그 요소들을 『노자』의 다른 어떤 부분에도 끼워 맞출 수 있다.

　지금까지 우리는 제6장에 나오는 골짜기 구절에 정확히 부합하는 몇 가지 이미지와 구조를 확인해보았다. 그러나 이 골짜기 구절은 유사한 구조를 지닌 격언들과 어구들로 연결되는 링크로 이해될 수 있을 뿐만 아니라, 좀 더 간접적인 연관성을 갖는 다른 구절들로 연결되는 링크의 역할도 할 수 있다. 예를 들어 골짜기의 이미지는 강의 이미지를 떠올리게 한다. 골짜기의 비옥한 생산력은 그것을 따라 흐르는 물 덕분이다. 골짜기와 강의 관계는 더 광범위하게 포진해 있는 이미지들의 집합으로 이어지며, 그것들은 더 넓은 주제군群을 보여준다. 골짜기의 이미지는 『노자』에서 단연 돋보이는 물의 "이미지군群image family"의 일부분이다.

　이제 우리는 제28장으로 돌아가서 골짜기의 이미지가 이미 안내한 대로 골짜기와 물이 자연에서뿐만 아니라 『노자』에서도 곧바로 연결된다는 것을 확인하기만 하면 된다. 제28장은 "세상의 골짜기가 되어라. 그러면 항구적 효력이 충분히 갖춰질 것이다"
라고 말할 뿐만 아니라, 완벽한 대구법을 구사하면서 다음과 같이
말하기도 한다.

　　세상의 강이 되어라.
　　　　그러면 항구적 효력이 떠나지 않을 것이다.*

골짜기에 비옥한 생산력을 제공하는 "항구적 효력"은 곧 강의 효
력이다. 골짜기와 강은 불가분의 관계에 있다. 세상의 "골짜기"가
되려는(즉 세상 번영의 원천이 되려는) 사람이 있다면, 그 사람은 또
한 세상의 "강"이 되어야 한다. 골짜기의 이미지와 강(또는 물로 이
루어진 다른 자연물들)의 이미지는 명백히 연결되어 있고 결합된 채
로 사용된다. 제66장은 다음과 같이 시작한다.

　　강과 바다는
　　　　수백 개의 골짜기의 왕이 될 수 있으니
　　　　친절하게도 그것들보다 더 낮은 곳에 처하기 때문이다.
　　바로 그러한 까닭에
　　　　강과 바다는 수백 개의 골짜기의 왕이 될 수 있다.**

---

* 제28장: "爲天下溪, 恒德不離."(마왕퇴 갑본) "爲天下谿, 常德不離."(왕필본) 마왕
퇴 을본은 갑본의 '離'가 '离'로 되어 있다.
** 제66장: "江海之所以能爲百谷王者, 以其善下之, 是以能爲百谷王."(마왕퇴 갑본)
"江海所以能爲百谷王者, 以其善下之, 故能爲百谷王."(왕필본) 마왕퇴 을본은 갑

강과 바다가 다시 골짜기를 "능가한다". 강물과 바닷물이 훨씬 더 낮은 곳에 있기 때문이다. 물의 비옥한 생산력은 상향식으로, 즉 아래에서 위로 작용한다. 그것은 아래로부터 생겨난다. 따라서 바다는 골짜기에 대해 특권을 가지고 있다. 그것은 골짜기와 비교하면 "왕"이다. 이제 우리는 『노자』를 통과하는 여정을 떠날 수 있게 되었다. 그리고 골짜기에서 출발해서 강과 바다, 물로 된 다양한 자연물과 물의 특성들 모두를 통과할 수 있게 되었다. 우리는 물의 "잘 기르는 특성"(제8장)*에 이어서 온갖 종류의 유용한 효과를 발견하게 될 것이다. 예컨대 물의 부드러움은 단단한 것을 정복할 정도의 내구성을 가지고 있다(제78장).**

여기서 물의 이미지는 결국 우리를 논의의 출발점이 된 제6장으로부터 빗나가게 인도한다는 반론이 제기될 수도 있다. 제6장에는 글자 그대로 물을 언급한 행은 없기 때문이다. 그러나 실제로는 그렇지가 않다. 제6장에서는 물이 글자 그대로 언급되지는 않지만 암암리에 화제로 떠오르고 있다. 이 장에는 "골짜기의 혼은 죽지 않는다"는 첫 번째 문장에 이어 다음 문장이 나온다.

이것을 일러 어두운 여성스러움이라고 한다.

　본의 첫 번째 구에 있는 '之'가 없고, 두 번째 구 뒤에 '也'가 붙어 있다.

* 제8장: "水善利萬物."(마왕퇴 갑본·을본; 왕필본)
** 제78장: "天下莫柔弱於水, 而攻堅强者莫之能先."(마왕퇴 을본) 이 책 제2장 57쪽의 옮긴이 각주를 보라.

"골짜기의 혼"과 "어두운 여성스러움"의 연결은 제61장에서 명료해진다.

> 큰 나라는
>
> 낮은 곳에 처하는 물,
>
> 세상의 암컷,
>
> 세상이 연결되는 곳이다.*

물과 여성스러운 것의 동일시는 생산력을 갖는다는 공통의 특성과 둘 다 "잉태"와 결부되어 있다는 점에 기초하고 있다. 물은 낮은 위치를 "택하고", 물줄기가 강하면 강할수록 더 낮은 곳에 처한다. 가장 낮은 곳에 펼쳐지는 수역水域은 그 수면 위의 모든 것으로부터 "잉태를 한다". 다른 모든 것으로부터 잉태를 할 수 있다는 점 때문에 가장 낮은 수역은 자연히 가장 비옥하다. 그곳은 재생산의 순환 과정에서 궁극적인 중심축이 된다. 생명을 불어넣는 모든 에너지는 가장 낮은 수역으로 흘러든다. 그러나 이 수역은 자기 자신을 위해 에너지를 비축하지 않고 이 에너지를 "만 가지 사물"을 기르는 힘으로 변화시킨다. 물이 생명의 순환 과정에서 차지하는 중추적 위치는 "여성스러운 것"에도 똑같이 부여된

---

* 제61장: "大邦者, 下流也, 天下之牝, 天下之交也."(마왕퇴 갑본) "大國者下流. 天下之交, 天下之牝."(왕필본) 마왕퇴 을본에는 갑본의 '邦'이 '國'으로 되어 있고, '牝' 뒤에 '也'가 있다. 을본은 한 고조 유방劉邦의 이름을 피하기 위해 '邦' 대신 '國' 등을 쓴다.

다. 자연의 재생산 과정에서 물과 여성스러운 것은 잉태와 양육을 아울러 수행하는 중심적 위치를 차지한다.

생물학적 영역에서 물과 여성스러운 것이 담당하고 있다고 여겨지는 기능을 정치적 세계에서는, 제61장의 표현을 빌리자면, "큰 나라"가 담당해야 한다. 제61장에서 계속 설명하듯이 큰 나라는 "사람들을 기르기" 위해서* 세상의 자원을 끌어모아야 한다. 재생산의 자연적 순환계는 사회질서의 직접적 모델이 된다. 자연에서 물과 여성스러운 것이 "세상을 연결"시킨다면, 사회에서는 "큰 나라" 또는 성인-군주sage-ruler가 그렇게 한다. 이러한 연결은 생산적 순환 과정 내에서 "반전"의 지점이다. 그리고 이것은 제40장에서 말하듯이 "도의 운동"이다.**

물과 완벽한 유비를 이루는 여성스러움의 구조적 특징은 그것이 생명의 경로에서 중추적 위치, 즉 잉태와 출산의 연결점이자 반전의 지점을 차지한다는 데 있다. (이런 구조적 특징은 다른 링크처럼 당연히 어머니의 이미지와 연결되어 있다. 특히 제52장에서 그러하다.***) 여성스러운 것의 구조와 위치는 "골짜기의 혼"뿐만 아니라 낮은 곳에 처한다는 특성에도 부합한다. 따라서 골짜기가 지니고 있다고 간주되는 영속성과 지속성은 또한 여성스러운 것의 특성으로도 볼 수 있다. 텅 비어 있음과 가득 차 있음의 구조가 골짜

---

* 제61장: "故大邦者不過欲兼畜人." (마왕퇴 갑본) "大國不過欲兼畜人." (왕필본) 마왕퇴 을본에는 갑본의 '邦'이 '國'으로 되어 있고, '兼'이 '幷'으로 되어 있다.

** 제40장: "反也者, 道之動也." (마왕퇴 갑본·을본) "反者, 道之動." (왕필본)

*** 제52장에 대해서는 이 책 제8장 「영속성과 영원성」에서 다루고 있다.

기의 계속되는 작용을 구성하듯이 여성스러운 것 및 물과 관련되어 있는 낮은 것과 높은 것의 구조도 생산의 지속적 패턴을 구성한다. 거듭 말하지만 그 이미지들은 일정한 특징들과 관련된 하나의 구조를 수립하며 하나의 전략적 모델로 기능한다.

제6장에서 여성스러운 것의 구조는 또 다른 특성을 지닌다. 그것은 "어둡거나" "감춰져 있다(玄)"는 것이다. 이런 어둠이나 숨어 있음 — 이 비가시성 — 은 제51장으로 연결시켜주는 링크의 역할을 한다.

> 낳고도 소유함이 없고,
> 행하고도 의지함이 없으며,
> 기르고도 명령함이 없는 것,
> 이것이 "어두운 효력"이다.*

어둠이나 "감춰져 있음"은 여성적 특성이며, 따라서 생성하는 힘이 지닌 특성이다. 생성, 즉 잉태와 출산 사이의 전환은 "어둠" 속에서 일어나며 시야로부터 감춰져 있다. 그것은 관찰될 수 없기 때문에 구체적인 모양이 없다. 생성의 중심이자 전환점이 되는 것은 모습을 갖지 않는다. 그것은 "감춰져 있거나" "모호하거나" "어

---

* 제51장: "生而弗有也, 爲而弗恃也, 長而弗宰也, 此之謂玄德."(마왕퇴 갑본) "生而弗有, 爲而弗恃, 長而弗宰, 是謂玄德."(마왕퇴 을본) "生而不有, 爲而不恃, 長而不宰, 是謂玄德."(왕필본)

둡다"—"현玄"이라는 용어는 이렇게 번역될 수 있을 것이다. 여성스러운 것은 더 이상 형태가 없고 아직까지 형태가 없는 이런 전환점을 나타낸다. 어둡고 감춰져 있는 생성의 중심은 사물들과 존재자들이 자라나게끔 하지만, 자라나는 것에서 그 자신을 보여주지는 않는다. 물은 식물을 기르지만 그것이 식물에서 가시화되지는 않는다. "반전"의 자리는 윤곽선이 없다. 그것은 온갖 모양과 형태를 낳지만 스스로는 아무것도 소유하지 않는다. 또한 그것은 자신이 생산한 것, 즉 서로 다른 모습으로 태어난 모든 것에 대해 특정한 외형을 강요하지도 않는다. 그 "어두운 효력"은 다수의 모양과 형태를 생산한다. 다시 말하지만 이것은 자연과 사회 두 영역에 모두 해당된다. 진정으로 생산적인 군주 역시 "어둡거나" "감춰져 있거나" "모호할" 것이다.

 제6장은 계속해서 또 다른 이미지를 도입한다.

  어두운 여성스러움의 문 —

문의 이미지는 확실히 골짜기의 이미지와 관계가 있다. 그것은 텅 비어 있는 것이 가득 차 있는 것으로 둘러싸여 있는 구조를 공유하며, 이 구조는 효력의 한 가지 패턴을 수립한다. 골짜기의 이미지는 이미 우리를 제11장에 있는 "출입구와 창"의 이미지로 안내했다. 분명히 출입구와 문은 유사한 이미지들이다. 그러나 문은 물과 여성스러움의 이미지와 연결되면서 유용성뿐만 아니라 생산력 및 생물학적 생성과도 결합한다. 여성스러운 것은 "문"을 통과하는 잉태와 출산의 과정을 구현한다. 제6장에 나오는 골짜기, 암컷, 문의 이미지들은 서로를 설명해준다. 그것들은 함께 한 조를 이룬다. 문의 이미지는 텅 비어 있음/가득 차 있음과 낮음/높음의 두 가지 구조를 겸하고 있다. 즉 그것은 가득 차 있음의 한가운데에 있는 텅 비어 있음이고, 높음과 낮음 사이의 통로이다. "어두운 여성스러움의 문"인 그것은 여기서는 잉태와 출산의 문이다. 이 동일한 이미지가 제10장에서도 나타난다.

> 하늘의 문이 열리고 닫힐 때,
> 　　암컷이 될 수 있겠는가?*

『노자』에 나오는 "하늘의 문"은 확실히 기독교에서 말하는 영원한 천국의 문이 아니다. 그것은 훨씬 더 글자 그대로의 자연의 문이다. 그것은 자연의 과정 한가운데에 있는 잉태와 출산의 문이다. 따라서 하늘에 해당하는 한자(天)는 종종 "자연nature"으로 번역되기도 한다. "하늘"은 초월적인 transcendent 어떤 것이 아니고, 이 세상 너머beyond에 있거나 이 세상 이후after에 있을 어떤 것도 아니다. 그것은 세상의 작용의 중심이다. 하늘은 천체의 경로이고, 따라서 사계절의 경로이자 시간의 행로 그 자체이다. 그것은 생명이 거쳐 가는 삶의 순환 과정이다. 성장과 노쇠의 자연적 과정 내에서 가장 결정적인 자리는 "문"의 자리, 즉 이 텅 비어 있고 비가시

---

* 제10장: "天門啓闔, 能爲雌乎?"(마왕퇴 갑본·을본) "天門開闔, 能無雌乎?"(왕필본)

적인 여성스러움의 공간이다. 생성의 문이 열리고 닫히는 것은 생명의 잉태와 출산, 주고받음, 드나듦의 순환 과정을 구성한다.

제6장은 "어두운 여성스러움의 문"에 또 다른 이미지를 추가한다. 이 장은 다음과 같이 이어진다.

> 이것을 일러 하늘과 땅의 뿌리라고 한다.

여기서 뿌리 이미지는 문의 이미지와 연결되고 있다. 그리고 두 단어(根과 門)는 압운을 이룬다.* 뿌리 이미지를 하나의 링크로 이해한다면 이 이미지는 제16장으로 이어진다.

> 세상의 사물들은 각양각색이지만,
>   모두 그것들의 뿌리로 다시 돌아간다.
> 바로 "고요함"이다.**

뿌리는 식물의 감춰져 있는 부분으로 어둠 속에 머물러 있다. 그것은 흙으로 덮여 있기 때문에 보이지 않는다. 식물들은 그 뿌리로부터 자라난다. 가을이 오고 겨울이 되면 식물들은 시들어서 뿌리로 돌아가고, 봄이 오면 새로운 식물이 출현해서 새로운 모습과

---

* 앞의 27쪽의 옮긴이 각주에서 보았듯이 제6장의 이 부분의 원문은 "玄牝之門, 是謂天地之根"이다.

** 제16장: "天物雲雲, 各復歸於其根. 日靜." (마왕퇴 갑본) "天物魂魂, 各復歸於其根. 日靜." (마왕퇴 을본) "夫物芸芸, 各復歸於其根. 歸根日靜." (왕필본)

형태를 띤다. 제6장에서 뿌리의 이미지가 앞서의 이미지들을 반복하고 있음은 분명하다. 뿌리는 낮은 곳에 처하며, 따라서 생명을 받아들이는 동시에 생명을 낳는다. 그것은 식물의 생의 순환 과정 한가운데 있는 "어두운 효력"이다. 식물에서 눈에 보이는 부분들은 그 자체로는 항구적이지 않지만, 뿌리는 식물의 항구성을 보장한다. 뿌리는 식물의 생에서 전환점이자 반전의 지점이며, 그것이 되풀이해서 생성한 각양각색의 "사물들"과는 반대로 가시적이지도 다양하지도 않다. 뿌리 자체는 고요하며 움직이지 않는다. 그 자체는 변하지 않지만 변화 과정의 부단한 중심이 된다.

제6장에서 뿌리는 "하늘과 땅의 뿌리[天地之根]"라고 일컬어지고 있다. 이는 뿌리를 제10장의 "하늘의 문[天門]"과 연결시킨다. 뿌리와 문은 생명의 자연적 "열림과 닫힘"을 나타낸다. 또한 이 둘은 제5장의 풀무와도 관계가 있다. 풀무는 "하늘과 땅 사이에 있는 공간"을 설명하기 위한 실례로서 텅 비어 있으면서도 계속해서 맥동하면서 바람을 일으킨다. 뿌리, 문, 풀무는 모두 자연적 또는 "우주적" 생산력의 구조를 묘사한 것이다.

제6장의 나머지 구절들은 앞서의 이미지들에 대한 설명을 심화시키며, 나아가 『노자』의 다른 장들로 연결시켜주는 링크 장치들을 추가적으로 제공한다.

계속 이어지는구나!
　마치 존재하는 듯하다.
　아무리 써도 고갈되지 않는다.*

골짜기와 문과 뿌리의 자연적 과정은 "계속 이어지고" 있다. "계속 이어지고 있음"으로 풀이한 한자[綿綿]는 한 올의 실을 암시한다. 그리고 이 "계속 이어지고 있음"에는 "통과함"이라는 의미가 함축되어 있기도 하다. 골짜기와 문과 뿌리는 "가득 찬 채로" 있는 것이 아니다. 말하자면 그것들은 "텅 빈 채로" 있다. 원문의 표현을 빌리자면 "마치 존재하는 듯하다". 그 진행 과정의 중심은 텅 비어 있다. 즉 그것은 없지만 결코 부재하지도 않는 하나의 통로이다. 없는 것의 존재라는 이 "중간적인in-between" 유형은 제4장의 감탄문에서도 암시되고 있다.

얼마나 깊은가!
있는 듯하구나.**

뿌리는 깊고 있는 듯하다. 우리는 뿌리를 눈으로 볼 수는 없지만, 그것은 있는 것 같다. 시야에서 감춰져 있거나 텅 비어 있거나 형태가 없는 것이긴 하지만, 그래도 어떤 식으로든 존재한다. 그것은 "깊거나" "모호한" 존재 방식이며, 있음 한가운데에 있는 없음이다. 게다가 제4장에서 언급하듯이 그리고 수많은 자연환경과 인위적 가공물들의 경우처럼 없음은 유용성의 무궁무진한 원천이다.

* 제6장: "綿綿呵若存, 用之不勤."(마왕퇴 갑본) "緜緜若存, 用之不勤."(왕필본) 마왕퇴 을본은 갑본의 '綿綿呵若存'이 '緜緜呵其若存'으로 되어 있다.
** 제4장: "湛呵似或存."(마왕퇴 갑본·을본) "湛兮似或存."(왕필본)

도道는 텅 비어 있다.
그리고 그것은 아무리 사용해도 가득 차지 않는다.*

이쯤이면『노자』를 어떻게 읽을 수 있는지 충분히 명확해졌을 것이다. 제6장은 이미지들의 집합소이다. 이 장은 하나의 이미지로부터 출발해서 그것과 연결되는 다른 이미지들을 덧붙여간다. 그러나 이 장을 선형적인 방식으로 읽어서는 안 된다. 각 행과 각 이미지는『노자』전체에 나타나는 그와 유사한 다수의 행과 이미지로 연결된다. 본문 전체가 이미지들의 연속물이며, 그 이미지들은 특별한 순서로 제시되지는 않았지만 상호 텍스트적intertextual 링크 장치들을 위한 무궁무진한 가능성을 열어 보여주고 있다.『노자』의 본문을 읽을 때는 다음 행이나 다음 장이 완전히 새로운 무언가를 말해줄 것이라고 기대할 수는 없다. 그보다는 이미 알고 있다고 생각되는 것에 대한 추가적인 변주, 즉 앞에서 묘사된 것에 대한 또 다른 묘사를 기대해야 한다.『노자』에 나오는 이미지들 중 어떤 것도 다른 이미지들에 대해 절대적 우선권을 주장할 수 없다. 다른 모든 이미지를 안내해줄 하나의 이미지도 없다. 실제로『노자』의 어디에서부터 출발하든 무방하다. 그러나 그 이미지들이 어떻게 서로를 설명해주고 서로 관계 맺고 있는지를 분명하게 이해하는 것은 중요하다. 본문의 순서는 임의적이지만, 그 이미지들 자체는 그렇지 않다. 따라서『노자』라는 텍스트를 읽는

---

* 제4장: "道沖, 而用之又弗盈也."(마왕퇴 갑본·을본) "道沖而用之或不盈."(왕필본)

것은 "어둠보다도 더 어두운[玄之又玄]" 듯이 보이는 것을 "온갖 오묘함의 문[衆妙之門]"으로 변화시키는 경험이 될 수 있다.

요약하자면 『노자』에서 만나게 되는 이미지들은 많은 경우 (영속적이라든가 생산적이라든가 하는) 어떤 특성들을 가진 (텅 비어 있음/가득 차 있음, 낮음/높음 같은) 구조들을 설명해주는 실례들인 것으로 드러난다. 이런 식으로 그 이미지들은 전략들을 설명해주는 실례로서 기능하는 것이다. 그것들은 효력을 얻는 것에 대한 교수 모형이다.

제6장에 제시된 문학적 링크들을 추적함으로써 나는 "모호한" 『노자』를 읽는 한 가지 방법을 보여주고 싶었다. 물론 이 해석학적 운동은 방법론적 게임일 뿐만 아니라 그 텍스트에 대한 하나의 해석, 특히 그것의 핵심 개념인 도道에 대한 해석을 함의한다. 『노자』가 효력의 구조를 설명해주는 실례들을 차례로 소개하고 있다면, 도는 "그 자체로" 정확하게 효력의 구조나 질서일 수 있다. 『노자』의 도는 과정들(또는 메커니즘들, 유기체들, 사물들)이 제 기능을 다할 때 그것들이 작동하는 "방식way(이것이 도의 글자 그대로의 의미이다)"인 듯이 보인다. 이 이미지들은 이런 효력의 모델이 특수한 영역에 국한되지 않음을 보여준다. 그것은 자연이나 우주뿐만 아니라 사회적 또는 정치적 사안들에도 적용될 수 있다. 그것은 농사, 통치, 그리고 장인의 작업에도 적용된다. 그것은 식물과 동물을 키우고 양육할 때, 공동체를 관리할 때, 물건들을 생산할 때, 넓게는 "하늘과 땅 사이에서" 살아갈 때 고려될 수 있다.

생각건대 『노자』의 이미지들은 효력의 구조로서 도道가 두 가지 측면의 상호작용에 있는 것으로 여겨졌음을 강력하게 암시하고 있다. 그 두 가지 측면은 텅 비어 있음과 가득 차 있음, 없음과 있음이며 항구성과 변화이기도 하다. 이 구조 안에서는 텅 비어 있음이 중심 자리를 차지한다. 그러나 그것은 오로지 충만한 변화들이 그곳을 둘러싸고 질서 정연하고 리드미컬하게 계속 이어지는 방식으로 일어나게 하기 위해서이다.

제2장
성性의 도道

『노자』는 성性sex에 대해 이야기하며, 그것도 아주 빈번히 이야기한다. 『노자』가 섹슈얼리티sexuality에 대해서 이야기하는 것은 "길"로서의 도道가 살아가고 죽어감의 길이기 때문이다. 도는 또한 생식의 길이기도 하다. 이처럼 도에는 성적인 차원이 있으며, 따라서 『노자』의 수많은 시적 이미지가 직간접적으로 성적이다. 모성과 여성스러움의 이미지, 예컨대 "골짜기의 혼은 죽지 않는다 / 이것을 일러 어두운 여성스러움이라고 한다"에 나타나는 이미지는 섹슈얼리티 및 재생산과 직접적으로 연관된다. 제28장은 골짜기를 따라 흐르는 강에 대해 언급함으로써 생식력이 있고 "여성적인" 골짜기의 이미지를 연결시킨다.

남성스러운 것을 알면서도 여성스러운 것을 지켜라 —
세상의 강이 되어라.*

세상의 "강"은 세상이 가진 생산력의 원천이다. 모든 생명은 물로부터 출현한다. 생명의 원천인 강은 여기서 성이 둘인 것과 비교된다. 강은 남성스러운 것과 여성스러운 것을 아우르기 때문이다. 명백히 생식의 구조는 통합된 이중성을 요구한다. 생산과 재생산의 지속적 과정이 어떻게 가능한지를 이해하고 싶다면 성적 이중성에 대해서 알아야만 한다. 생성과 소멸의 통합 또한 이중적 구조를 갖는다. 위에서 인용한 행들이 암시하고 있는 것도 이것이다.

재생산은 두 성이 결합한 결과이며, 그것들이 하나로 모일 수 있으려면 서로 달라야만 한다. 남성스러움과 여성스러움 사이의 성적인 구분은 서로 다르면서도 보완적인 특성들에 의해 분명하게 나타난다. 제61장에서는 다음과 같이 말하고 있다.

> 암컷은 항상 가만히 있음으로써
>   수컷을 이긴다.
> 암컷은 가만히 있기 때문에
>   적절하게 아래에 있다.**

이 문장들은 명백히 성행위에 관한 것이다. 적어도 도가적 관점에

---

* 제28장: "知其雄, 守其雌, 爲天下溪."(마왕퇴 갑본·을본) "知其雄, 守其雌, 爲天下谿."(왕필본)

** 제61장: "牝恒以靜勝牡, 爲其靜也, 故宜爲下."(마왕퇴 갑본) "牝常以靜勝牡, 以靜爲下."(왕필본) 마왕퇴 을본은 갑본의 마지막 구 뒤에 '也'가 붙어 있다.

서 보면 성교에서는 가만히 있음과 움직임이 하나로 합쳐진다. 수컷의 성행위는 움직임을 따르고, 암컷의 성행위는 가만히 있음을 따른다. 이러한 차이는 두 번째 차이인 자세의 차이를 동반한다. 암컷은 낮은 위치에 적합하고, 수컷은 높은 위치에 적합하다. 그러나 도가적 맥락에서 이러한 구분은 결코 여성스러움의 종속적 지위를 나타내는 것이 아니다. 실상은 그 반대이다. 도가적 이미지에서, 특히 『노자』에서 낮은 위치에 있는 것은 높은 위치에 있는 것보다 더 위세가 있고 힘도 더 세다. 낮은 곳에 있는 것이 지배권을 갖는다. 이것은 성교를 하면서 암컷이 수컷을 이기는 이유이다. 수컷은 자신을 소진시키고 생명의 에너지를 상실하며 암컷은 그것을 흡수한다. 도가의 유명한 격률인 "위무위爲無爲"가 처방하듯이 암컷은 가만히 있으면서 "행위함 없이 행위한다". 암컷은 행위하지 않음으로써 수컷의 에너지를 취하며 생명을 생산해내는 생식의 자리가 된다.

이렇게 해서 『노자』 제61장은 후대의 방중술房中術에서 남성이 사정을 억제하는 행위를 뒷받침하는 배경이 된다. 사정을 막음으로써 남성은 자신의 에너지를 허비하는 게 아니라 오히려 자기 몸속에 집중시키는 법을 배운다. 정액을 계속 보유하는 것이 남성의 힘과 성적 능력을 증대시킨다는 것이다. 성교는 남성 파트너가 지는 일종의 성적 투쟁으로 인지되며, 따라서 남성의 관점에서는 여성적 특성을 띠는 전략을 채택해야만 한다. 이는 움직임을 줄이고 사정을 피하는 것을 포함한다. 성적 투쟁에서 승리자는 수정을 시키는 자가 아니라 오히려 어떻게 해서든 수정을 해서 출산을 하는 자이다.

『노자』 제78장의 이미지 또한 "성별 투쟁"을 가리키는 듯 보인다. 첫 두 연은 다음과 같다.

> 세상에 어떤 것도 물만큼
> > 매끄럽고 부드러운 것이 없다.
> 그러나 뻣뻣하고 단단한 것과 대결하는 데 있어서
> > 그것을 능가하는 것도 없다.
> 그것은 변치 않을 것이기 때문이다.

> 물은 견고한 것을 이긴다.
> 부드러운 것은 단단한 것을 이긴다.
> > 세상에 이것을 모르는 사람은 없다.
> > 그러나 누구도 그것을 실천하지 못한다.*

이 구절들에 담겨 있는 성적 의미를 알아내기 위해 프로이트주의자가 되어야 한다고 생각하지는 않는다. 『노자』에서는 그리고 (세

---

* 제78장: "天下莫柔弱於水, 而攻堅强者莫之能先, 以其無以易之也. 水之勝剛也, 弱之勝强也, 天下莫弗知也, 而莫之能行也."(마왕퇴 을본) "天下莫柔弱於水, 而攻堅强者莫之能勝, 其無以易之. 弱之勝强, 柔之勝剛, 天下莫不知, 莫能行."(왕필본) 마왕퇴 갑본과 을본 모두 많이 훼손되어 있다. 왕필본의 '柔之勝剛'은 을본의 훼손되지 않은 부분에서 '水之勝剛也'로 나온다. 지은이는 을본에 따라 이 구의 주어를 '柔'가 아닌 '水'로 보아 번역하였다.

제2장 성성의 도道   57

계의 다른 많은 전통에서와 마찬가지로) 도가에서는 대체로 여성스러움의 이미지와 물의 이미지가 직접적으로 서로 연결되어 있다. 그 이미지들의 연결은 그것들이 생산력을 갖는다는 공통 특징에 기인한다. 그 특징은 성적인 특징 그 자체이다. 제61장에서는 낮은 곳에 처하는 것에 대해 언급하면서 이미 그 이미지들의 공통 특성들을 암시하였다. 제78장에서는 물을 뻣뻣하고 단단한 것을 공격하고, 그래서 "견고한 것을 이기는" 매끄럽고 부드러운 요소로 묘사하면서 동일한 이미지에 대한 성적인 해석을 암시한다. 성행위에 있어서 암컷은 낮은 곳에 처해 있으면서 가만히 있을 뿐만 아니라 부드럽고 변치 않기 때문에 승리한다. 이것은 더 높은 곳에서 움직이며 스스로를 뻣뻣하게 변하도록 하는 수컷과 반대된다. 본문이 상기시키듯이 세상 사람들은 모두 이 점을 알고 있다. 그러나 그렇다고 해서 "암컷의" 가만히 있음과 보유의 성적 태도를 실천하는 사람은 거의 없다. 아니, 좀 더 정확하게 말하자면 그런 남자는 없다. 이 행은 남성적인 것을 알면서도 여성적인 것을 지킬 것을 독자에게 요구하고 있는 제28장의 행과 공명한다.

『노자』에서 성교는 암컷이 이기는 성별 경쟁이다. 이것은 분명한 사실로 묘사되고 있다. 그러나 이 사실은 이해가 잘 가지 않는다. 실생활에서 남자들은 대개 자신들의 행동 습성을 바꾸지 않은 채 적극적이면서 경직된 태도로 "우세한 위치에 있으려는" 성적 전략들을 계속 고수한다. 도가적 성인들이라면 이와 반대로 성별 투쟁과 그 결과로 초래되는 성교의 구조를 알아차릴 것이다. 그들은 수컷다움을 "알고" 있지만 암컷다움을 "지킨다". 그러므로 이상적인 도가적 남자는 성적으로 단련된 선수도 아니고 여색에 빠진 마초도 아니다. 그는 도리어 정력적인 남성스러움에 앞서는 인간 형상을 닮았다. 즉 그는 갓난아이와 비슷하다. 도가적 슈퍼맨은 아기이다.

> 충만한 효력을 지닌 자는
> 갓난아이와 같다.*

제55장은 이 행들로 시작하며, 이어서 성인 같은 도가적 아이에 대해 다음과 같이 묘사한다.

> 뼈와 근육은 부드럽고 약하다 —
> 그러나 꽉 쥔다.
> 암컷과 수컷의 교합에 대해 알지 못한다 —
> 그러나 고추가 서 있다.
> 이것은 기氣의 최고치이다.1**

---

* 제55장: "含德之厚者, 比於赤子." (마왕퇴 갑본·을본) "含德之厚, 比於赤子." (왕필본)

1 마왕퇴본과 많은 여타의 판본은 이 장(제55장)에서 글자 그대로 "성기penis(朘)"를 언급한다. 왕필본에서 우리는 이 단어 대신 실제로는 의미가 통하지 않는 "전체whole(全)"라는 단어를 발견한다.

** 제55장: "骨弱筋柔而握固. 未知牝牡之會而朘怒, 精之至也." (마왕퇴 갑본) "骨弱筋柔而握固, 未知牝牡之合而全作, 精之至也." (왕필본) 마왕퇴 을본은 갑본의 '骨弱筋柔'가 '骨筋弱柔'로 되어 있다.

도가적 갓난아이는 "암컷과 수컷의 교합에 대해 알지 못한다". 갓난아이는 성적 단계 이전에 있거나presexual 아직 성적으로 활성화되어 있지 않다. 남아의 이런 성적인 비활성화는 갓난아이가 "남성스러운 것을 알면서도 여성스러운 것을 지킨다"는 것을 입증한다. 갓난아이의 근육과 뼈는 부드러움과 약함이라는 암컷의 특징을 유지한다. 동시에 갓난아이는 항상 고추가 서 있다. 그러나 갓난아이는 "암컷과 수컷의 교합에 대해 알지" 못하므로 자신의 성적 능력을 잃어버릴 일이 없다. 갓난아이는 결코 사정을 하지 않는다. 따라서 본문에서 말하듯이 "충만한 효력을 지니"고 있으며, "기의 최고치"를 유지한다. 도가적 사내아이는 행위하지 않음과 가만히 있음과 "낮은 곳에 처함"이라는 "암컷의" 전략을 쓰는 셈이다. 제28장에서는 다음과 같이 말한다.

> 지속하는 힘이 그대를 떠나지 않는다면
> 그대는 갓난아이의 상태로 되돌아갈 것이다.*

도가적 갓난아이는 『노자』의 독자(또는 청자)에게 하나의 실례가 되는 이미지로 사용되고 있다. 그 예를 따름으로써 사람들은 자신의 에너지와 힘과 효력을 유지하고 증대시킬 것이다. 이 성性의 도道를 따름으로써 사람들은 자신의 덕德을 최대화할 것이다.

---

* 제28장: "恒德不離, 復歸嬰兒."(마왕퇴 갑본) "恒德不离, 復歸於嬰兒."(마왕퇴 을본) "常德不離, 復歸於嬰兒."(왕필본)

누구나 이 예를 따르게 된다면 모든 생식과 모든 재생산이 완전히 끝나버릴 것이라는 반론이 있을 수도 있다. 수정이 일어나지 않을 것이므로 재생산의 순환 과정도 끝을 맞게 되리라는 것이다. 그러나 이런 반론은 『노자』의 중대한 측면을 간과하고 있다. 『노자』는 모든 사람이 연구해야 하는 책이 아니었다. 엄밀한 의미에서 『노자』는 오로지 하나의 인물 유형을 위해서 만들어졌다. 바로 도가적 성인-군주이다. 도가적 성인-군주들은 행위함 없이 행위한다. 그들이 완전히 수동적인 상태로 있더라도 사회의 모든 활동은 혼란이나 차질 없이 계속된다. 제37장과 제48장에서 말하듯이 그들의 행위하지 않음은 다른 모든 사람의 완벽한 행위와 병행한다. 즉 무위이무불위無爲而無不爲("행위하지 않기, / 그러나 하지 않는 것도 없다")이다. 행위하지 않는 도가적 군주는 완벽한 도가적 사회의 중심에 있다. 이와 마찬가지로 성적이지 않은 도가적 성인은 도가적 섹슈얼리티의 중심에 있다. 도가적 성인의 섹슈얼리티는 남아의 성적 능력의 최고치로 대변된다. 남아는 고추가 서 있으면서도 사정하지 않고, 갓난아이처럼 성행위에서 분명하게 나타나는 성별 구분이 일어나기 이전의 단계에 있다. 이처럼 성인과 비슷한 갓난아이는 그 자신은 성적으로 활성화되어 있지 않음에도 불구하고(또는 바로 그렇기 때문에) 모든 성적 활동을 긍정하고 또 가능하게 한다. 따라서 갓난아이는 도가적 군주를 닮았다. 도가적 군주는 활동하지 않고 뚜렷하게 드러나지 않음으로써 뚜렷하게 구별되는 사회적 활동들을 긍정하고 심지어 가능하게 한다.

따라서 도가적 성인의 성적 금욕은 이를테면 기독교적인 정결貞

潔chastity과는 본질적으로 다르다. 도가적 성인의 성적 금욕은 성적 잠재력과 능력이 극대화되는 것이다. 그것은 (다른 중요한 도가적 이미지를 사용하자면) 도가적 생식과 재생산의 "뿌리"이다. 이 성적인 금욕은 섹슈얼리티에 반하는 것이 아니라 오히려 역설적으로 성적인 것을 성적이지 않은 것 속에 단단히 뿌리내리게 한다.

도道란 성장과 노쇠, 생성과 소멸의 지속적인 과정이며, 따라서 성별 분리와 생식을 위한 성별 "투쟁"을 수반하는 성적인 과정이기도 하다. 이 투쟁은 승리를 거둔 암컷의 출산으로 이어지는 일종의 자연적 시합으로 묘사된다. 이 시합은 암컷의 수정으로 끝이 나고, 또 새롭게 시작된다. 수정은 새로운 생명과 새로운 섹슈얼리티가 생겨나는 전환점이기 때문이다. 섹슈얼리티의 순환 과정은 이중성과 변화에 기초하고 있지만, 그 과정은 영속하기 위해서 변하지 않는 그 무언가에 의존하고 있기도 하다. (『노자』에 나오는 두 가지 다른 이미지들을 사용하자면) 바퀴의 회전하는 바큇살들은 바퀴통에, 풀무는 비어 있는 중심부에 의존하고 있는 것처럼 말이다. 성적 단계 이전에 있는 갓난아이로 묘사되는 도가적 성인은 성적 순환 과정의 비어 있는 중심, 성적 활동 사이에 있는 비非성적인 능력, 결코 소진되지 않는 생식의 원천 또는 뿌리를 구현하고 있다.

『노자』에 나오는 성性의 도道는 대개는 인간적인 섹슈얼리티가 아니다. 그렇기 때문에 그것은 젠더 이슈들과는 관련이 없다. 『노자』의 관점에서 성별은 사회적으로 정의되는 것이 아니라 우주적으로 정의된다. 지침으로 기능하는 것은 남자와 여자의 구분이 아니다. 『노자』가 제61장과 제28장에서처럼 남성스러운 것과 여성스러운 것에 대해 언급할 때 그것은 특별히 남자men와 여자women를 의미하는 게 아니라, 남성스러운 것과 여성스러운 것 일반을 의미한다. 한자로 (제61장에 나오는) 빈牝과 모牡,* (제28장에 나오는) 웅雄과 자雌**는 주로 특정 지역의 동물군에 대해서 사용된다. 도가는 세계를 인간 중심적 관점에서 보지 않으며, 이는 섹슈얼리티에 대한 견해에 있어서도 마찬가지이다. 인간존재들은 성적인 존재들이다. 그러나 그들의 섹슈얼리티는 자연의 모든 것을 포괄하는 더 큰 섹슈얼리티의 일부분일 뿐이다. 인간의 섹슈얼리티에 대한 중국의 메타포 중 가장 잘 알려져 있는 것은 비非의인화된 사고방식을 표현하고 있다. 그것은 "구름과 비의 유희(雲雨)"라고 불린다. 섹슈얼리티는 섹슈얼리티의 우주 안에서 발생한다. 섹슈얼리티는 인간존재들에 국한된 것이 아니며, 현대 과학에서 말하는 생물학적인 영역에 국한되지도 않는다. 하늘과 땅 사이의 모든 것은 성장과 노쇠의 과정에 참여하고 있다. 이것은 인간과 동식물에만 적용되는 것이 아니다. 사계절, 날씨, 돌 같은 "비非유기체적" 무생물들에도 적용된다. 바꿔 말해 이런 관점에서 보면 "존재하는" 모든 것은 "생성되거나" "생산된" 것이다. "생명" 또는 "태어나다"로 번역되곤 하는 생生이라는 용어는 생물학적 세계에만 국한되지 않는다. "변화의 다섯 가지 국면(伍行)"의 순환 과정은 생식이나 "출산"의 일반적 질서를 기술하는 우주적 생식의 순환 과정이

---

* 제61장: "牝恒以靜勝牡." (마왕퇴 갑본·을본) "牝常以靜勝牡." (왕필본)

** 제28장: "知其雄, 守其雌." (마왕퇴 갑본·을본; 왕필본)

다. 우주 전체는 수정과 "출산"의 지속적인 과정이고, 이 과정 내에서 "바람과 물"의 기술 ― 즉 풍수風水 ― 은 어떤 시간과 어떤 장소에서 사물들이 가장 잘 "성장할지"를 설명해준다.

　인간의 성적 활동은 "자연의" 성적 활동과 본질적으로 다르지 않기 때문에 좋은 것도 아니고 나쁜 것도 아니다. 그것이 동물들의 교미보다 결코 더 낫다고도 할 수 없다. 그것은 단지 새로운 생명을 생산할 뿐이다. 인간의 성적 활동에는 "죄가 되는" 것도 없고 "더러운" 것도 없다. 그것에 대해서는 특별히 "만족스러운" 것도 없다. 그래서 『노자』에는 "성적 충족"의 의미론이 결핍되어 있다. 인간의 성은 인간적이라기보다는 단지 자연적일 뿐이다. 도가적 성인이 성적 단계 이전에 있거나 성적으로 활성화되지 않은 갓난아이로 묘사되는 것은 성이 그를 도덕적으로 망쳐놓을 것이라는 의미를 함축하지 않는다. 갓난아이의 성적인 비활동성은 그의 전반적인 비활동성의 한 측면, 즉 무위無爲의 한 측면일 뿐이다. 도가적 성인의 성적 비활성화는 성행위를 "짐승 같다"고 여겨서 그것을 회피하는 것이 아니다. 앞서 언급했듯이 그것은 철저히 성적인 우주의 역설적인 긍정이다.

　성적 활동에 대한 『노자』의 비非의인화된 개념은 일견 성적인 내용을 담고 있지 않는 듯 보이는 구절들을 성적으로 해석할 수 있게 해준다. 예를 들어 제23장에서는 "뇌우[驟雨]"와 "회오리바람[飄風]"에 대해서 이야기하고 있다. 이 사건들은 불시에 비생산적인 방식으로 터져 나오는 자연의 "분출물들"이다. 말하자면 그것들은 날씨가 조급하게 사정을 하는 행위처럼 보인다. 에너지의 때 이른 방출은 재난이나 대참사로 이어진다. 하늘과 땅의 교합에 대해서도 경계가 필요하다. 하늘과 땅 사이의 모든 것이 각자의 자리를 지키면서 자연적 변화의 리듬을 따른다면 우주적인 생식과 잉태는 조화로울 것이다. 『노자』 제23장은 하늘과 땅의 교합이 어떻게 "조화로운 주고받음"으로 귀결되고 나아가 그 주고받음이 생식과 출산을 야기할 수 있는지에 대해 기술하고 있다. 이 우주적인 주고받음은 인류뿐만 아니라 하늘 아래 모든 것을 포괄한다.

성적 활동과 출산은 주고받음의 이중성이 있을 때 출현한다. 암컷과 수컷은 이 지속적인 길(또는 도道)을 구성하는 두 가지 요소이다. 그리고 그것들은 중심의 통일성에 의존하거나 그것을 둘러싸고 돌아간다. 그 통일성은 이중성에 의한 통일성이다. 이런 통일성은 도가적 성인의 이미지, 즉 성적 능력을 허비하지 않고 자기 자신 속에 품고 있는 성적 단계 이전의 갓난아이로 대변된다.

갓난아이의 이런 이미지는 역시 성적으로 읽힐 수 있는 제28장의 다른 이미지들에도 부합한다. 이 장의 두 번째 부분에서 말한다.

> 세상의 골짜기가 되어라.
> 　그러면 항구적 효력이 충분히 갖춰질 것이다.
> 항구적 효력이 충분히 갖춰지면
> 　다시 자르지 않은 목재의 상태로 돌아갈 것이다.*

---

* 제28장: "爲天下谷, 恒德乃足, 恒德乃足, 復歸於樸."(마왕퇴 을본) "爲天下谷, 常德乃足, 復歸於樸."(왕필본) 마왕퇴 을본의 세 번째 구 '恒德乃足'이 갑본에는 '德

골짜기의 이미지는 비옥한 생식력과 텅 비어 있음을 나타낸다. 골짜기는 그것을 둘러싸고 있는 양쪽의 비옥한 경사면들의 통일성을 분명하게 드러내 보인다. 항아리의 이미지나 수레바퀴의 이미지처럼 골짜기의 이미지는 생산적 질서의 도가적 구조, 즉 가득 차 있고 유용한 주변부에 둘러싸여 있는 텅 비어 있는 중심을 나타낸다. 갓난아이와 마찬가지로 골짜기도 성적인 이중성에 선행한다. 그것은 성적인 이중성의 중앙에 있는 성별이 없는 통일체이다. 골짜기를 따라 흐르는 강은 두 경사면에서 자라는 모든 것의 출산에 영양분을 공급한다. 따라서 도가적 갓난아이의 이미지는 골짜기와 강에 상응한다. 여기서 제28장이 다음의 어구로 시작한다는 점을 기억해야 한다. "세상의 강이 되어라[爲天下溪]." 골짜기와 강의 이미지는 자르지 않은 목재의 이미지로 보완된다. 이 이미지는 또한 성적인 차원에서 이해될 수도 있다. 갓난아이와 골짜기와 강을 특징짓는 동일한 "항구적 효력"과 허비되지 않는 성적 능력은 "자르지 않은 목재의 상태"가 갖는 특징으로도 간주된다. 자르지 않은 목재 또한 어떤 점에서는 성적 단계 이전에 있다. 그것은 아직 특정한 형태를 띠지 않으며, 그래서 이중성에 선행한다. 『노자』 제28장은 다음과 같은 말로 끝맺는다.

　　자르지 않은 목재가 쪼개질 때
　　　　도구들이 탄생한다.

　　乃足'으로 되어 있다. 지은이는 을본을 따라 번역하였다.

성인이 그것들을 사용하면

    그는 모든 관리의 수장이 된다.

무릇 위대한 마름질은 그 어떤 것도 잘라버리지 않는다.*

자르지 않은 목재는 성적인 분리 이전의 상태, 즉 통일성의 상태를 나타낸다. 그 목재가 일단 쪼개지면 "도구들"이 탄생하며, 이 도구들은 집에서도 사용되고 농사지을 때도 사용된다. 그것들은 남녀가 일하면서 사용하는 도구들이다. 따라서 이 도구들은 여성스러움과 남성스러움의 이미지들이기도 하다. 결국 남성과 여성은 사회와 출산 양쪽 모두에서 사용하는 가장 일반적인 두 가지 "도구"이다. 도가적 성인들은 이중성에 선행하며, 그 어떤 것도 허비하거나 잘라버리는 일 없이 도구들을 사용한다. 그들은 이중성의 통일을 이루어낸다. 그들 자신은 성별이 없지만 성적 활동을 긍정하고 구성한다.

  도道는 성적인 이중성에 선행하는 동시에 잠재적으로 그 이중성을 품고 있는 통일체이다. 따라서 그것은 "어머니"로 그려질 뿐만 아니라(제20장, 제52장, 제59장), 제21장에서처럼 "아버지"로도 그려진다.** 성적 단계 이전에 있는 도는 아버지일 수도 있고 어머

---

* 제28장: "樸散則爲器. 聖人用則爲官長. 夫大制无割."(마왕퇴 갑본·을본) "樸散則爲器. 聖人用之則爲官長. 故大制不割."(왕필본)

** 제21장: "지금으로부터 아득한 옛날까지 그것들의 이름은 떠난 적이 없다. 모두의 아버지를 따르기 위해서 말이다. 나는 모두의 아버지가 어떤지를 어떻게 아는가? 이렇게 안다[自今及古, 其名不去, 以順衆父. 吾何以知衆父之然? 以此(마왕

니일 수도 있다. 제25장은 다음과 같이 시작한다.

> 한 사물이 있다 —
> 그것은 미분화된 채로 생겨났다.
> 그것은 하늘과 땅에 앞서 살아 있었다.
> 얼마나 고요한가! 얼마나 텅 비어 있는가!
> 그것은 홀로 꿋꿋이 서 있으면서 변하지 않는다.
> 그것은 하늘과 땅의 어머니가 될 수 있다.*

제25장은 성적 단계 이전에 있거나 성별로 분리되기 이전에 있는 도에 대해 이야기한다. 도는 "미분화된 채로 생겨났다[混成]". 그것은 우주의 남성 파트너와 여성 파트너에 해당하는 하늘과 땅의 이중성에 선행한다. 하늘과 땅은 우주의 남성과 여성이며, 도는 가만히 있으며 텅 비어 있다. 도는 남녀의 분리에 선행한다. 그것은 모든 어머니의 아직은 성적이지 않은 not-yet-sexual 어머니이고, 모든 아버지의 아직은 성적이지 않은 아버지이다. 고추가 서 있는 남아의 이미지와 우주적 어머니의 이미지는 둘 다 도의 이런 성적

퇴갑본) 自今及古, 其名不去, 以閱衆甫. 吾何以知衆甫之狀哉? 以此(왕필본)]."(Moeller, *Daodejing*, 53) 마왕퇴 을본은 갑본의 '吾何以知衆父之然' 끝에 '也'가 붙어 있다.

* 제25장: "有物昆成, 先天地生. 寂呵寥呵, 獨立而不改, 可以爲天地母."(마왕퇴 갑본·을본) "有物混成, 先天地生. 寂兮寥兮, 獨立不改, 周行而不殆, 可以爲天下母."(왕필본)

인 차원을 설명해준다.

『노자』에 나타난 다양한 이미지가 직간접적으로 생식 및 출산과 관련되어 있다는 점은 섹슈얼리티가 초기 도가에서 중요한 주제였음을 입증해준다. 동시에 이 주제가 에로틱한 함축들을 거의 결여하고 있다는 점 또한 크게 주목할 만하다. 이것은 무엇보다도 『노자』가 자연적이거나 우주적인 섹슈얼리티보다도 인간적인 섹슈얼리티에 대해서 훨씬 적게 이야기한다는 사실에 의해 증명된다. 현대의 의미론에서는 "에로틱"이라는 관념을 대개 인간들과 결부시키지, 동물이나 구름과 비에 연결시키지는 않는다. "에로스"는 쾌락이나 미학 또는 정욕과 같은 인간적 가치들과 관계가 있고, 따라서 섹슈얼리티와 문화와 도덕을 연결시킨다. 섹슈얼리티의 그런 에로틱한 차원은 『노자』에서는 거의 발견되지 않는다.

『노자』에서 섹슈얼리티를 에로틱하지 않게 재현하는 것은 고대 그리스철학, 특히 플라톤의 저작에 나타나는 섹슈얼리티의 재현과 비교해보면 매우 분명해진다. 플라톤의 가장 중요한 대화편 중 하나인 『향연Symposium』은 거의 에로스Eros에 대해서만 이야기한다고 해도 과언이 아니다. 하지만 『향연』에서 드러나는 에로티시즘에 대한 고대 그리스인들의 각양각색의 입장은 너무나 복잡하기 때문에 여기서 상세하게 논할 수는 없다. 나는 『노자』와 비교해서 특별히 관련이 있는 것으로 보이는 몇 가지 측면에 초점을 맞추고자 한다. 이 측면들은 『향연』에서 에뤽시마코스Eryximachos의 견해와 소크라테스의 견해로 소개된 것들이다.

에뤽시마코스는 의사이고 과학자이다. 그에게 에로틱함은 세상 도처에서 효력을 발휘하고 있다. 그는 에로틱함을 일종의 결합의 원리로 생각한다. 사랑은 자연과 문화를 가리지 않고 모든 영역에서 결합과 통합의 기술이다. 예컨대 작곡을 할 때는 소리들이 결합하여 조화로운 전체를 만들어낸다. 에뤽시마코스에게는 좋은 에로스와 나쁜 에로스가 있다. 따라서 모든 사물은 나쁜 방식으로 결합할 수도 있고 좋은 방식으로 결합할 수도 있다. 좋은 결합의 경우 생산성과 생식력을 갖게 되고, 나쁜 결합의 경우 부조화가 있게 된다. 좋은 에로스가 자연에 퍼져 있을 때는 날씨와 기후가 좋거나 양호할 것이다. 그 결과 사계절도 조화롭게 서로 이어질 것이다. 그러나 나쁜 에로스가 자연에 퍼져 있을 때는 별들이 어지럽게 흐트러질 것이고 사계절도 그러할 것이다. 이것은 무질서와 대참사로 이어지며, 어떤 의미에서는 자연의 성병들로 이어질 것이다. 에뤽시마코스에게 에로스와 사랑은 질서 정연하거나 무질서한 무리 지음의 일반적 형식이다. 이 무리 지음은 우주나 자연 또는 인간 사회 어디에서든 일어날 수 있다.*

    소크라테스는 에로스에 대해 매우 다른 이해를 가지고 있다. 그에게 인간의 사랑과 인간의 에로틱함은 그 순수한 형식에 있어서 선善과의 합일을 향한 분투이다. "그렇다면 전반적으로 볼 때 사랑은 자신에게 늘 있었으면 하는 선을 목표로 하겠네요."(206a) 사랑은 선을 향한 특별한 욕구이다. 그것은 선과의 합일을 통해 선

---

*   에로스에 대한 에뤽시마코스의 견해에 대해서는 『향연』 186a-188e(플라톤, 『향연』, 강철웅 옮김, 이제이북스, 2014, 88-94쪽)를 보라.

을 생산하는 것을 목표로 한다. 사랑은 생식이자 잉태이고 창조이며, 이 모두는 "아름다운 것 안에서" 일어난다. 인간존재는 아름다운 것과 합일하기 위해 분투하고, 이러한 합일을 통해 스스로를 불멸하게 만들며, 그렇게 해서 신성을 획득한다. 아름다운 것(아름다운 여성)과의 사랑 가득한 육체적 합일 속에서 새로운 생명은 창조되고 인류의 불멸은 실현된다. 이런 식으로 인간들은 신성한 영원성에 참여한다.

소크라테스에게 영적인 출산과 불멸을 위한 분투는 물리적 출산과 불멸을 위한 분투를 뛰어넘는다. 남자들 사이의 "플라토닉한" 사랑은 영혼의 생식력을 이용한다. 이런 정신적 출산 능력은 단순한 생리적 출산보다도 더 높은 가치를 지닌다. 진정한 철학자들은 그들의 출산 능력을 육체적 영역을 넘어서 지혜와 덕과 정의를 전수하는 활동으로 향하게 할 것이다. 소크라테스에게 에로틱함은 물리적인 것을 넘어서 선한 것, 참된 것, 아름다운 것의 영역으로 인도한다. 그것은 영혼의 불멸성으로 인도한다. 그래서 소크라테스는 이렇게 결론 내린다. "에로스보다 더 나은 인간 본성의 지지자를 찾기란 쉽지 않을 것일세."(212b)

『노자』에서 제시되는 도가적 섹슈얼리티가 에로틱함에 대한 플라톤적인 이해와 어떻게 다른지는 쉽게 확인할 수 있다. 에로틱함에 대한 서양의 통념들은 소크라테스의 "인간주의적"이고 "문화적"인 입장과 더 일치하는 반면, 도가의 "우주적" 섹슈얼리티 개념은 소크라테스 이전의 "우주적" 에로틱함, 즉 에뤽시마코스가 말한 에로틱함과 유사하다. 도가와 소크라테스 이전 그리스인들 사이에는 유사점이 많다. 이는 섹슈얼리티 개념들과 관련해서도 마찬가지다.

에뤽시마코스와 비슷하게 『노자』의 섹슈얼리티는 특별히 인간적이지 않다. 그 반대로 그것은 우주 전체에 걸쳐 작용하는 일정한 "추동력drive"이다. 에뤽시마코스와 『노자』 둘 다에게 성적 활동은 질서 정연하게 진행될 수도 있고 그렇지 않을 수도 있는 비인격적인 과정이다. 무질서한 우주의 "성적 활동"은 도덕적 결함과는 아무런 관련이 없고 자연적 질서의 위반과 관련이 있다. 『노자』가 뇌우와 회오리바람(제23장)을 자연에서 일어난 성적 오작동으로 묘사하듯이 에뤽시마코스는 이를테면 우박을 동반한 폭풍과 식물의 잎에 피는 곰팡이 같은 날씨나 자연현상들을 무질서한 우주적 에로스의 지표로 지명한다. 그 둘 다에게 천체와 사계절의 질서는 생식 및 출산과 직접적으로 관련되어 있다.

『노자』나 에뤽시마코스와 반대로 『향연』의 소크라테스는 더 이상 에로틱함을 비인격적이고 우주적인 성적 활동, 상호 보완적 측면들이 생식과 출산을 위해 계속해서 짝짓기를 한다는 의미에서의 성적 활동으로 이해하지 않는다. 소크라테스에게 에로스와 섹슈얼리티는 별개의 것이다. 인간적이지 않은 섹슈얼리티는 더 이상 소크라테스가 논의하는 에로스의 주요 요소가 아니다. 여기서는 심지어 인간적 에로틱함의 물리적 측면들이 하찮고 가치가 떨어지는 역할을 맡고 있을 뿐이다. 그에게 참된 사랑과 참된 에로스는 육체적 관심들을 초월한다. 소크라테스의 에로스는 그것의 최고 형식에 있어서 남성과 여성의 결합과 전혀 관계가 없다. 그것은 신성한 아름다움과 덕과 진리를 위해서 "성적인 것을 초월하고trans-sexual" "육체적인 것을 초월한trans-bodily" 사랑이 된다. 섹슈얼리티의 그런 지성화와 인간화, 그리고 "플라토닉 러브"라는 개념은 『노자』에서는 완전히 생경한 것이다.

『노자』는 육체적인 것을 극복하려는 소크라테스적 에로스의 특성을 공유하지 않는다. 이후 기독교적으로 각색된 전통들 일부에서 소크라테스적 에로스는 육체의 전면적 평가절하와 부정으로, 즉 인간의 "살"과 그것의 활동들을 매도하는 성 "윤리"로 변모하였다. 『노자』에는 인간적인 섹슈얼리티에 대한 특별한 강조가 없다. 따라서 너무나 인간적인(이로 인해 너무나 편협한 정신에서 나온) 성적 "죄악"이나 그것과 반대되는 성적 "충족"과 같은 범주들에 대해서도 특별한 관심이 없다. 또한 『노자』에 나타나는 섹슈얼리티는 신성한 것을 향한 열망으로부터 자유롭다. 『노자』에서 섹슈얼리티는 초월적이지 않다. 그것은 육체 너머로도, 세속적인 것 너머로도 인도하지 않는다. 소크라테스 및 플라톤과 함께 서양철학은 섹슈얼리티와 에로스 사이의 뚜렷한 구분을 확립하였다. 내가 말할 수 있는 것은 그러한 구분이 『노자』에는 없었다는 점이다. 여기서 도가적 성인은 성적 단계 이전의 상태에 도달하려고 시도한다. 이 상태는 섹슈얼리티가 성별로 분화되기 이전의, 성적 잠재력이 가장 큰 상태이다. 반면에 소크라테스-플라톤적인 철학은 섹슈얼리티를 초월하고, "영적인" 그리고 "신성한" 에로스의 영역으로 진입하기를 열망한다.

제3장
음陰과 양陽, 기氣, 도道와 덕德

섹슈얼리티에 대한 앞 장의 논의가 초기 도가들이 세계를 어떻게 이해하였는지 보여주었기를 바란다. 그들은 세계를 영속적인 생산의 과정으로, 생식의 순환 과정으로 보았다. 이 과정이 계속되기 위해서는 "자연"의 경로나 질서를 따르는 것이 필수적이다. 이 질서를 위반하거나 그것에 반하는 방식으로 행위한다면 재난과 대참사가 뒤따를 것이다. 자연의 세계-질서나 (재)생산의 경로를 이런 식으로 이해하는 것은 『노자』만의 독특한 것은 아니다. 예를 들어 고대 그리스에서, 특히 소크라테스 이전 사상에서 유사한 견해들을 발견할 수 있다. 그러나 『노자』는 자연의 질서에 대한 생각들을 고대 중국철학의 언어와 맥락 속에서 표현하고 있다. 『노자』는 유가, 법가, 묵가 같은 다른 학파의 사상과 어휘를 공유한다. 음陰과 양陽, 기氣, 도道와 덕德 같은, 이 장에서 논의할 개념들은 이 학파들 모두가 일반적으로 사용하던 것들이다. 그것들은 『노자』에만 독특한 것이 아니라 고대 중국의 철학적 담론에 공통된 개념들이었다.

『노자』에서 성性의 세계는 구분(수컷/암컷)에 기초한 세계이다. 그럼에도 불구하고 그러한 구분은 하나의 통일체, 하나의 통합된 과정을 구성한다. 고대 중국의 전문용어로 말하자면 (성적) 이원성의 두 가지 기본 요소들은 음(암컷의 측면)과 양(수컷의 측면)이다. 이 두 측면의 통일체가 바로 도이다. 이 기본 구조는 『주역周易』에서 가장 뚜렷하게 나타나긴 하지만, 고대 중국철학의 다른 많은 텍스트에서도 나타난다. 그것은 다양한 우주론적 사색과 여타 사색들의 근본 패턴 같은 것으로 기능한다. 말하자면 그것은 고대 중국철학의 의미론의 문법을 구성하는 기본 요소이다.

『노자』에서 가장 잘 알려져 있는 장들 중 하나는 제42장이다. 이 장은 『노자』의 본문에서 음과 양이라는 용어를 사용하고 있는 유일한 장이다.

> 만 가지 사물은
>> 음을 짊어지고 양을 껴안으며 —
>> 기를 융합하여 조화를 만들어낸다.*

"만 가지 사물[萬物]"은 간단하게 말해 서로 다른 종류의 사물들과 존재들이고, 하늘과 땅(天地) 사이에 있는(有) 모든 것이다. 만

---

* 제42장: "萬物負陰而抱陽, 中氣以爲和."(마왕퇴 갑본·을본) "萬物負陰而抱陽, 沖氣以爲和."(왕필본)

가지 사물의 무리 지음과 그것들이 "상호작용하는" 방식은 "음"과 "양"이라는 용어로 지칭되는 매우 기본적인 구분에 의해 정해지거나 조직화되는 듯이 보인다. 제42장에서 음은 "짊어지는" 것으로 묘사되고 있다. 짊어지는 것은 짊어짐 당하는 것보다 아래에 있다. 낮은 곳에 처하는 것은 그 이미지에 관한 한 여성적인 것에 해당한다. 그것은 자신이 껴안고 있는 것에 의해 보완된다. 이것은 결국 잠재된 힘이나 능력을 보유하고 있는 것으로 간주될 수 있으며, 따라서 남성스러움의 이미지들과 연결된다. 그러나 음/양의 구분을 여성스러움과 남성스러움의 구분으로 환원하거나 그 구분과 단순하게 동일시해서는 안 된다. 여자/남자의 구분으로 환원하거나 그것과 동일시해서는 안 된다는 점은 말할 것도 없다. 음/양의 구분은 이런 범주들보다도 훨씬 더 일반적인 구분이며, 두 개의 성은 음/양의 구분이 명확하게 드러난 것들 중 (가장 중요한) 한 가지일 뿐이다. 음/양의 구분은 중국학자 마르셀 그라네Marcel Granet의 전문용어를 사용하자면 존재하거나 발생하는 모든 것을 분류할 수 있는 "항목들rubrics"의 구분이다. 그 항목들의 구분은 세상의 분할을 가능하게 하고, 따라서 일어나는 일을 설명할 수 있게 하는 가장 기본적인 구조를 제공한다.

마르셀 그라네에 따르면 음과 양이라는 용어는 언덕의 그늘진 사면(陰)과 볕이 드는 사면(陽)의 구분으로 거슬러 올라갈 수 있다.[1] 따라서 음/양의 구분은 여성스러움/남성스러움 이외에도 어

---

[1] Marcel Granet, *La pensée chinoise*(Paris: Éditions Albin Michel, 1934), 108[마르셀 그라

둠/밝음, 더 구체적으로는 달과 해의 구분에도 해당된다. 오늘날 현대 중국어에서 매우 흔하게 사용되는 수많은 단어가 다방면에 적용되는 이 패턴을 여전히 반영하고 있다. 해는 태양太陽이라고 불린다. 이것은 글자 그대로 "최고의 양"을 의미한다. 그리고 날씨가 흐릴 때면 중국인들은 음천陰天에 대해 말한다. 글자 그대로 "음-하늘"이다. 이 단어들의 성적인 차원은 수많은 생물학적·의학적 표현 속에 반영되어 있다. 이를테면 질에 대해서는 음도陰道(글자 그대로 "음의 통로/길"), 발기부전에 대해서는 양위陽痿(글자 그대로 "양-허약함")라고 부르는 식이다. 이처럼 음과 양은 아주 명확하게 "만 가지 사물"의 영역에서 일어나는 "상호작용"을 설명하기 위한 두 가지 분류 항목이다. 사물들이 자라나는 언덕은 볕이 드는 사면과 그늘진 사면으로 나뉜다. 이 사면들은 빛과 어둠, 해와 달의 구분에 상응하고, 또 생물학적 생명을 특징짓는 수컷과 암컷의 분할에도 상응한다. 생물학적 성별의 분할은 재생산의 분류 항목들의 한 차원이고, 시간의 분할은 그 항목들의 또 다른 차원이다. 이런 의미에서 생물학적 "존재들"만 두 가지 성을 가지고 있는 것이 아니라 시간의 경로와 하늘의 "신체들", 즉 천체도 역시 그러하다. 이런 관점에서 보면 사실상 시간의 경로와 해와 달도 동식물과 인간만큼이나 "생물학적"이고 "신체적"이다. 시간과 "신체"는 생식과 생명의 과정을 계속되게 하는 동일한 기본적 구분의 불가분한 두 측면이다. 그것은 우주적 생명의 심장, 즉『노

네,『중국사유』, 유병태 옮김, 한길사, 2015, 129-130쪽].

자』 제42장의 시적인 언어를 사용하자면 "창조적 조화[和]"의 심장에 있는 구분이다.

마르셀 그라네는 음과 양의 항목들에 대해 논하면서 『주역』에서 후대에 쓰인 부분에 나오는 매우 중요한 한 문장을 지적하고 있다.² 이 문장은 간단히 이렇게 말한다. "하나의 음, 하나의 양, 이를 일러 도라고 부른다."* 음과 양은 힘이나 실체가 아니라 상호 보완적 측면들 또는 계기들moments이다. 질서 정연하고 효율적이고 "창조적인" 과정은 어떤 것이든 간에 이 계기들로 구성된다. 그라네가 설명하듯이 음과 양은 "리듬이라는 관념에 의해 지배되는 일련의 개념들을 구성하는 요소들"이다.³ 그라네의 저작은 구조주의의 "창시자"인 클로드 레비스트로스Claude Lévi-Strauss로부터 직접적인 영향을 받았는데, 그라네는 고대 중국 사상에서 음과 양이라는 두 가지 구성 요소가 어떻게 우주의 리드미컬한 구조를 구성하는지에 대해서 아주 상세하게 기술한다. 해와 달, 수컷과 암컷은 이 구조에 따라 리드미컬하게 상호작용하는 만 가지 사물 중 두 가지 사례에 지나지 않는다. 이 리듬은 변화와 교체의 리듬이며 조화로운 상호 보충의 리듬이다. 음과 양은 도의 리듬을 구성한다. 그것들은 시간의 가장 기본적인 두 마디이기는 하지만, 그 시간은 우리 정신의 인지적이거나 "주관적인" "선험적" 패턴으로

---

2 Granet, *La pensée chinoise*, 269.

* 『周易』「繫辭·上」: "一陰一陽之謂道."

3 Granet, *La pensée chinoise*, 269.

서의 시간도 아니고, 물리학의 "객관적" 범주로서의 시간도 아니다. 그것들은 시간의 길이 펼쳐지고, 그래서 생명의 길이 펼쳐질 때 낮과 밤, 수컷과 암컷처럼 글자 그대로 (함께) 오고 가는 것이다.

『노자』제42장에서 음과 양의 조화롭고 창조적인 리듬은 "기를 융합하는 것"과 함께 간다. 기氣라는 용어는 고대 중국 사상에서 보편적이거나 우주적인 "매질媒質medium"과 같은 어떤 것을 가리킨다. 존재하는 모든 것은 어떤 식으로든 기로 이루어져 있다. 그러나 이 기는 소크라테스 이전의 모델들과 달리 작은 입자들로 구성된 것이 아니라는 점에서 원자적인 것으로 생각되지도 않고, 하나 이상의 기초 "성분(들)"으로 구성된 것이 아니라는 점에서 원소 같은 것으로 생각되지도 않는다. 기는 본성상 물질적인 것도 아니고 관념적인 것도 아니다. 고대 그리스에서 매우 중요했던 (그리고 플라톤에게서 가장 두드러지게 나타났던) 물질적인 것과 관념적인 것의 구분은 『노자』에는 나타나지 않는다. 기는 오히려 모종의 매질이나 에너지로 이해될 수 있다. 이 점에서 그것은 과학의 빛 개념과 어렴풋이 유사하다. 빛 또한 "질료matter"로는 충분히 설명될 수가 없다.

음陰과 양陽이라는 용어와 마찬가지로 기氣라는 단어도 고도의 "과학적인" 용어는 아니다. 그것은 다소 흔한 표현이었고, 현대 중국어에서도 여전히 그러하다. 이 점에서 "기"는 영어 단어 *matter*에 비견할 만하다. *matter* 또한 구어에서 (예를 들어 "무슨 일이야What's the matter?"와 같은 표현으로) 많이 사용되고 있다. 이는 서양 언어에서 철학적·과학적 용어들 일부가 어떻게 일상 언어 속으로 들어와 언어 습관과 세계에 대한 상식적 이해를 형성했는지를 보여주는 좋은 예이다. 우리는 구어에서의 쓰임을 통해 "matter"라는 개념에 아주 익숙해져 있기 때문에 보통은 그 개념에 의문을 갖지 않는다. 이와 마찬가지로 기라는 개념도 역사 속에서 수많은 방식으로 사용되어왔고, 세계나 우주 — 서양의 관점에서 보면 다소 놀라울지도 모르지만 비물질적인 세계나 우주 — 에 대한 매우 일반적이고 공통된 이해를 대변하고 있다. 예를 들어 기는 "냄새(氣味, 글자 그대로 '기-냄새' 또는 '기-맛')"뿐만 아니라 "공기(空氣, 글자 그대로 '텅 빈 공간의 기')"나 "기체(氣體, 글자 그대로 '기-신체')"를 가리키는 단어들에 사용된다. 이런 식으로 날씨는 천기天氣('하늘의 기')이고, 기분氣分('기-분위기')은 심기를 가리키는 단어이며, 악취는 취기臭氣('냄새가 고약한 기')라고 불린다. 기를 적절하게 다룰 수 있는 것, 더 중요하게는 기를 효과적으로 다룰 수 있는 것은 기공술氣功術이다. 기공氣功은 글자 그대로 "기의 연마"로서 지금 서양의 여러 나라에서 점점 더 큰 인기를 얻어가고 있다. 기는 "자연"에만 있는 것이 아니다. 그것은 회화와 시 같은 예술 작품 속에도 있고, 집이나 정원에도 있으며, 인간관계와 사랑과 미움 같은 감정 속에도 있다. 기는 전쟁에서도 역시 중요하다. 이 때문에 기를 일종의 일반적 또는 보편적 "매질"이라고 부른 것이다.

우주적 리듬의 두 가지 기본 계기인 음과 양은 기와 관련해서 말하자면 기의 두 가지 기본 측면이기도 하다. 고대의 중국철학은 음과 양을 "두 가지 기(二氣)"로 언급하기도 했다. 음기陰氣와 양기陽氣가 잘 융합되면, 『노자』 제42장에서 묘사하듯이 조화가 있게 될 것이다. 기본 "매질"에 질서가 있으면 좋은 결과를 기대할 수 있다. 따라서 기의 "에너지들"이 긍정적인 방식으로 그리고 음과 양의 리듬에 조응하여 상호작용할 수 있도록 보장해야 한다. 이를테면 이것은 전통 중국 의학의 주요 원리이다. 기는 또한 신체의 매질이기도 하며, 신체 수양은 결과적으로 기를 음과 양의 질서와 조화를 이루도록 양성하는 것이다. 따라서 도가의 신체 단련은 호흡 훈련의 중요성을 강조한다. 그 훈련에서는 "공기"와 "에너지"로서의 기를 리드미컬하게 들이쉬었다 내쉬었다 한다. 그렇게 함으로써 기의 흐름을 조화로 이끌 수 있고, 하나의 과정으로서의 신체는 안정될 수 있다. 기공의 수많은 테크닉은 호흡하는 것과 관련되어 있고, 신체 안에서 그리고 신체를 둘러싸고 일어나는 기의 순환을 최적화하는 것을 목표로 한다. 그런 훈련들은 명백하게 『노자』가 쓰인 시대에 이미 시행되고 있었다. 몇몇 구절은 제10장의 다음 구절처럼 그런 훈련들을 암시한다.

> 기를 집중시켜 부드러움에 이르게 하여
> 갓난아이처럼 될 수 있겠는가?*

여기서 우리는 갓난아이의 이미지(부드럽다는 점에서 물과 여성적인 것의 이미지들과 연결되기도 하는 이미지)를 또다시 발견하게 된다. 갓난아이는 이상적인 "집중concentration"의 상태를 진정으로 구현하고 있는 유기체의 한 가지 실례이다. 제10장에는 이러한 집중

---

* 제10장: "搏氣至柔, 能嬰兒乎?"(마왕퇴 갑본·을본) "專氣致柔, 能嬰兒乎?"(왕필본)

이 심리적으로나 영적으로 이해되어야 한다는 암시가 전혀 없다 (concentration이라는 단어는 영어에서 종종 은유적으로 사용된다). 지금껏 알려진 도가적 수련의 맥락에서 보면 기를 "집중시키는" 것은 오히려 (리드미컬한) 호흡의 어떤 형식을 포함할 수도 있는 신체적 훈련이라고 가정된다. 이런 식으로 기는 말 그대로 심장과 같은 중심부를 따라 순환할 수도 있다("심장"과 "마음" 둘 다를 의미하는 심心이라는 용어가 암시하듯이 심장은 의식의 장소로도 간주되어왔다).[4]

심장 주변의 그리고 신체 내부의 조화로운 흐름으로 이어지는 기의 집중 상태는 억지로 강제되어서는 안 된다. 고대 도가에서 기의 훈련은 행위하지 않음을 통한 행위(爲無爲)라는 격률을 따르는 듯 보인다. 그것은 체조 같은 물리적 운동이 아니다. 그런 운동은 신체로 하여금 상당한 체력을 요하는 "부자연스러운" 각종 자세를 억지로 취하게 한다. 도가적인 (호흡) 훈련은 오히려 기로 하여금 "자연스럽게" 리드미컬한 패턴이나 흐름을 취하게 하려고 한다. 『노자』 제55장에서는 다음과 같이 말한다.

> 심장이 기를 지휘한다면 이것을 강제라고 부른다.*

---

[4] 줄리언 제인스Julian Jaynes에 따르면 고대 그리스에서도 마찬가지였다. "예컨대 아리스토텔레스의 저술에서는 의식이나 사유의 거처가 심장에, 그리고 심장 바로 위에 있다고 여기며, 뇌는 접촉이나 부상에 둔감하므로 단지 냉각 기관일 뿐이라고 믿는다." Julian Jaynes, *The Origin of Consciousness in the Breakdown of the Bicameral Mind*(Boston: Houghton Mifflin, 1976), 44.

* 제55장: "心使氣曰强."(마왕퇴 갑본·을본; 왕필본)

도가의 기의 연마는 강압을 행사하지 않는다. 수양은 그것이 신체적인 것이든 정치적인 것이든 결코 강제되지 않는다. 그 대신 사물들에 간섭하지 않음으로써 질서가 이루어진다. 갓난아이는 이런 태도를 상징한 것이다. 아마도 갓난아이는 고의로 또는 "주관적" 의도를 가지고 자신의 신체나 마음을 감독하지 않는 인간존재일 것이다. 갓난아이는 확실히 움직이며 의식 활동도 한다. 그러나 아직은 자신의 신체와 마음을 적극적으로 통제하려고 애쓰지 않는다. 갓난아이는 기가 방해받지 않고 펼쳐지도록 한다. 도가의 기의 연마와 호흡 단련은 갓난아이의 상태를 되찾으려는 것이다.

기는 에너지 또는 일반적인 매질로서 만 가지 사물은 그것과 함께, 그리고 그것 속에서 움직이고 변화한다. 기는 사물들과 사건들의 영역을 특징짓고 "정의한다". 형태나 모양을 가지고 있는 모든 것, 발생하거나 행동하는 모든 것은 기를 통해서 그것의 게슈탈트를 취한다. 따라서 모든 사물과 형태와 사건의 보편적인 매질로서 기는 필연적으로 뚜렷이 구분되는 것들의 영역 안에, 그리고 음과 양이라는 리드미컬한 항목들 안에 있다. 우주적 경로는 어둠과 밝음, 수컷과 암컷, 성장과 노쇠로 이루어진다. 음기와 양기는 이 경로의 두 가지 계기이다. 기의 세계는 또한 음/양의 구분의 세계이기도 하다. 이처럼 그것은 존재하는(有) 모든 것의 세계이다. 만 가지 사물은 모두 그 존재에 있어서 음과 양의 리듬 안에 있으며, 기 속에, 그리고 기로서 있다. 따라서 그것들은 특정한 음/양 및 기의 특징들을 띠며, 그에 따라 한정되고 분류된다. 그것들은 텅 비어 있거나 아무것도 없는 것이 아니다.

텅 비어 있음과 가득 차 있음의 구분은 없음(無)과 있음(有)의 구분이기도 하다. 골짜기와 풀무의 이미지들을 다시 떠올려볼 수도 있을 것이다. 사물들의 가득 차 있음은 텅 비어 있음이라는 중심적 요소를 둘러싸고 움직이며 성장한다. 풀무는 그 속이 비어 있기 때문에 리드미컬하게 "호흡할" 수 있으며, 골짜기에서 일어나는 리드미컬한 성장과 생명의 과정들은 그 한가운데에 있는 텅 빈 공간에 의존한다. 구분의 영역, 따라서 음/양의 영역이자 그에 상응하는 기의 영역은 그 자체는 뚜렷하게 구분되지 않는 중심의 통일성에 의존하고 있다. 뚜렷이 구분되는 것의 있음이 존재할 수 있는 것은 오로지 그 한가운데에 있는 뚜렷이 구분되지 않는 없음을 통해서이다. 가득 차 있음의 세계, 즉 리드미컬하고 생산적이고 비옥한 생식력을 가진 기의 흐름의 세계 — 삶(과 죽음)의 세계 — 는 아무런 특성도 없고 아무런 특징도 없는 "무"에 기초한다. 만 가지 사물과 음/양의 구분 및 기는 있음(有)의 영역을 구성하지만 이것이 전부는 아니다. 『노자』 제40장에서 선언하듯이 있음 내부에 없음 또한 존재한다.

세상 사물들은 있음(有)으로부터 생겨난다.
있음은 없음(無)으로부터 생겨난다.*

---

* 제40장: "天下之物生於有, 有生於无."(마왕퇴 갑본·을본) "天下萬物生於有, 有生於無."(왕필본)

뚜렷이 구분되는 있음의 영역, 즉 "세상 사물들"의 영역만 있는 것이 아니라, 없음 또한 존재한다. 도가적인 갓난아이의 이미지에 힘입어 우리는 성적 단계 이전의 존재가 성적 분할에 선행하듯이 "없음"이 이중적이고 뚜렷하게 구분되는 "있음"의 세계에 선행한다고 말할 수 있다. 구분의 순수한 능력 그 자체는 아직 뚜렷하게 구분되지 않는다. 없음은 뚜렷하게 구분됨으로써 존재하는 사물들에 선행하면서 그것들을 "낳는" 통일성이다. 있음과 없음의 이런 관계는 우리를 제42장의 첫 몇 행으로 돌아가도록 한다. 그것은 앞서 인용한 제40장의 행들을 숫자와 관련된 용어로 변주한 것이다. 없음은 "하나[一]"가 되고 있음은 "둘[二]"이 되는 변주이다.

> 도道는 하나를 낳는다.
> 하나는 둘을 낳는다.
> 둘은 셋을 낳는다.
> 셋은 만 가지 사물을 낳는다.*

하나는 도의 직접적인 "생산물"이다. 그것은 그렇게 통일체로서 우주적 과정의 "시작"에 있다. 그것은 둘의 토대가 된다. 둘은 우주적 경로의 리듬을 구성하는 기본적 이원성(음/양)이다. 숨을 들이쉬는 것과 내쉬는 것에서 분명하게 드러나듯이 신체의 생명은 둘의 과정에 있는 반면, 신체에서 (텅 비어 있는) 심장은 물리적 하

---

* 제42장: "道生一, 一生二, 二生三, 三生萬物."(마왕퇴 갑본·을본; 왕필본)

나를 구성한다. 기의 흐름의 둘과 "가득 차 있음"의 중심에는 심장의 하나와 텅 비어 있음이 있다. 동일한 구조가 우주 전반에 적용된다. 하나는 텅 비어 있고 없는 것이지만, 둘을 발생하게 한다. 하나(뚜렷하게 구분되지 않는 없음)와 둘(있음, 음/양의 구분)이 합쳐져서 셋이 된다. 셋은 이처럼 하나와 둘의 통합이 "낳는" 것이다. 다수의 세계, 즉 만 가지 사물의 세계를 열어놓는 것은 바로 이 셋이다. 이 "적분의" 수학은 여기서 그려 보이고 있는 것이 사실상 선형적 인과관계나 생성의 "역사적" 과정, 즉 통시적 발전이 아니라, 모든 요소가 결합하여 하나의 공시적 질서를 만들어내는 과정임을 보여준다. 하나, 둘, 셋 그리고 다수는 순서대로 이어지는 것이 아니다. 그것들은 오히려 서로 함께 간다. 이 장은 영어로 이렇게 바꿔서 표현할 수 있다. "도와 더불어 하나가 있다. 하나와 더불어 둘이 있다With the Dao, there is oneness; with oneness, there is two-ness" 등등. 이 계기들은 공존하면서 상호 의존하고 있다. 그것들은 진화의 역사를 나타내는 것이 아니다.

도의 하나는 두 가지 측면을 갖는다. 도는 내적인 통일성인 동시에 외적인 통일성이다. 한편으로 하나는 제대로 기능하고 있는 것의 중심에 있다. 예를 들면 신체에는 단 하나뿐인 심장이 있다. 바퀴에는 단 하나뿐인 바퀴통이 있다. 국가에는 단 한 명뿐인 군주가 있다. 중심이 이렇게 혼자라는 점은 우주적 통일성의 첫 번째 측면이자 내적 측면이다. 중심의 "고독"은 과정이나 기능의 완성을 가능하게 한다. 하나뿐인 심장은 다수의 신체 기관을 하나의 유기체로 통합하며, 바퀴통은 다수의 바큇살을 하나의 메커니즘으로 통합한다. 그 요소들은 하나의 "시나리오", 하나의 도로 결합된다. 이와 동시에 그 시나리오의 내적인 통일성은 제대로 기능하는 하나의 단일체를 만드는 것이기도 하다. 도는 통일성에 기초해 있으며, 이 통일성은 텅 비어 있는 중심의 내적인 통일성이기도 하고 전체적 기능의 외적인 통일성이기도 하다. 숫자로서 "하나"는 텅 비어 있는 중심과 가득 차 있는 전체 양쪽 모두를 상징한다. 그것은 단일성 singleness과 전체성 totality을 나타낸다. 그 숫자가 갖는 이 이중의 상징적 의미는 『노자』 제39장을 읽고 이해하는 데 중요하다.

> 옛날에 하나를 얻었던 것들 중에
> > 하늘은 하나를 얻어 — 맑아졌다.
> > 땅은 하나를 얻어 — 안정되었다.
> > 혼은 하나를 얻어 — 활기를 갖게 되었다.
> > 골짜기는 하나를 얻어 — 가득 차게 되었다.
> > 제후와 왕은 하나를 얻어 — 세상을 똑바르게 만들었다.*

하늘과 땅, 사람들의 세상, (조상의) 혼과 자연은 모두가 하나를 얻었기 때문에 제대로 기능한다. 여기서 "하나"는 앞서 설명한 이중

---

* 제39장: "昔得一者, 天得一以淸, 地得一以寧, 神得一以靈, 谷得一以盈, 侯王得一以爲天下正."(마왕퇴 을본) "昔之得一者, 天得一以淸, 地得一以寧, 神得一以靈, 谷得一以盈, 萬物得一以生, 侯王得一以爲天下貞."(왕필본) 마왕퇴 갑본은 을본의 '侯王得一以爲天下正'에서 '天下'가 없다. 지은이는 을본을 따라 번역하였다.

적 의미의 하나이다. 내적인 하나 — 골짜기에서 텅 비어 있는 공간, 한 명의 군주 등 — 는 "가득 차 있는" 골짜기 전체나 정치 공동체라는 외적인 하나를 구성한다. 예컨대 군주가 군주이기 위해서는 그의 "왼쪽과 오른쪽"에 있을 사람들, 즉 재상들과 신하들이 필요하다. 내적인 통일성은 전체 시나리오를 구성하는 이중의 계기들이 균형을 이룰 수 있는 지점을 제공한다. 외적인 통일성은 이중의 계기들이 조화롭게 결합하여 이루어내는 통일성이다. 통일성은 언제나 이중적인 것과 다수의 통일성이다. 제34장에서는 다음과 같이 말한다.

> 도道 —
> 얼마나 잘 흐르는가!
> 그것은 오른쪽으로 갈 수도 있고 왼쪽으로 갈 수도 있다.*

여기서 도는 또다시 흐름의 이미지로 묘사되고 있다. 물론 흐름의 이미지는 물의 이미지와 결부되어 있다. 도는 통일된 흐름이며, 그 흐름은 중심에서 오른쪽으로도 뻗어나가고 왼쪽으로도 뻗어나간다. 중심은 이 "이중적" 흐름을 하나로 결합시킨다.

사회적인 것이든 자연적인 것이든 효과적인 진행 과정이나 시나리오가 내적이고 외적인 "하나"에 의해서 잘 확립되기만 하면 그것은 하나의 도로서 기능한다. 그것은 특별한 효력을 갖는 도이

---

* 제34장: "道汎呵, 其可左右也." (마왕퇴 갑본·을본) "大道汜兮, 其可左右." (왕필본)

다. 이 효력은 후대에 『노자』에 붙여진 또 다른 제목인 "도와 덕의 경전(道德經)"이라는 명칭에 사용되었다. 이 명칭은 "도와 그것의 효력에 대한 경전"으로 번역될 수도 있다. 덕德은 하나의a 또는 하나뿐인the 도의 효력이나 "힘power"(덕은 이렇게도 번역될 수 있다)이다. 『노자』의 많은 장이 도의 이런 효력에 대해서 이야기하고 있다. 그 중 제54장도 있는데, 이 장은 앞서 인용한 제39장의 행들과 연결된다. 이 연결은 무엇보다도 주제에 따른 것이다. 제39장은 자연적, 사회적, "영적" 영역들처럼 서로 다른 수많은 영역에 있는 하나에 대해 이야기한다. 제54장에서 독자들은 이 영역들에서 완벽한 시나리오가 확립되기만 하면 그 하나는 효력(德)을 가지고 제 기능을 다하는 데 실패하지 않음을 배우게 된다. 곧 보겠지만 이 두 장은 언어적으로 연결되어 있다. 제54장에서는 다음과 같이 말한다.

수양이 신체에 이를 때
  효력은 참될 것이다.
수양이 가정에 이를 때
  효력은 남아돌 것이다.
수양이 마을에 이를 때
  효력은 오래갈 것이다.
수양이 국가에 이를 때
  효력은 풍부해질 것이다.
수양이 세상에 이를 때
  효력은 폭넓어질 것이다.*

사물들이 도의 이상적인 구조에 따라 배열되는 곳이라면 어디든 효력이나 덕이 미칠 것이다. 이것은 신체로부터 시작해서 가정으로, 공동체 전체로, 마침내 우주 전체로 확장될 것이다. (계속 확장되는 수양 개념은 유가에서도 똑같이 매우 중요하다.) 예를 들어 국가에서 좋은 군주는 그의 덕으로써 다스리거나 질서를 잡을 수 있다. 여기서 우리는 덕을 "카리스마charisma"나 "위신prestige"으로 번역할 수도 있는데, 후자가 더 나을 것 같다(또는 "미덕virtue"으로 번역할 수도 있다. 라틴어 *virtus*에 대한 도덕주의적 이해와 관련해서 때때로 이렇게 번역되기도 하는데, 이 단어는 그 전에는 [남성적인] 힘을 의미했다). 이렇듯 덕은 완벽하게 기능하는 데서 풍겨 나오는 아우라이다. 이런 의미에서 덕은 도와 함께 따라오는 모종의 (선물present과 재능이라는 이중적 의미에서) "선사품gift"이기도 하다. 그것은 도를 따르는 시나리오에 의해 얻어지는received 것이다. 『노자』는 때로는 "얻음[得]"을 가리키는 단어와 "효력[德]"을 가리키는 단어를 가지고 언어유희를 한다. 둘 다 [중국어로는] *de*로 발음되기 때문이다(표기되는 글자는 다르다). 이 단어는 제39장과 제54장을 연결하는 언어적 링크를 제공한다. 제39장은 하나를 "얻고", 따라서 도의 구조를 "얻어" 제대로 기능하는 자연 복합체와 사회 복합체에 대해서 이야기한다. 도와 그것의 내적·외적 통일성을 "얻는(得)"

---

* 제54장: "修之身, 其德乃眞. 修之家, 其德有餘. 修之鄕, 其德乃長. 修之邦, 其德乃豊. 修之天下, 其德乃溥."(마왕퇴 갑본) "修之於身, 其德乃眞 修之於家, 其德乃餘 修之於鄕, 其德乃長 修之於國, 其德乃豊 修之於天下, 其德乃普."(왕필본) 마왕퇴 을본은 갑본의 '邦'이 '國'으로 되어 있다.

자는 동시에 효력(德)이라는 선사품도 갖게 될 것이다.『노자』제
23장은 이 두 단어를 가지고 다음과 같이 언어유희를 한다. (그러
나 나는 여기서 "얻음"을 의미하는 득得을 "받음taking"으로 번역하였다.
다음 단락에서 이 단어와 관련되어 사용되는 "줌giving"이라는 단어*와의
관계를 강조하기 위해서이다.)

> 그 길을 가는 쪽은 그 길과 일치하고,
> 받는 쪽은 받음과 일치하고,
> 주는 쪽은 줌과 일치한다.**

(섹슈얼리티에 대해 다룬 이 책의 제2장에서 논의했던) 이 행들은 도를

---

* 원문의 '失'을 가리킨다. '失'은 일반적으로 '주다give'는 의미보다는 '잃다loose'는 의미로 풀이되는데, 지은이는 잃는 것은 곧 주는 것이라고 보아 전자로 번역하였다. 이에 대해서는 지은이의 영역본 제23장에 붙은 다음 해설을 참조하라. "이 연에서 말하고 있는 듯 보이는 것은 도道의 경로와 그것의 효력[德]의 펼쳐짐은 얻음과 잃음의 리드미컬한 패턴에 기초하고 있다는 점이다. 비가 오면 하늘은 그 물을 '잃고[失]', 땅은 사물들을 자라나게 하는 물을 '얻는다'. 도가 확립되면 그것의 경로는 얻음gain과 잃음loss을 펼쳐 보인다. 나는 여기서 이 용어들을 줌giving과 받음taking으로 번역하였다. 잃는[失] 쪽은 주고, 얻는[得] 쪽은 받는다. 주고받음이 도에 따라 기능한다면 이는 생식과 생산으로 귀결될 것이다."(Moeller, *Daodejing*, 56-57)

** 제23장: "故從事而道者同於道, 得者同於得, 失者同於失."(마왕퇴 갑본·을본) "故從事於道者, 道者同於道, 德者同於德, 失者同於失."(왕필본) 마왕퇴 갑본과 을본 모두 '得'이 원래는 '德'으로 되어 있고, 왕필본 역시 '德'으로 되어 있다. 國家文物局古文獻研究室編,『馬王堆漢墓帛書』(壹)에서는 '德'을 '得'의 가차자로 보아 '得'으로 교정해서 '失'과 대구를 이루게 하였다.

주는 것과 받는 것(德)의 리듬으로 기술한다. 효력(德)을 내는 길
(道)이나 진행 과정은 이 두 가지 계기의 조화로운 작용에 있다.
그것들은 생산과 재생산이라는 측면들이다. 제60장에는 도에 따
라 세상을 보살피는 성인-군주에 대해서 이야기하는 다음 구절이
있다.

> 무릇
> 　둘은 서로를 해치지 않는다.
> 　따라서 효력이 교환되고 그⁵에게로 돌아간다.＊

도를 따름으로써 성인-군주는 이원성의 세계를 다스릴 수 있다.
이렇게 해서 뚜렷이 구분되는 측면들과 계기들은 서로를 해치려
고 싸우지 않는다. 그보다는 상호 주고받음을 통해 협력한다. 이
것은 유익한(그리고 리드미컬한) 효력의 교환으로 이어진다. 이 효
력(德)은 군주에 의해 시작된다. 그리고 그것은 사회에서 펼쳐지
고 공동체에 결실을 가져오기 때문에 점점 커지는 "위신(德)"의 형
태로 "그에게로 되돌아갈" 것이다. 그조차도 그가 주었던 것을 얻
는 것이다.
　도와 그것의 효력인 덕은 가장 넓은 차원에서는 세상 전체에

5　『노자』가 성인-군주에 대해서 이야기할 때 나는 역사적인 이유로 남성대명사
　를 사용하였다. 『노자』가 군주에 대해 이야기하면서 양성 모두를 가리키고 있
　다고 보는 것은 시대착오적인 일이 될 것이다.
＊　제60장: "夫兩不相傷, 故德交歸焉." (마왕퇴 갑본·을본: 왕필본)

"작용하고" 있다. 고대 중국인들은 보통 "우주universe"를 천天이라고 말한다. 이것은 영어로는 "하늘heaven"로 번역되곤 한다. 이렇게 사용된 천天이라는 용어는 우리 머리 위에 있는 실제 하늘(천天의 구체적인 의미)을 나타낼 뿐만 아니라, 전체를 대표하는 부분pars pro toto으로서 우주cosmos를 나타내기도 한다. 그러나 고대 중국의 "하늘" 개념은 대문자로 시작하는 기독교의 하늘Heaven 개념과는 매우 다르다. 그것은 하느님이 사는 초월적인 영역을 가리키지 않는다. 그것은 "저 아래" 세상과 어떤 식으로든 단절되어 있는 "저 너머의" 천국이 아니다. 천天으로서의 중국의 하늘 개념은 "세속적인" 세계를 포함한, 더 정확히 말하자면 세속적인 것과 성스러운 것 사이의 어떤 구분도 없는 세상 전체를 가리킨다.[6]

로저 에임스Roger T. Ames와 데이비드 홀David Hall은 『노자』의 중요한 철학 용어들에 대한 간명한 해설에서 천天의 의미에 대해 다음과 같이 설명한다.

> 환유적으로 "하늘Heaven"이라는 용어로 지시되곤 하는 성경의 하느님은 세상을 창조했지만, 고전 중국어에서 천天은 곧 세상이다. 말하자면 천天은 우리가 사는 세상이 무엇이고 그것이 어떠한지를 모두 가리킨다. 천天은 능산적能産的 자연natura

---

6 다음을 참조하라. Herbert Fingarette, *Confucius: The Secular as Sacred*(New York: Harper Torchbooks), 1972[허버트 핑가레트, 『공자의 철학 - 서양에서 바라본 禮에 대한 새로운 이해』, 송영배 옮김, 서광사, 1991].

naturans, 즉 "자연을 만들어내는 자연nature naturing"이다. "벌어지는 모든 일"을 가리키는 표현인 "만 가지 과정과 사건(萬物)"은 다스려지는 것과 무관하게 독자적으로 서 있는 천天의 피조물들이 아니다. 오히려 그것들은 천天을 구성하는 요소이다. 이를 기초로 천天은 그것의 구성 요소이자 인간도 예외가 아닌 수많은 개별자의 성질들로부터 성립된 창발적인 질서들로 기술될 수 있다.7

따라서 고대 중국철학에서 "하늘"은 종종 "만 가지 사물"(만물萬物이라는 용어는 대개 이렇게 번역된다)이 어떻게 서로 연관되어 있는지, 특히 그것들이 어떻게 기능하고 계속되는지를 나타낸다. 이처럼 하늘은 우주에 내재해 있는 패턴이다. 도가에서 이 용어는 "도道"와 밀접하게 관련되어 있다. 예를 들어 그것은 우리가 올려다보면 볼 수 있는 것, 즉 천체의 운동, 달과 별들의 경로이다. 그러나 그것은 계절들의 순차적 전개에도, 날씨에도, 그리고 생산적인 것이든 재난을 일으키는 것이든 모든 종류의 자연현상에도 똑같이 존재한다. 이처럼 하늘은 단순한 공간적 개념이 아니다. 그것은 "대기권 밖의 공간"을 의미하는 우주 공간도 아니다. 오히려 그것은 도道와 마찬가지로 하나의 과정으로서 이해되어야 한다. 하늘은 외연을 갖는 질료를 의미하는 우주가 아니라, 하나의 역

---

7   Roger T. Ames & David Hall, *Daodejing: "Making This Life Significant": A Philosophical Translation*(New York: Ballantine, 2003), 65.

학mechanics을 의미하는 우주이다. 곧 보겠지만 과정으로서의 하늘이 도를 따를 때 질서가 이루어질 것이다. 그러나 그렇지 않을 때에는 자연적 대참사가 벌어질 것이다.

"하늘 아래", 즉 천하天下에 있는 것은 모두 하늘에 속한다. 따라서 천하天下는 종종 "세계world"로 번역된다. "세계"는 "하늘 아래"에서 기능하는 만 가지 사물의 구체적인 영역, 즉 글자 그대로 해와 달의 경로에 따라 밤에는 어둡고 낮에는 밝은 모든 것이다. 하늘과 그 "아래"에 있는 것은 불가분의 관계에 있다. 인간 사회도 물론 "하늘 아래"에 있는 것의 중요한 부분이다. 전기가 나오기 이전에 우리는 (불가피하게) 밤에는 잠을 자고 낮에는 일을 했다. 사람들은 하늘 아래에 있으면서 하늘에 따라 행위해야만 했다.

다른 대부분의 고대 중국철학 텍스트와 마찬가지로 『노자』는 대체로 하늘 아래에 있을 때는 하늘이 하는 것처럼 하라고 권고한다. 특히 하늘의 역학을 거스르려고 하는 행위들은 어떤 것이든 단념하라고 한다. 그런 행위들은 실패할 수밖에 없거나 적어도 몹시 고생스럽고 소모적이기 마련이다. 결국 그런 행위들은 효과적일 수가 없다. 가장 효율적인 행위 방식은 하늘에 따라 행위하는 것이다. 제68장(마왕퇴 을본)에서는 다음과 같이 말한다.

　　이것은 하늘과 짝하는 것이라고 불린다.
　　그것은 아득한 옛날의 지극함이다.*

---

*　제68장: "是謂配天, 古之極也."(마왕퇴 을본) "是謂配天古之極."(왕필본) 마왕퇴 을

"하늘과 짝하는 것"은 태곳적부터 내려오는 이상으로서 묘사되고 있다. 이 단순하지만 소중한 전략으로 돌아가라고 은연중에 제안하고 있다. 하늘의 질서는 그저 있을 뿐이며, 또 항상 있어왔다. 제59장에서 지적하듯이 인간들이 해야 할 일은 행위를 "아껴서" 하는 것이 전부이다.

> 사람들을 다스리기 위해서는,
> 하늘을 섬기기 위해서는,
> 　아끼는 것만 한 것이 없다.*

인간들 사이에 질서를 세우기 위해서는 하늘의 도를 따르는 것이 최선이다. 하늘 자체가 행위를 "아껴서" 하므로 하늘을 "섬기는" 것은 그것에 반하는 어떤 행위도 하지 않는 것이다. 하늘은 "가야 할 곳"에 대한 특별한 목표도 없고 특별한 의도도 없다. 동일한 것이 군주에게도 적용되어야 한다. 하늘은 사심이 없다. 사심이 제거될 때 일들은 순조롭게 진행될 것이다. 제9장에서는 다음과 같이 말한다.

> 일이 진척되면 스스로 물러나는 것 —

본과 왕필본의 '配天'이 갑본에는 '天'으로만 되어 있다. 지은이는 을본에 따라 '하늘과 짝한다'라고 번역하였다.
* 제59장: "治人事天, 莫若嗇." (마왕퇴 갑본·을본; 왕필본)

이것이 하늘의 도이다.*

하늘의 도는 "하지 않음을 함(爲無爲)"이라는 격률이 적용되는 가장 광범위한 차원이다. 개인이 사심 없이 물러나는 것이 마찰 없는 행위의 핵심이며, 그런 행위만이 잘 풀린다. 제73장은 이런 "하늘의 도"에 대한 몇 가지 예를 제공한다.

하늘의 도 —
그것은 싸우지 않고도 이기는 데 능하다.
그것은 말하지 않고도 잘 응한다.
그것은 부르지 않고도 자발적으로[自然] 오게 한다.
그것은 편안하게 있으면서도 미리 계획하는 데 능하다.**

하늘의 도는 "느긋하며", 이보다 쉬운 건 없다. 그것은 어떤 것에도 주제넘게 나서려는 충동을 일으키지 않는다. 자기가 없기 때문이다. 그것은 경쟁하지도 않고 명령하지도 않는다. 그렇기 때문에 그것에 대한 모든 반응은 완전히 자발적이다. 그 반응은 자연스럽고 "스스로 그러한(自然)" 공명이다. 자연 자체는 어떤 것에도 누구에게도 요구를 하지 않기 때문에 자연에 있는 사물들은 자연

---

* 제9장: "功遂身退, 天之道也."(마왕퇴 갑본·을본) "功遂身退, 天之道."(왕필본)
** 제73장: "天之道, 不戰而善勝, 不言而善應, 不召而自來, 坦然而善謀."(마왕퇴 갑본) "天之道, 不爭而善勝, 不言而善應, 不召而自來, 繟然而善謀."(왕필본) 마왕퇴 을본은 갑본의 '不召'가 '弗召'로 되어 있다.

스럽게 자연을 따른다. 밤이 오면 꽃들은 "자발적으로" 꽃잎을 접는다. 밤이 꽃들에게 그렇게 하라고 말할 필요가 없다. 가장 효과적인 이 통치 방식은 하늘이 그 "아래"에 있는 모든 것을 통치하는 방식이다.

하늘의 도는 의도도 없고 사심도 없이 일어나지만, 그럼에도 불구하고 리드미컬하게 작용한다. 하루하루와 사계절이 "목표 없이" 지나가는 경로는 조화롭기만 하다. 이것은 제77장에 다음과 같이 묘사되어 있다.

> 하늘의 도는 활이 휘는 것과 같다.
> 높이 있는 것은 낮추고,
> 아래에 있는 것은 들어 올린다.
> 남아도는 곳에는 덜어냄이 있고,
> 부족한 곳에는 보탬이 있다.*

활이 휘는 것은 도의 운동처럼 반전의 운동이다. 화살을 쏜 후 활은 다시 처음 모습으로 돌아간다. 다시 바퀴의 이미지를 떠올려볼 수도 있을 것이다. 바퀴는 반전의 운동을 통해 기능한다. 바큇살들이 리드미컬하게 각각의 위치를 변화시킴에 따라 높고 낮음의

---

* 제77장: "天之道, 猶張弓也. 高者抑之, 下者擧之. 有餘者損之, 不足者補之."(마왕퇴 을본) "天之道, 其猶張弓與! 高者抑之, 下者擧之; 有餘者損之, 不足者補之."(왕필본) 마왕퇴 을본과 왕필본의 '天之道'가 갑본에는 '天下之道'로 되어 있다. 지은이는 을본을 따라 번역하였다.

지속적인 교체가 일어난다. 이 변화는 그것에 참여한 모든 이에게 이익이 된다. 제81장에서는 다음과 같이 말한다.

　하늘의 도는
　　이롭기만 하고 해로움을 끼치는 일이 없다.*

하늘의 도는 "창공"을 의미하는 하늘과 땅 양쪽 모두로 이루어져 있다. "하늘과 땅(天地)"이라는 표현은 종종 "하늘(天)"이라는 표현과 동의어로 사용된다. "하늘과 땅"을 함께 붙여서 이야기하는 것은 우주적 또는 자연적 과정이 "반응"의 과정임을 훨씬 더 분명하게 만들어준다. 그것은 요소들의 "어우러짐", 여러 측면이나 계기의 조화로운 융합을 포함하는 역동적인 과정이다. 이 과정의 효력은 그 자체를 지속시키는 능력에 따라서 측정된다. 잘 확립된 리드미컬한 과정은 (어쩌면) 끝없이 계속될 수 있을 것이다. 『노자』 제7장에서는 다음과 같이 진술한다.

　하늘은 오래가고,
　땅은 길게 간다.
　하늘과 땅이
　　오래가고 길게 갈 수 있는 것은
　　그것들이 스스로를 위해 살려고 하지 않기 때문이다.

---

* 제81장: "故天之道, 利而不害." (마왕퇴 갑본·을본) "天之道, 利而不害." (왕필본)

따라서 그것들은 오래도록 살 수 있다.*

하늘과 땅의 사심 없음은 그것들로 하여금 서로 해치는 일 없이 주고받음을 계속할 수 있게 한다. 하늘과 땅은 특정한 "아젠다"를 가지고 있지 않기 때문에 서로 갈등을 일으키지 않는다. 그것들은 삼가는 태도로 서로를 대하고, 그런 까닭에 그것들의 상호 교환은 아무런 마찰도 일으키지 않는다. 아무런 마찰도 없기 때문에 그 과정은 에너지 손실도 없고 중단되지도 않는다. 우주적인 "상호작용"은 행위 없는 행위이며, 그렇기 때문에 영속할 수 있다. 마찰 없는 행위의 이 동일한 규칙들이 자연 내에 있는, 또는 "하늘 아래"에 있는 대우주와 소우주의 모든 차원에 적용될 수 있다. 『노자』 제25장은 이 차원들이 어떻게 하나의 연속적인 "기계장치machinery"의 요소들로서 서로 얽혀 있는지를 보여준다.

> 도는 크다.
> 하늘도 크다.
> 땅도 크다.
> 왕도 역시 크다.
> 영토 안에 네 가지 큰 것이 있다 ―
>   왕은 그것들이 하나가 되는 곳에 자기 자리를 잡는다.

---

* 제7장: "天長, 地久. 天地之所以能長且久者, 以其不自生也, 故能長生."(마왕퇴 갑본·을본) "天長地久. 天地所以能長且久者, 以其不自生, 故能長生."(왕필본)

> 사람은 땅을 원칙으로서 따른다.
> 땅은 하늘을 원칙으로서 따른다.
> 하늘은 도를 원칙으로서 따른다.
> 도는 자신의 "고유한 경로[自然]"를 원칙으로서 따른다.*

도는 전반적인 우주의 경로이다. 그다음에 하늘과 그 "아래"에 있는 것, 즉 땅과 사람들이 있다. 이 모든 차원은 서로 통합되어 있다. 그것들은 하나의 "유기적" 또는 "역학적" 과정의 서로 다른 단계들이다. 그 과정은 또한 "하나의 중심을 가지며" 통일성을 제공하는 그 중심을 둘러싸고 회전한다. 사람들의 군주는 이 중심을 사회 속에 구현해내야 한다. 국가 내에서 그가 차지하는 중심적 위치는 우주적 균형을 반영하며, 그 균형은 그런 중심을 둘러싼 배열이나 무리 지음에 의존해 있다. 도는 우주적 과정과 사회적 과정의 통합된 질서를 표현하기 위한 가장 일반적인 용어이다. 도 자체는 이 과정들을 넘어서 있지도 않고, 그렇다고 이 과정들을 적극적으로 주도하지도 않는다. 그것은 단지 자신의 "고유한 경로(自然)"를 따를 뿐이며, 글자 그대로 "스스로 그러할" 뿐이다. 도는 외재적 원인을 갖지 않으며, "더 낮은" 차원들에 대해 주제넘게 나서지도 않는다. 도의 유일한 "규칙"이라면 모든 일이 마치 홀로

---

* 제25장: "道大, 天大, 地大, 王亦大. 國中有四大, 而王居一焉. 人法地, 地法天, 天法道, 道法自然."(마왕퇴 갑본·을본) "故道大, 天大, 地大, 王亦大. 域中有四大, 而王居其一焉. 人法地, 地法天, 天法道, 道法自然."(왕필본)

그렇게 일어나는 듯 일어나게 하는 것이다. 그것은 계획이 행위에 선행하듯 또는 설계도가 건축물에 선행하듯 세계에 선행해 있는 "우주적" 법칙이나 원리가 아니다.

이상적인 군주들은 도의 이런 "비非규칙"에 따라 행위할 것이다. 그들은 사건들의 "고유한 경로"나 "스스로 그러함"이 펼쳐지는 대로 둘 것이다. 제64장은 도가적 성인-군주에 대해 다음과 같이 말한다.

> 그는 만 가지 사물의 고유한 경로(自然)를 보조할 수 있고,
> 그것들에게 감히 행위를 가하지 않는다.*

다스리는 것은 또한 자신을 억제하는 것이기도 하다. 다스리는 자는 모든 것이 스스로 제 기능을 다하게 하기 위해서 먼저 자신의 사적인 의도를 줄여야 한다는 의미에서 자기 자신부터 제어해야 한다. 그런 자기 제어의 효과들은 『노자』 제17장에 다음과 같이 기술되어 있다. 모든 군주 가운데 가장 좋은 군주의 다스림에 대해 기술한 부분이다.

> 일을 완성하고,
> 임무들을 다 마치면,

---

* 제64장: "能輔萬物之自然, 而弗敢爲."(마왕퇴 갑본·을본) "以輔萬物之自然, 而不敢爲."(왕필본)

모든 백성이 말한다.
그 일은 우리에게 "스스로 그러하게(自然)" 일어난다."*

성인의 완벽한 다스림하에서 백성들은 강제 없이 각자의 의무를 다할 것이다. 그들은 해야 할 것을 "자연스럽게" 할 것이다. 이렇게 해서 그들은 모종의 "존재의 가벼움"을 느낄 것이다. 천체가 자신의 경로를 따라 움직이고 풀이 자라고 시들듯 백성들은 자신들의 임무를 수행할 것이다. 그들은 이렇다 할 어떤 노력도 없이 자신들의 임무를 해낼 뿐이다. 이것은 자연自然의 결과이고, 일들이 "스스로 그러하게" 일어나고 자신들의 "고유한 경로"를 밟아간 결과이다.

자연과 "문명", 우주와 사회는 영구기관perpetual motion machine처럼 기능할 때 가장 잘 기능한다. 영구기관은 외적 에너지의 투입이나 내적 마찰에서 기인하는 에너지의 손실 없이 자신의 고유한 경로를 따르는 기관이다. 에너지의 외적 원천, 말하자면 우주적 배터리에 의존하는 메커니즘은 어떤 것이든 그 배터리와 함께 만료된다. 완전히 내재적인 자립적 메커니즘만이 소진으로부터 절대적으로 자유로울 수 있다. 하나의 유기체가 완전히 닫혀 있거나 "스스로 그러하면" 에너지가 "새어 나올" 수가 없다. 그것의 힘이나 효력은 무엇으로부터도 방해받지 않는다. 이것은 『노자』의

---

* 제17장: "成功遂事, 而百姓謂我自然."(마왕퇴 갑본·을본) "功成事遂, 百姓皆謂我自然."(왕필본)

관점에서 보면 우주와 국가 양쪽 모두에 이상적인 시나리오이다. 제51장에서는 다음과 같이 말한다.

> 이 때문에
> 　　만 가지 사물은 도를 높이 받들며
> 　　덕(효력)을 귀하게 여긴다.
> 도를 높이 받들고
> 덕을 귀하게 여기는 것,
> 　　이것에 대한 어떤 보상도 없다.
> 　　그래서 그것은 항상 "스스로 그러하다".*

도 또는 도가적 우주나 국가에서의 군주는 어떤 "숭배"도 받지 않는다. 그 과정을 "인도하는" 어떤 외재적 근원이나 원천도 없고 능동적인 힘도 없다. 완벽한 메커니즘 내부의 요소들은 분명 그 어떤 방해도 없는 자신들의 "존재의 가벼움"을 "귀하게 여기"지만, 그 무엇도 그 누구도 그들이 감사해야 할 대상으로 인식되지는 않는다. 자연의 모든 사물이 도를 귀하게 여기고 높이 받들듯이 완벽한 국가에서 백성들은 그저 그들이 해야 할 일을 부단히 함으로써 그들의 군주를 귀하게 여기고 높이 받들 것이다.

---

* 제51장: "是以萬物尊道而貴德. 道之尊, 德之貴也, 夫莫之爵而恒自然也."(마왕퇴 갑본) "是以萬物莫不尊道而貴德. 道之尊, 德之貴, 夫莫之命而常自然."(왕필본) 마왕퇴 을본은 갑본의 '尊'과 '爵' 뒤에 '也'가 붙어 있다.

『노자』의 우주론은 자연自然이라는 개념에 기초하고 있다. 우주에서 작용하고 있는 도의 최고의 효력(德)과 이상적인 사회는 전적으로 자기 발생적self-generated[8] 또는 자기생산적autopoietic이다. 이 개념은 생물학자 움베르토 마투라나Humberto Maturana와 프란시스코 바렐라Francisco Varela가 만든 것이다. 이후 니클라스 루만Niklas Luhmann이 자신의 사회체계이론의 새 버전을 위해 이 개념을 채택하였다. 이런 맥락에서 우리 시대에 자기 발생이라는 개념이 있다는 사실에 주목하는 것은 흥미로운 일이다. 도가에서처럼 이 자기 발생 개념은 자연적 과정과 사회적 과정을 유사한 것으로 기술하는 데 사용되고 있다. "자기생산autopoiesis"이라는 표현은 고대 그리스어로 "자기(*auto*)"라는 단어와 "생산" 또는 "발생(*poiesis*)"이라는 단어가 결합해 만들어진 신조어이다. 니클라스 루만은 이 단어가 마투라나에 의해 어떻게 "발명"되었는지를 다음과 같이 설명한다.

어째서 자기생산인가? 마투라나는 언젠가 내게 이 표현이 어떻게 떠올랐는지를 말해주었다. 처음에 그는 순환적 구조에 대해 연구하면서 세포의 순환적 재생산이라는 개념을 사용했다. 순환적circular이라는 단어는 흔히 쓰는 단어여서 용어상의 문제를 불러일으키지는 않지만, 마투라나에게는 정확성을 결여한 것이었다. 그후 저녁 식사 자리에서였는지 다

---

8 다음을 참조하라. Ames & Hall, *Daodejing*, 228.

른 사교 행사에서였는지, 한 철학자가 마투라나에게 아리스토텔레스에 대해 개인적으로 작은 강의를 해주었다. 그 철학자는 그에게 프락시스praxis[*실천]와 포이에시스poiesis[*생산]의 차이에 대해 설명했다. 프락시스는 행위의 목적을 행위 그 자체에 포함하고 있는 행위이다. 아리스토텔레스는 여기서 폴리스polis에서의 삶의 에토스, 즉 아레테arête라고 불리는 미덕과 탁월성을 염두에 두고 있었다. 프락시스가 중요한 것은 그것이 좋은 도시를 만드는 데 기여하기 때문이 아니다. 그것은 이미 그 자체만으로 의미가 있다. 다른 예로 수영이나 — 사람들은 어딘가에 도달하려고 수영을 하는 것은 아니다 — 흡연, 수다, 대학에서 하는 성찰들을 들 수 있는데, 이런 행위들 역시 어떤 결과로 이어지지 않아도 그 자체로 만족을 주는 행위들이다. 프락시스라는 개념은 이미 자기 지시self-reference를 포함한다. 포이에시스에 대해 마투라나가 들은 것은 그 활동 외부에 존재할 무언가, 즉 어떤 생산물을 생산해내는 어떤 것이라는 설명이었다. 포이에시스 또한 행위를 함축하고 있기는 하지만, 행위를 하는 자는 그 행위 자체가 재미있어서나 유덕해서가 아니라, 자신이 무언가를 생산하고 싶기 때문에 그 행위를 한다. 거기서 마투라나는 두 개념 사이에 놓을 다리를 발견하였고, 오토포이에시스autopoiesis에 대해서, 그리고 그것의 생산물로서의 포이에시스에 대해 이야기하였다 — 그는 의도적으로 생산물이라는 개념을 강조하였다. 반면에 오토프락시스autopraxis는 프락시스가 이미 의미하고 있는 바를 그저 반복할 뿐이므로 무의미한 표현이 된다. 아니, 여기서 말하려는 것은 하나의 체계이다. 체계는 그 자신의 생산물이다. 체계의 작동은 작동들을 생산해내기 위한 조건이다.[9]

서양의 자연과학과 사회과학에 등장한 이 새로운 개념은 생산성이라는 개념과 절대적 내재성이라는 개념을 결합시킨다. 자기생산적 시나리오는 절대적으로 자립적이며, 외적인 "투입input"이나 "산출output"이 없다. 그럼에도 불구하고 그것은 생산의 한 시나리오이고, 지속적이고 방해받지 않는 자기생산과 재생산의 시나리오이다.

나는 현대의 자연과학과 사회과학의 개념 가운데 『노자』에서 발견되는 자기 발생의 우주론적·사회적 모델에 이보다 잘 부합하는 개념을 보지 못했다. 물론 마투라나와 바렐라와 루만의 대단히 복잡한 이론들과 달리 『노자』에서는 자기생산 개념이 체계적으로 전개되는 것은 아니다. 엄밀한 의미에서 이론이라고 할 것도 없다. 심지어 그런 명시적인 개념조차도 없다. 그러나 『노자』에 스며들어 있는 우주적·사회적 자기 발생의 모델을 현대 용어로 기술하라고 한다면 나는 주저하지 않고 이 모델을 "자기생산적" 모델이라고 부를 것이다. 『노자』에 자기생산의 이론이 전혀 없다고 해도, 자연自然, 도道와 덕德, 음陰과 양陽, 천天과 지地라는 개념들

---

[9] Niklas Luhmann, *Einführung in die Systemtheorie* (Heidelberg: Carl-Auer-Sysme, 2002), 110-111[니클라스 루만, 『체계이론 입문』, 윤재왕 옮김, 새물결, 2014].

은 결합해서 자기생산의 예스럽고 전前 과학적이고 전前 이론적인 모델의 구성 요소들로 읽힐 수 있을 것이다.

앞서 인용했듯이 제5장에서 도道는 그것의 "고유한 경로", "스스로 그러함"만을 규칙으로 가지고 있다. 우주적 과정은 그 자체에 뿌리를 두고 있다. 『노자』의 도는 하나의 기원도, 하나의 원리도, 궁극적인 시작도 아니다. 도는 그것에 따라 기능하는 것에 선행하지 않는다. 우주도 사회도 "창조"되거나 "계획"된 것이 아니다. 둘 다 최초의 "행위"나 "행위주체성agency"에 근거를 두고 있지 않다. 자연 세계도 인간세계도 "만들어진" 것이 아니다. 이는 서양 전통에서 큰 영향력을 가졌던 수많은 우주론 및 사회 이론들과는 크게 다르다. 여기서 우리는 자연에서나 인간들 사이에서나 매우 다양한 "창조자"와 "제작자"를 발견하게 된다.

유대-기독교 전통은 자기 자신의 힘과 의지로 세상을 만들어낼 수 있었던 창조자 하느님에 대해 상상해왔다. 구약은 이런 "창세기"의 역사를 단계적으로 들려주며, 그 이야기는 "하느님의 형상에 따라" 사람을 창조해낸 데에서 절정에 달한다. 창조자 하느님은 그 자체로 창조력을 지닌 피조물들을 창조하며, 그들은 만물의 영장이 된다. 하느님은 계획과 의지를 가지고 있었고, 인간존재들도 그러하다. 설사 모든 게 언제나 계획된 대로만 일어나는 게 아니라고 해도, 심지어 꼭 하느님이 계획한 대로만 일어나는 게 아니라 해도 계획한 자는 벌어지고 있는 일에 언제나 손을 쓸 수가 있고 개입할 수가 있다. 그가 결정만 한다면 자신이 계획한 것을 변경할 수도 있다. 『노자』에서 우리는 그런 창조, 계획, 관리의 내

러티브들을 발견할 수 없다. 도는 세계를 창조하거나 관리하지 않는다. 그리고 "보조 관리자" 같은 것을 발명해내지도 않는다. 사실은 정반대이다. 도는 사물들로 하여금 "스스로 그렇게" 발생하게 한다. 그리고 인간존재들이 성공하기를 원한다면, 『노자』에 따라 오히려 "비非창조적인" 방식을 따르려고 노력해야만 한다.

비非자기생산적 창조의 플라톤적 버전에는 이른바 데미우르고스demiurge가 있다. 데미우르고스는 최초의 우월한 장인 같은 존재로서 행위한다. 고대 그리스어에서 이 단어가 의미하는 것도 바로 이런 장인이다. 데미우르고스는 이전에는 없던 사물들을 만드는 숙련공이다. 그는 정신 속에 관념들을 떠올리고, 그 관념들에 맞춰서 재료들을 빚어 그 재료들이 그가 원하는 형상을 띠도록 할 수 있다. 하이데거의 전문용어로 표현하자면 그는 "눈앞에 있는present-at-hand(*vorhanden*)" 것을 "손 안에 있는ready-to-hand(*zuhanden*)" 것으로 변화시킬 수 있다.* 아리스토텔레스의 저작에는 비자기생산적 생산과 우주론의 또 다른 버전이 있다. 여기서는 우주와 우주 속의 모든 것은 "부동不動의 동자動者"로, 즉 운동과 변화의 최초의 원천으로 거슬러 올라갈 수 있다. 이 고대 그리스와 유대-기독교의 창조 및 인과의 모델과는 대조적으로 도가의 모델은 창조라는 근원적 행위, 자신의 창조에 선행하는 독립적 실체, 에너지의 외적 원천 같은 개념들을 피해 간다. 도가의 모델에는

---

* 하이데거의 'vorhanden', 'zuhanden'의 번역에 대해서는 다음을 참조하라. 이기상, 구연상, 『『존재와 시간』용어해설』, 까치, 1998, 437, 443쪽.

"정신 속에" 미리 떠올린 목표도 없고, 실재가 형성될 때 따르는 관념들이나 계획들도 없다. 따라서 그것은 어떤 의도도 목표도 없다. 그것은 비非목적론적이다. 도는 그 자신의 생산성으로부터 분리될 수 없다. 도는 완전히 내재적인 생산이며, 인간존재들도 그러하다.

제4장
역설의 정치학

『노자』는 확실히 인간주의적인humanist 텍스트는 아니며, 도가 철학 역시 대체로 인간주의적이지 않다. 프로타고라스의 견해와 달리 여기서는 인간이 만물의 척도가 아니다. 인간존재들은 우주의 작용에서 한 가지 요소 또는 부분일 뿐이다. 이 시나리오 속에는 인간에 관한 특별한 무언가가 없다. 인간은 신과 비슷한 유일한 종으로 창조되지도 않았고, 당연시되는 것만큼 세상의 주인인 것도 아니며, 하이데거의 용어로 "존재의 목자"로 여겨지지도 않는다. 인간은 자연을 지배하는 역할이라든가 "존재"에 대한 특별한 관계와 책임 같은 것을 결여하고 있을 뿐만 아니라, 인지적으로 특권을 가진 존재들로, 즉 "이성적 동물"로 인식되지도 않는다. 따라서 서양의 일부 독자들에게는 다소 놀랍고 충격적일지도 모르겠지만, 인간은 특별하고 유일무이한 "존엄성"을 가지고 있지도 않다. 그 결과 특별한 인간 권리도 없다. 『노자』가 보는 인간의 본모습은 "우주적"이거나 "자연적"이다. 인간에 대해 이야기할 수 있는 것은 "하늘과 땅" 안에 있는 다른 요소들이나 부분들에 대해서도 거의 다 똑같이 이야기할 수 있고, 그 반대도 마찬가지이다. 인간 삶의 질서와 구조는 더 큰 도道의 질서 및 구조와 다르지 않다. 인간만이 배타적으로 접근할 수 있고 다른 존재들에게는 본질적으로 허용되지 않는 특별한 형식의 실존이나 존재 또는 현존재Dasein 같은 것도 없다.

도의 경로는 인간을 중심으로 해서 전개되지 않는다. 그것은 기본적으로 텅 비어 있는 중심을 둘러싸고 돌아간다. 그래서 인간의 삶은 『노자』에서 관심의 초점이 아니다. 이 점에서 『노자』는 서양 철학사의 수많은 텍스트와 확연히 다르다. 서양에서는 기독교와 맑스주의만큼이나, 실존주의와 합리주의만큼이나 서로 다른 전통들이 한결같이 인간이라는 것이 어떤 존재인지에 대해 각자 명확한 답을 내놓았다. 서양 전통에서는 대체로 철학 텍스트라면 인간존재에 대해서 무언가 선명하게 말할 게 있을 것이라고 기대하게 된다. 『노자』는 그런 기대를 가지고 읽어서는 안 된다는 점을 말해두고 싶다. 그런 기대에 부응하지 못할 것이기 때문이다. 『노자』에는 사람의 본질을 추려내거나 정의하려는 시도가 거의 없으며, 그래서 다른 존재들과 구별 가능한 진정한 인간"존재"도 없다. 『노자』는 존재론적 접근법을 취하지 않으며, 그렇기 때문에 인간들에게 있어서 "존재"란 무엇인가 하는 물음에도 답하려고 하지 않는다. 그 대신 그 텍스트는 인간의 행동 양식이나 기능에 관심이 있고, 어떻게 해야 이 행동 양식이나 기능이 최적화될 수 있는지에 관심이 있다. 그러나 인간 기능의 최적화는 기능 일반의 최적화와 구조상 다르지 않다. 『노자』는 인간들에게 잘 기능하려면 도를 따라 기능하라고 조언한다. 도가는 인간주의humanism가 아니다. 그것은 정말로 도가Daoism이다.

『노자』가 비非인간주의적인 철학적 틀을 가지고 있다고 해서 인간과 인간의 삶이 본문에서 주요 쟁점으로 다뤄지지 않는다고 결론 내려서는 안 된다. 사실은 그 반대이다. 『노자』의 비인간주의는 인간 종에 어떤 특권도 부여하지 않으며, 본문에서 초점이 되고 있는 것 가운데 본질적으로 인간적인 것은 전혀 없지만, 일반적으로 도가는 그리고 특별히 『노자』는 여전히 인간존재들에 대해 관심을 보인다. 인간 사회는 자연에서 가장 변덕스럽고 불안정한 부분으로 여겨진다. 하늘과 땅은 보통은 "스스로 그러하게" 잘 돌아간다. 그러나 이 영역들에서도 이따금 오작동과 대참사가 있다. 인간 사회는 그런 오작동의 경향이 훨씬 더 높다(『노자』 제23장을 보라). 불행히도 사람은 도의 순조로운 작동에 가장 큰 장애가 되는 듯이 보인다. 『노자』가 인간적 사안들에 대해서 이야기하는 것은 주로 이런 이유에서이다. 결과적으로 『노자』는 인간적인 모든 것을 "존재"나 "본질" 또는 "목적"의 측면에서 다루기보다는 대개는 자연의 다른 사물들이나 부분들을 관찰할 때 사용하는 것과 똑같은 코드에 따라, 즉 질서/혼란이라는 코드에 따라 다룬다. 『노자』에서 (그리고 고대 중국철학 전반에서) 인간의 문제들은 대부분 질서 대 혼란의 문제이며, 따라서 현대적인 용어로 표현하자면 대부분 "정치적"이고 "사회적"이다. 더 구체적으로 말하자면 다음과 같은 물음이 제기된다. 인간존재들의 영역에서 질서는 어떻게 유지될 수 있는가? 그리고 그에 따라 인간들을 어떻게 효과적으로 통치할 수 있는가? 그러므로 『노자』는 인간이 자신이 어떠한지 이해하는 것을 돕는 것을 목표로 하는 것이 아니라, 인간 군주에게 인간을 다스리는 법을 가르쳐주는 것을 목표로 한다. 『노자』는 인간에 대한 텍스트가 아니라 인간의 리더십에 대한 텍스트이다.

통치에 관한 텍스트인 한에서 『노자』는 중국의 다른 많은 "철학적" 저술과 마찬가지로 그 당시에는 정치적 리더들을 위한 안내서였다. (앵거스 그레이엄A. C. Graham의 화법을 사용하자면) "도의 논쟁자들", 즉 고대 중국의 전국戰國시대(기원전 5-3세기 후반)에 각축을 벌였던 철학 학파들은 대체로 군주들에게 접근할 수 있는 기회와 영향력 있는 조언자의 위치를 두고 경쟁을 벌이면서 최선의 통치 방법에 대해서 논쟁을 했다. 이 철학적 논쟁들은 정치적 측면이 매우 강하다. 그리고 많은 중국학자, 현대의 학자들뿐만 아니라 여러 시대에 걸쳐 있는 중국의 전통적인 학자들은 이 텍스트들을 정치적 견해나 당파에 따라 정렬시키는 방식으로 이 텍스트들의 의미를 재구성하려고 해왔다.[1] 리더십에 대한 안내서이자 군주들을 위한 지침서로서 『노자』는 앞서 지적했다시피 애초에 한 사람에게만 "읽히게" 할 의도를 가지고 있었다. 『노자』는 매우 협소한 범위의 사회적 엘리트를 위한 텍스트이며, "일반적인 리

---

[1] 『노자』 마왕퇴 필사본의 이런 재구성에 대해서는 다음을 보라. Michael Friedrich, "Zur Datierung zweier Handschriften des *Daodejing*", *Text-Kritische Beiträge* 2(1996): 105-117.

더십"에 대해서는 전혀 이야기하지 않는다. 물론 그런 개념은 고대 중국에서는 의미가 없었을 것이다. 대부분의 사람들은 읽을 줄을 몰랐고 저술들이 유통되지도 않았기 때문이다.

독자가 될 가능성이 있는 자들과 그렇지 않은 자들 사이의 상당히 배타적인 구분은 『노자』에서 사람들 사이의 현실적 구분에 반영되어 있다. 『노자』의 질서에 대한 전망은 다스리는 자와 다스려지는 자 사이의 엄격한 구분 위에서 작동한다. 신체의 질서가 심장과 여타 기관들 사이의 구분과 결부되어 있는 만큼이나 국가의 질서도 이런 구분과 결부되어 있다. 국가에서 군주는 중심적 위치를 차지한다. 그 혼자만 그 자리에 있다. 그러므로 그는 도가 만 가지 사물과 관계하듯이 다른 백성들과 관계한다. 그는 단 한 명뿐이라는 자신의 입지를 통해서 정치적 유기체 또는 정치적 메커니즘의 통일성을 가능하게 한다. 다스리는 자와 다스려지는 자의 구분은 사회적 결속을 만들어내는 질서의 핵심 특징이다. 이 점은 『노자』의 많은 구절에서 언급되고 있다. 예컨대 제2장에서는 도가적 성인-군주에 대해 다음과 같이 말한다.

만 가지 사물 —
    그는 그것들이 작동하게 하면서도 그것들을 주도하지는 않는다.
    그는 그것들이 행위하게 하면서도 그것들에 의존하지는 않는다.
    그는 그것들이 과업을 이루게 하면서도 그것들과 함께

거주하지는 않는다.

무릇

오로지 그가 그것들과 함께 거주하지 않기 때문에
그것들이 떠나지 않는다.*

이 구절에서는 성공적인 군주는 만 가지 사물과 "함께 거주하지 않는다(弗居)"고 주장한다. 여기서 만 가지 사물은 그 군주의 신하들과 구조적으로 동일시될 수 있다. 성인-군주는 효력의 원천이지만 행위하지는 않는다. 군주의 지위와 입장은 다른 모든 사람의 지위와 입장과는 정반대에 있다. 그러나 이 반대가 적대적인 것은 아니다. 오히려 그것은 정치적이고 사회적인 유기체나 역학을 통합하는 기능적 필수 요소이다. 같은 장에서는 "있음과 없음은 서로를 생산한다[有無相生]"라고 말하기도 한다. 즉 가득 차 있음과 텅 비어 있음은 생산하고 재생산하기 위해서 서로 합쳐져야 한다는 것이다. 국가에서 성인-군주는 텅 비어 있음 또는 없음의 자리를 차지하는 반면, 백성들은 가득 차 있음 또는 있음의 자리를 차지한다.

다스리는 자와 다스려지는 자 사이의 구분이 기능적 통일성을 갖는 것은 제49장에서도 강조되고 있다. 여기서 그들의 통일성은

---

* 제2장: "萬物作而弗始, 爲而弗恃也, 成功而弗居也. 夫唯弗居, 是以弗去."(마왕퇴 을본) "萬物作焉而不辭, 生而不有, 爲而不恃, 功成而弗居. 夫唯弗居, 是以不去." (왕필본) 마왕퇴 갑본에는 을본의 '夫唯弗居'에서 '弗'이 없다. 필사하면서 빠뜨린 것으로 보인다.

육체적인 용어로 기술된다.

> 성인은 항상 심장이 없다.
>> 그는 백성들의 심장을 심장으로 삼는다.
> …
> 성인이 세상에 있을 때
>> 그는 자신을 세상과 융합시킨다.
> 세상을 위해 그는 심장들을 어우러지게 한다.
> 백성들은 모두 눈과 귀를 그에게 고정시킨다.
>> 그리고 성인은 그들을 웃는 어린아이들로 간주한다.*

이상적인 군주는 개인적이고 사적인 심장이 없다. 그는 공동체의 중심에서 백성들의 심장이 된다. 그의 심장에는 사적인 것이 없기에, 그에게는 자기 자신의 심장이 없기에 그는 그곳을 다른 모든 사람의 심장을 위한 자리로 내준다. 이런 식으로 그는 자신을 세상과 융합시킨다. 그는 백성들을 하나의 정치적 신체로 통일하면서도 그 자신은 이 통일체 내부에서 여전히 다른 것으로 남는다. 모든 백성이 그를 둘러싸고 있으며, 중심에 있는 그를 향하고 있다. 어린아이들이 그들의 아버지를 향해 있으면서 그를 중심으로

---

* 제49장: "聖人恒无心, 以百姓之心爲心. … 聖人之在天下, 愉愉焉, 爲天下渾心. 百姓皆屬耳目焉, 聖人皆咳之."(마왕퇴 갑본) "聖人無常心, 以百姓心爲心. … 聖人在天下歙歙, 爲天下渾其心, 聖人皆孩之."(왕필본) 마왕퇴 을본은 갑본의 '愉愉'이 '歙歙'로 되어 있고 '屬'이 '注'로 되어 있다.

돌 듯 말이다. 오직 그만이 사회의 핵심부에 있는 혼자만의 자리에 머문다.

군주의 위치는 모든 위치 중에서도 가장 낮은 곳에 있다는 점에서도 다르다. 물의 이미지와 여성적인 것의 이미지가 보여주듯이 그는 반전의 전략들을 따르면서 그의 최고의 힘과 잠재력을 표현하기 위해서 자신이 "낮은 곳에 처해 있음"을 알린다. 이렇게 해서 그는 사람들을 위로부터 "압박하는" 것이 아니라 아래로부터 떠받친다. 이는 『노자』 제66장이 말하는 것이다.

바로 이 때문에
성인은 백성들 위에 있고 싶으면
    말로는 자신을 그들 아래에 두어야 한다.
백성들 앞에 있고 싶으면
    그 자신을 뒤에 두어야 한다.

따라서
    그가 백성들 위에 있어도
    백성들은 그를 무겁다고 생각하지 않고,
    그가 백성들 앞에 있어도
    백성들은 그가 해롭다고 여기지 않는다.*

---

  * 제66장: "是以聖人欲上民也, 必以其言下之; 其欲先民也, 必以其身後之. 故居上而民弗重也, 居前而民弗害."(마왕퇴 을본) "是以欲上民, 必以言下之; 欲先民, 必以身

다스리는 자는 무게감 없이 다스린다. 그는 다스려지는 자에게 무거운 짐이 아니다. 그는 백성들 "앞에" 있어도 그들의 길을 막지 않으며, 그들의 행위를 가로막거나 방해하지 않는다. 『노자』의 성인-군주는 두 가지 특징을 갖는다. 즉 행위에 적극적이지 않으며 개인적 특성이 없다는 점이다. 첫 번째 측면은 그 유명한 행위하지 않음(無爲)의 "원칙"으로 표현된다. 그리고 두 번째 측면은 무無, 즉 없음이라는 중요한 역할로 표현된다. 제48장은 행위하지 않음이 어떻게 궁극적인 힘으로 귀결되고, 동시에 그 힘을 계속 지키는 열쇠가 되는지를 설명한다.

> 줄이고 더 줄여라.
>> 그래서 "아무것도 하지 않음(无爲)"에 도달하라.
> 아무것도 하지 않지만, 하지 않는 것도 없다.
>
> 세상을 취하고 싶다면
>> 항상 임무가 없는 채로 있어야 한다.
> 임무가 있자마자
>> 세상을 취하기에는 충분치 않게 된다.*

後之. 是以聖人處上而民不重, 處前而民不害."(왕필본) 마왕퇴 갑본은 마지막 두 구가 "故居前而民弗害也, 居上而民弗重也"로 되어 있어 을본과 순서가 다르다. 왕필본에서 두 구의 순서는 을본과 같다. 지은이는 을본을 따랐다.

* 제48장: "損之又損, 以至於无爲, 无爲而无不爲, 將欲取天下也, 恒无事, 及其有事也, 又不足以取天下矣."(마왕퇴 갑본) "損之又損, 以至於無爲, 無爲而無不爲, 取天

오로지 군주만이 아무런 임무가 없고 수행해야 할 특별한 업무도 없다. 그에게 업무가 있다면 그는 더 이상 군주가 아니라 신하이다. 이것은 바퀴통이 바큇살처럼 움직이려고 애쓰고, 물이 오르막으로 흘러가려고 시도하는 것과 비슷한 일이 될 것이다. 제64장에서는 다음과 같이 말한다.

> 사물들에 대해 행위를 가하는 자들은 그 사물들에게 패배할 것이다.
> 사물들을 손에 넣는 자는 그 사물들을 잃게 될 것이다.
> 그러므로 성인은
>
> 행위하지 않고, 따라서 패배하지도 않으며,
> 계속 잡고 있지 않고, 따라서 잃지도 않는다.*

동일한 가르침을 제29장에서도 발견할 수 있다. 이 장에서 군주에게 거듭해서 하는 조언은 행위하지 말고 사물들과 사건들을 "관리하는" 일에 관여하지 말라는 것이다. 이런 일은 자신의 과업을 "스스로 그러하게(自然)" 수행하는 다른 사람들에게 맡겨야 한다. 세상 또는 국가는 "신성한 그릇"에 비유된다. 그것은 가운데가 텅 비

下常以無事, 及其有事, 不足以取天下." (왕필본) 마왕퇴 을본은 갑본의 '不爲' 뒤에 '矣'가 있고, '將欲取天下也'에서 '也'가 없다.

* 제64장: "爲之者敗之, 執者失之. 是以聖人无爲也, 故无敗也; 无執也, 故无失也." (마왕퇴 을본) "爲者敗之, 執者失之. 是以聖人無爲, 故無敗; 無執, 故無失." (왕필본) 복원된 마왕퇴 갑본은 을본의 '是以聖人无爲'에서 '是以'가 없다.

어 있고, 사용하기 위한 것이 아니다.

> 세상을 취하고 싶어 하면서
> > 그것에 대해 행위를 가한다면 —
> 나는 그가 성공하지 못하리라고 본다.
> 무릇
> > 세상은 신성한 그릇이고
> > 행위가 가해질 수 있는 어떤 것이 아니다.
> 사물들에 대해 행위를 가하는 자들은 그 사물들에게 패배할 것이다.
> 사물들을 손에 넣는 자는 그 사물들을 잃게 될 것이다.*

군주의 행위하지 않음은 『노자』에서 되풀이해서 등장하는 주제이다. 그것은 자주 언급된다. 때로는 공공연하게, 때로는 은연중에 언급된다. 제43장은 행위하지 않음[无爲]의 이점들에 대해 이야기하고, 그것들을 말하지 않음[不言]의 이점들에 견준다. 행위함과 말함은 유사한 행동 형식들이다. 도가적 군주는 침묵을 지킨다. 그가 말을 한다면 특정한 일들에 대해서 말을 해야 할 테고, 그렇게 되면 특정한 입장들이나 의견들을 취해야 하기 때문이다.

---

* 제29장: "將欲取天下而爲之, 吾見其弗得已. 夫天下, 神器也, 非可爲者也. 爲者敗之, 執者失之."(마왕퇴 갑본) "將欲取天下而爲之, 吾見其不得已. 天下神器, 不可爲也. 爲者敗之, 執者失之."(왕필본) 마왕퇴 을본은 갑본의 '爲者'와 '執者'가 '爲之者'와 '執之者'로 되어 있다.

그러므로 나는 알고 있다.

    행위하지 않음의 이점들에 대해서 말이다.

말하지 않음의 가르침,

행위하지 않음의 이점,

    세상에서 거기에 이를 수 있는 자는 드물다.*

『노자』에서 행위하지 않음은 군주에게 있어서 가장 중요한 전략이다. 제57장은 군주에게 다음 내용을 자신의 말인 것처럼 만들라고 조언한다.

    그러므로 성인의 말들은 이러하다.

나는 행위하지 않는다.

    그러면 백성들은 스스로 변화한다.

나는 고요함을 좋아한다

    그러면 백성들은 스스로를 바로잡는다.

나는 이뤄야 할 과업이 없다.

    그러면 백성들은 스스로 번영한다.**

---

* 제43장: "吾是以知无爲之有益也. 不言之敎, 无爲之益, 天下希能及之矣."(마왕퇴 갑본·을본) "吾是以知無爲之有益. 不言之敎, 無爲之益, 天下希及之."(왕필본)

** 제57장: "是以聖人之言曰: '我无爲也, 而民自化. 我好靜, 而民自正. 我无事, 而民自富.'"(마왕퇴 갑본) "故聖人云: '我無爲而民自化, 我好靜而民自正, 我無事而民自富.'"(왕필본) 마왕퇴 을본은 갑본의 '我無爲也'에서 '也'가 없다.

다스리는 자의 행위하지 않음은 다스려지는 자의 "스스로 그러함"의 활동과 연결되어 있다. 행위함/행위하지 않음의 구분은 다스리는 자/다스려지는 자의 구분에 상응한다. 군주의 행위하지 않음이 갖는 한 측면은 그가 "감추어져 있다"는 점이다. 그는 식물의 뿌리만큼이나 비가시적이다. 뿌리가 항상 식물의 아래에 있듯이 그는 백성들이 "보지 못하는 저 아래에" 머문다. 제58장에서는 다음과 같이 말한다.

> 그 다스림이 가려져 있고 감춰져 있는 자들 —
>   그들의 백성은 순수하고 진실될 것이다.
> 그 다스림이 공개되어 있고 확인 가능한 자들 —
>   그들의 백성은 책략을 꾸미고 기만할 것이다.*

군주는 확실히 백성들에게 "정치에 참여할" 것을 장려하지 않는다. 그 자신이 적극적으로 통치하려는 의도도 없고 백성들을 특정한 방향으로 몰고 가려는 야심도 없다. 그가 가장 원하는 것은 백성들이 스스로 정치적 행위자가 되도록 장려하는 것이다. 『노자』의 통치 이상은 확실히 "민주주의적"이지는 않다. 군주조차도 다스리는 것을 억제하고 정치적 의지를 갖는 것도 억제한다. 그의

---

* 제58장: "其政悶悶, 其民屯屯, 其政察察, 其民缺缺."(마왕퇴 을본) "其政悶悶, 其民淳淳; 其政察察, 其民缺缺."(왕필본) 마왕퇴 갑본은 을본의 '民'이 모두 '邦'으로 되어 있다. 을본이 유방劉邦의 이름을 피해서 '邦'을 '民'으로 쓴 것으로 보인다. 지은이는 을본을 따라 번역하였다.

제4장 역설의 정치학

억제의 한 가지 중요한 기능은 백성들이 야심을 키우는 것을 막고, 그 야심에 상응하는 "정치적" 수단들, 즉 다른 사람들을 희생시켜 자신의 이익을 얻으려는 수단들을 막는 것이다. 정치적 경쟁의 장이 일단 열리면 백성들 사이에서 책략을 꾸미는 일이 시작되고, 그들은 권력과 영향력을 얻기 위해 온갖 종류의 교활하고 기만적인 행태를 벌이게 될 것이다. 어쩌면 많은 사람이 오늘날 자유 사회의 표현이자 좋은 정부의 지표라고 생각하는 선거운동이라는 개념은 도가적 성인에게는 아주 혐오스러운 것이 될 것이다. 이는 그가 자신의 권력을 잃을까 두려워해서가 아니라, 그런 정치 활동들이 사회가 부패했다는 징표이며, 그런 사회에서는 백성들이 삶을 "소박하게" 살기보다는 교활한 권력투쟁에 종사하게 될 것이기 때문이다. 『노자』의 성인-군주에게는 정치적 욕구 따위가 일절 없으며, 이는 국가에 그런 욕구가 생겨나는 것을 막아줄 것으로 기대된다. 군주가 어떤 "아젠다"나 "이데올로기"를 가지고 있으면 그가 좋아하든 싫어하든 다른 사람들로 하여금 서로 다른 아젠다들이나 이데올로기들을 갖게 할 공산이 크다. 군주가 아무런 아젠다나 이데올로기도 갖고 있지 않다면 백성들은 정치적 분쟁과 다툼에 빠져들지 않을 것이다. 그 어떤 정치적 경쟁도 분쟁도 없겠지만, 그것은 그런 경쟁이 "전체주의적" 체제에 의해서 금지되기 때문은 아닐 것이다. 군주의 주된 임무는 우선 그 스스로가, 그리고 이어서 다른 사람들이 하나의 통치 체제를 형성하고 싶어 하지 못하도록 막는 것이다. 사회를 평화롭고 효과적으로 유지하려면 군주는 질서가 "그 어디에서도" 출현하지 못하도록 보장하고, 권력의 중심에 눈에 띄는 개인이나 개인적 이익이 없도록 보장해야 한다.

도가적 군주가 정치권력을 잡을 자격이 있는 것은 역설적이게도 그가 정치적으로 행위하지 않고 권력과 권력투쟁에 개인적으로 관심이 없기 때문이다. 제7장에서는 이 점을 아주 분명하게 밝힌다.

> 그러므로 성인은
> 자기 자신을 뒤로 물러나게 한다.
> > 그러면 그 자신이 앞에 있게 된다.
> 자기 자신을 밖에 있게 한다.
> > 그러면 그 자신이 확립된다.
> 이것은 그에게 사사로운 이익이 없기 때문이 아니겠는가?
> 따라서 그는 사사로운 이익을 완성할 수 있다.*

성인-군주는 다스림이나 정치에 있어서 사사로운 이익이 없다. 사사로운 이익이 있다면 자신의 이기적인 이익을 제거하는 것뿐이다. 군주의 정치적 금욕이 갖는 또 다른 측면은 제22장에 묘사되어 있다.

---

* 제7장: "是以聖人退其身而身先, 外其身而身存. 不以其无私與? 故能成其私."(마왕퇴 갑본) "是以聖人後其身而身先, 外其身而身存. 非以其無私邪? 故能成其私."(왕필본) 마왕퇴 을본은 갑본과 왕필본의 '外其身而身存' 앞에 '外其身而身先'이라는 한 구가 더 붙어 있다. 지은이는 갑본을 따라 번역하였다.

그는 자신을 드러내 보이지 않는다.
그래서 그는 뚜렷이 보인다.
그는 자신을 보이게 하지 않는다.
그래서 그는 빛난다.
그는 자신을 칭송하지 않는다.
그래서 그는 성공한다.
그는 자만하지 않는다.
그래서 그는 길게 갈 수 있다.*

성인-군주의 성공과 높은 평판은 자부심의 부재에 기초한다. 그는 개인적 자만심이 없으며 공개적으로 드러나지도 않는다. 그의 정치는 "포퓰리즘적"이지 않으며, 그는 백성들에게 감명을 주거나 그들의 공감을 얻으려고 애쓰지도 않는다. 그는 백성들이 그에게 감명을 받는 일에는 관심이 없고, 그래서 백성들은 그에게 관심이 없다. 그는 백성들의 삶이 정치로부터 자유롭게 하고, 그래서 곤경에 빠지는 일이 없게 한다. 『노자』 제72장에서는 다음과 같이 말한다.

그들의 거주지에 제한을 두지 마라.

---

* 제22장: "不自示故明, 不自見故章, 不自伐故有功, 弗矜故能長."(마왕퇴 갑본) "不自見故明, 不自是故彰, 不自伐故有功, 不自矜故長."(왕필본) 마왕퇴 을본은 갑본의 '明'과 '章'의 위치가 바뀌어 있고, '不自見' 뒤에 '也'가 붙어 있다.

그들의 생계를 탄압하지 마라.

무릇

　　오로지 그들이 탄압받지 않을 때

　　그들은 지치지 않을 것이다.

그러므로 성인은

　　자신을 잘 제어하고 자신을 드러나게 하지 않을 것이다.

　　자신을 잘 돌보고 자신을 높이 평가하지 않을 것이다.

　　따라서 그는 한쪽을 거부하고 다른 한쪽을 취한다.*

성인-군주는 자신을 잘 억제한다. 자신을 억제함으로써 백성들이 그의 정치로부터 해를 입지 않도록 할 뿐만 아니라, 그 자신도 해를 입지 않도록 한다. 그는 자신의 정치적 삶 때문에 "소진"되는 일이 없고, 공무로 인해 스트레스를 받는 일도 없을 것이다. 행위하지 않고 경쟁하지 않기 때문이다. 그는 자신을 대중에게 드러내

---

*　제72장: "毋狎其所居, 毋厭其所生. 夫唯弗厭, 是以不厭. 是以聖人自知而不自見也, 自愛而不自貴也. 故去彼取此."(마왕퇴 갑본) "無狎其所居, 無厭其所生. 夫唯不厭, 是以不厭. 是以聖人自知, 不自見; 自愛, 不自貴. 故去彼取此."(왕필본) 마왕퇴 을본은 갑본의 '故去彼取此'가 '故去彼而取此'로 되어 있다. 첫 구인 '毋狎其所居'에서 '狎'은 원래 마왕퇴 갑본에는 '𢞪'으로, 을본에는 '伸'으로 되어 있는데, 國家文物局古文獻硏究室編, 『馬王堆漢墓帛書』(壹)에서는 왕필본과 같은 '狎'으로 교정을 보았다. 고밍高明은 이 글자들을 모두 '狹'의 가차자로 본다(高明 撰, 『帛書老子校注』, 北京: 中華書局, 1996, 182). 지은이 역시 '狹'으로 보아 첫 두 글자를 '제한을 두지 마라 Do not limit'로 번역한 것으로 보인다.

제4장 역설의 정치학　127

지 않음으로써 대중을 정치적 근심에서 벗어나게 할 뿐만 아니라, 자기 자신도 군주로서 온전하게 지킨다. 그의 위신은 결코 떨어지지 않는다. 그의 위신은 역설적이게도 어떤 "다채로운" 자질들이나 훤히 드러나는 능력들에 기초해 있지 않기 때문이다. 그에게는 매력적인 것이 아무것도 없으며, 백성들은 그가 지닌 어떤 특성들에 감명을 받는 것도 아니다. 그의 위신과 정치적 능력은 오히려 개인적인 특성들의 완전한 결여에 있다. 『노자』 제17장에는 꽤 유명한 말이 나온다. "군주들 중에 가장 좋은 군주는 백성들이 그가 존재한다는 것만 아는 군주이다."*

"군주들 중에 가장 좋은 군주"는 군주들 가운데 가장 덜 성가신 군주이다. 그는 자신이 편드는 게 없기 때문에 어떤 "반발"의 여지도 주지 않는다. 말 그대로 권력을 가진 "파벌(편파적인 집단)"이 전혀 없기 때문에 그에 대한 반대도 전혀 없다. 반대하는 것을 탄압해서가 아니라 특별히 반대할 만한 것이 없기 때문에 반대가 생겨날 수 없는 것이다. "반대"하고 싶은 백성들은 특정한 의견을 가지고서, 자신들과 다른 욕구를 가진 다른 백성들에 반대하여 다스리고 싶은 욕구를 표현해야만 할 것이다. 그들은 다른 백성들에게 반대하는 것이지 군주에게 반대하는 것이 아니다. 그들은 다른 "파벌들"에 반대함으로써 스스로 하나의 "파벌"이 되고, 따라서 더 이상 공평무사한 군주가 될 자격이 없게 된다. 도가적 군주는 다른 모든 이와 뚜렷하게 구별되지만, 어느 누구와도 대립하지는 않는다. 중

---

* 제17장: "大上下知有之."(마왕퇴 갑본·을본) "太上, 下知有之."(왕필본)

심적 위치는 완전한 중립성의 위치이며, 그것과 경쟁하는 것은 경쟁하지 않는 것과 경쟁하는 것을 의미한다. 성인-군주의 절대적 중립성과 공평무사함은 누구도 그에게 반대할 수 없고 그의 편을 들 수도 없음을 의미한다. 제56장에서는 다음과 같이 말한다.

> 따라서
> 그를 얻어서 자기와 가까운 사이로 만들 수가 없고,
>> 그를 얻어서 그를 멀리할 수도 없다.
> 그를 얻어서 그가 이익을 얻게 할 수도 없고,
>> 그를 얻어서 그가 해를 입게 할 수도 없다.
> 그를 얻어서 그를 높이 받들 수도 없고,
>> 그를 얻어서 그를 미천하게 만들 수도 없다.
>> 그래서 그는 세상에 의해 높이 받들어진다.*

군주는 접근 가능한 존재가 아니며, 그래서 누구도 그의 협력자나 그의 적이 될 수 없다. 그는 누구도 그와 규합하거나 그에게 반격하게끔 여지를 주지 않기 때문에 어떤 당파적 투쟁도 일어나지 않는다. 당파가 전혀 없으므로 그는 모든 이의 지지를 누린다. 그는 비정치적임으로써, 즉 통치하지 않는 통치로써 이런 한목소리의

---

* 제56장: "故不可得而親, 亦不可得而疏; 不可得而利, 亦不可得而害; 不可得而貴, 亦不可得而賤. 故爲天下貴."(마왕퇴 갑본) "故不可得而親, 不可得而疏; 不可得而利, 不可得而害; 不可得而貴, 不可得而賤, 故爲天下貴."(왕필본) 마왕퇴 을본에는 갑본의 '親' 뒤에 '也'가 붙어 있다.

지지를 유지해간다. 제34장에서는 (통치의) 도道에 대해서 다음과 같이 말한다.

> 과업이 이룩되고
> 임무가 달성되어도
>   이름이 없다.
> 만 가지 사물이 그것으로 돌아가도
>   그것은 그것들의 군주로서 행위하지 않는다.
>   그래서 그것은 항상 욕구가 없다.
> 그것은 작은 것으로 명명될 수 있다.
> 만 가지 사물이 그것으로 돌아가도
>   그것은 그것들의 군주로서 행위하지 않는다.*

비정치적인 군주는 다스리지 않고 다스린다. 따라서 그는 "작은" 이름들만을 갖는다. 그는 미화되지 않으며, 자신을 위대한 과업의 수행자로 지명하는 대단한 직함을 갖지 않는다. 그에게 가장 큰 사명, 즉 "하늘의 명령"이 내려지는 것은 이름과 과업의 부재를 통해서이다. 도가적 군주의 사명은 도의 규칙을 사회 내부에 구현하는 것이다. 이런 사명은 백성들의 또는 백성들에 의한 사명이 아

---

* 제34장: "成功遂事而弗名有也. 萬物歸焉而弗爲主, 則恒无欲也, 可名於小, 萬物歸焉而弗爲主." (마왕퇴 갑본·을본) "功成不名有, 衣養萬物而不爲主. 常無欲, 可名於小, 萬物歸焉而不爲主." (왕필본)

니며, 일부 백성들의 또는 일부 백성들에 의한 (또는 대다수 백성들의 또는 대다수 백성들에 의한) 사명은 더더욱 아니다. 그것은 가장 공평무사한 인간존재에게만 자격이 주어지는 "자연"의 사명이다. 하늘의 사명은 자신을 완전히 "중립화"할 수 있는, 따라서 자신을 완전히 "탈인간화할dehumanize" 수 있는 개인에게 내려진다. 가장 고귀한, 그리고 유일한 정치적 사명은 편파적인 집단으로부터 나오는 사명이 아니다. 그것은 훨씬 더 넓은 범위에 걸쳐 있는 사명이며, 그런 사명을 짊어지기 위해서는 특수한 개인적 이익들뿐만 아니라 특별히 인간적인 이익들에도 초연해져야만 한다. 이처럼 도가적 군주의 사명은 엄밀하게 말해서 정치적 사명이 아니라, "하늘과 땅"이라는 더 큰 맥락 내에 있는 더 포괄적인 사명이다. 결국 인간 사회의 정치적 영역은 자연으로부터 고립된 것도 아니고, 자연 속에서 특권을 부여받은 부분도 아니다. 도가적 군주의 사명은 인간의 사명을 넘어서기 위해 인간의 열망들을 최소화하고, 적극적인 정치와 말 그대로의 통치 ― 일정한 방식으로 사물들을 이끌어가고 조종하려고 시도한다는 의미에서 ― 에 대한 "너무나 인간적인" 욕구를 최소화하는 것이다. 자연에 인간적 규칙을 부과하려는 그 어떤 열망도 성인-군주는 막아야만 한다. 제37장에서는 다음과 같이 말한다.

> 도는 항상 이름이 없다.
> 　　제후들과 왕들이 그것을 지킬 수 있다면
> 　　만 가지 사물은 스스로 변화할 것이다.

변화하고 난 뒤에도 행위하려고 욕구하는 것

    나는 이름 없는 자르지 않은 목재로 진압할 것이다.

    이름 없는 자르지 않은 목재로 진압되면

    그제서야 그것은 떳떳해질 것이다.

떳떳해짐으로써

    고요함이 있게 될 것이다.*

도에 의거해 다스리는 군주들은 자기 자신의 수양하지 않음을 수양함으로써, 인간적이지 않은 특성들을 수양함으로써 사회와 자연에 해를 불러올 권력과 정치 활동을 향한 욕구를 "진압한다". 그들은 아직은 개별적인 어떤 것으로, 인간들에게 유용한 어떤 것으로 모습을 갖추지 않은 "자르지 않은 목재"가 됨으로써 다스린다. 자른 목재는 인간의 목적은 충족시킬 수 있다. 그러나 그렇게 되면 더 이상 자연적 기능을 다할 수 없다. 인간 군주는 인간 사회 내의 특정한 이익을 대변하지도 않고, "만 가지 사물"의 이익에 반하는 인간 사회의 그 어떤 이익도 대변하지 않는다. 인간다움을 지닌 정치적 군주가 하는 기능은 인간다움이 사사로운 이익을 도모하는 것이 되지 않도록 막는 것이다. 인간의 이익에 기여하기보다는, 인간의 이익을 우선적으로 추구하는 것을 명확하게 막는 것이

---

* 제37장: "道恒无名, 侯王若能守之, 萬物將自化. 化而欲作, 吾將鎭之以无名之樸. 鎭之以无名之樸, 夫將不辱. 不辱以靜."(마왕퇴 을본) "道常無爲而無不爲, 侯王若能守之, 萬物將自化. 化而欲作, 吾將鎭之以無名之樸. 無名之樸, 夫亦將無欲. 不欲以靜."(왕필본) 마왕퇴 갑본은 을본의 '侯王若能守之'에서 '能'이 빠져 있다.

군주의 기능이다. 통치의 이런 역설적 형식을 통해서 군주는 인간 사회가 도의 "고요함"을 방해한다고 비난받는 것을 막을 수 있다.

도가의 신화에 따르면 고대에는 그렇게 인간적이지 않고 인간주의적이지 않은 군주들이 다스렸다. 제15장에서 말하듯이 그들은 모양이 없고 이름이나 직함도 없다.

> 아득한 옛날에 도를 실천하는 사람들은
> > 비밀스럽고도 미묘하고,
> > 어둡고도 철저하며,
> > 헤아릴 수 없을 정도로 깊었다.
> 무릇
> > 그들은 헤아릴 수 없기 때문에
> > 그들에 대해서는 억지로 형용해야만 한다.*

이 이상적인 군주들은 인간적인 용어들로는 형용할 수가 없다. 그들이 형용할 수 없을 정도로 훌륭해서가 아니라, 그들이 그 어떤 특정한 특성도 가지고 있지 않기 때문이다. 위 구절에서 사용된 이미지는 다시 물과 암컷, 뿌리와 골짜기 이미지와 공명한다. 모양이 없고 형상이 없는 군주의 이미지에 대한 수많은 시적 변주가 있다. 어쩌면 가장 흥미로운 "억지" 형용은 제20장에서 찾아볼 수

---

* 제15장: "古之善爲道者, 微妙玄達, 深不可識. 夫唯不可識, 故强爲之容." (마왕퇴 갑본·을본) "古之善爲士者, 微妙玄通, 深不可識. 夫唯不可識, 故强爲之容." (왕필본)

있을 것이다. 이 장의 이어지는 구절에서는 다스리는 자와 다스려 지는 자를 또다시 구별하고 있다. 우리는 군주가 실제로 백성들 사이에 모습을 드러내는 장면을 모종의 공적인 의식儀式, 즉 희생 제의나 새로운 한 해의 순환을 맞이하고 개시하기 위한 공식적인 봄맞이 연례행사에서 목격하게 된다. 백성들은 흥분해 있고 기쁨 에 들떠 있다. 그러나 군주는 나타남 없이 나타난다. 백성들은 매 우 활기차고 밝은 곳에 있지만, 군주는 대중 속이라 해도 어두운 곳에 머문다. 그는 행위가 없을 뿐만 아니라 감정이나 사고도 없 다. 그는 인간적인 "사막"이고 "바보"이며 "아직 웃지 않는 갓난 아이"이다. 그는 그의 신하들과 정반대이지만, 이런 정반대가 새 롭게 시작되는 한 해를 성공적이고 유익하게 만들 것이다. 그 의 식은 인간적이지 않은 통치자가 인간다움의 활동을 도道의 더 큰 기능 속에 "뿌리내리게 하는"데 기여한다는 사실을 분명하게 드 러내는 것처럼 보인다. 그의 "없음"은 그들의 "있음" 한가운데에 서 그들의 야심이 저지되고 그들의 활동이 그 자체로 "자율권을 갖지" 않도록 보장한다. 그는 인간의 영역이 하늘과 땅의 우주적 영역과 연결되어 있음을, 인간의 활동이 자연이라는 더 큰 맥락 속에 단단히 자리 잡고 있음을 나타낸다. 그리고 인간이 "행위하 지 않음"이라는 자연적 격률 속에 머물러야 함을 확인시켜준다. 제20장에서는 다음과 같이 말한다.

참으로 사막처럼 황폐하도다! 결코 끝나지 않는구나!
보통 사람들은 기분이 좋다 —

큰 희생 제의를 거행하는 듯

　　봄에 누대에 오르는 듯.

나는 그들 사이에 고요하게 있으면서 어떤 기색도 보이지 않는다,

　　아직 웃지 않는 갓난아이처럼.

참으로 피로하도다! 돌아갈 곳 없는 듯.

보통 사람들은 모두 남아돌 정도로 가지고 있는데 —

나만 홀로 버렸도다.

나는 바보의 마음을 가졌다.

참으로 소박하도다!

보통 사람들은 빛이 나는데 —

나만 홀로 감춰져 있구나.

보통 사람들은 뚜렷하게 드러나는데 —

나만 홀로 분간이 안 된다.

참으로 불모지처럼 황량하도다! 바다와 같구나.

참으로 사막처럼 황폐하도다! 결코 멈추지 않을 것 같구나.

보통 사람들은 모두 목적이 있구나 —

나만 홀로 너무나 어리석구나, 촌스러울 정도로.

나의 욕구는 유독 다른 사람들의 욕구와 다르니 —

　　나는 기르는 어머니를 귀하게 여긴다.*

성인-군주와 백성들의 차이는 두드러진다. 성인-군주는 형상이 없고 어떤 기색도 보이지 않는다. 그는 끝없음과 결부되어 있으며 어떤 거처도 갖지 않는다. 그는 사막이나 바다처럼 텅 비어 있으며, 그의 마음도 그러하다. 그는 촌뜨기처럼 어리석다. 백성들은 "빛이 나고" 뚜렷하게 드러나고 소유물들과 해야 할 일들이 있다. 어둠/밝음, 홀로임/다수임, 텅 비어 있음/가득 차 있음이 대조를 이루고 있고, 똑같은 것이 『노자』 전체에서 발견된다. 제14장은 언어적으로는 제20장과 유사하지만 성인-군주를 직접적으로 언급하지는 않는다. 제14장에서는 다음과 같이 말한다.

> 이것을 일러
> > 모양 없는 모양,
> > 사물 없는 모습이라 한다.
> 이것을 일러

* 제20장: "恍呵其未央哉! 衆人熙熙, 若饗於大牢, 而春登臺. 我泊焉未兆, 若嬰兒未咳. 累呵如无所歸. 衆人皆有餘, 我獨遺. 我愚人之心也, 蠢蠢呵. 俗人昭昭, 我獨若昏呵. 俗人察察, 我獨悶悶呵. 忽呵其若海. 恍呵其若无所止. 衆人皆有以, 我獨頑以俚. 吾欲獨異於人, 而貴食母."(마왕퇴 갑본) "荒兮其未央哉! 衆人熙熙, 如享太牢, 如春登臺. 我獨泊兮其未兆, 如嬰兒之未孩. 儽儽兮若無所歸. 衆人皆有餘, 而我獨遺. 我愚人之心也哉! 沌沌呵! 俗人昭昭, 我獨昏昏; 俗人察察, 我獨悶悶. 澹兮其若海. 飂兮若無止. 衆人皆有以, 而我獨頑似鄙. 我獨異於人, 而貴食母."(왕필본) 마왕퇴 을본은 갑본의 '累'가 '纍'로, '蠢蠢'이 '湷湷'으로, '悶悶'이 '閔閔'으로 되어 있고, '我獨若昏呵'에서 '若' 앞에 '門'이 붙어 있다. 또 갑본에는 '我愚人之心也' 앞에 '我獨遺'가 있는데 을본에는 이 구가 없다. 지은이는 갑본을 따라 이 구를 번역하였다("나만 홀로 버렸도다"). 왕필본에도 '我獨若遺'가 있다.

불모지의 황량함, 사막의 황폐함이라고 한다.*

똑같은 이미지들이 제21장에도 나온다. 그러나 여기서는 그것들과 생식력의 역설적이면서도 직접적인 관계가 강조된다.

도道라는 것 ― 오로지 사막일 뿐, 오로지 불모지일 뿐.

참으로 불모지처럼 황량하고, 참으로 사막처럼 황폐하도다!
그것들의 한가운데 형상들이 있다.
참으로 불모지처럼 황량하고, 참으로 사막처럼 황폐하도다!
그것들의 한가운데 사물들이 있다.

참으로 애매하고, 참으로 모호하도다!
그것들의 한가운데 참으로 정기가 있도다!**

어둠과 불모지의 황량함은 생식력의 숨은 원천이자, 모든 것을 기르는 에너지의 순수한 잠재력이다. 도와 성인-군주는 이런 특성

* 제14장: "是謂无狀之狀, 无物之象. 是謂忽恍."(마왕퇴 갑본·을본) "是謂無狀之狀, 無物之象. 是謂惚恍."(왕필본)
** 제21장: "道之物, 唯恍唯忽. 忽呵恍呵, 中有象呵, 恍呵忽呵, 中有物呵, 幽呵冥呵, 中有精呵."(마왕퇴 갑본) "道之爲物, 惟恍惟惚. 惚兮恍兮, 其中有象; 恍兮惚兮, 其中有物. 窈兮冥兮, 其中有精."(왕필본) 마왕퇴 을본은 갑본의 '幽'가 '窈'로 되어 있고 갑본의 마지막 구 '中有精呵' 앞에 '其'가 붙어 있다.

제4장 역설의 정치학   137

없음과 동일시된다. 군주의 이름 없음과 모양 없음은 그를 도에 동조하게 한다. 군주는 황폐한 사막, 황량한 불모지와 결부됨으로써 그 자신을 아무도 없고 아무것도 없는 곳, 또는 아무도 있고 싶어 하지 않고 아무것도 있고 싶어 하지 않는 곳에 자리 잡게 한다. 이곳이 그의 효력이 나타나는 자리이다. 제78장에서는 다음과 같이 말한다.

> 그러므로 성인의 말은 이러하다.
> 그 나라에서 수치스러운 것을 떠맡는 것,
>   이것은 땅과 곡식의 제단의 주인이다.
> 그 나라에서 불리한 것을 떠맡는 것,
>   이것은 세상의 왕이다.*

이 "수치스러운" 것과 "불리한" 것은 어둠과 불모지의 황량함 속에 있는 자리들이며, 이름과 형상이 없는 자리들이다. 군주는 자신을 그런 곳에 위치하게 함으로써 그리고 자신을 그것들의 특성 없음과 동일시함으로써 "땅과 곡식의 제단의 주인"이 될 자격을 갖추게 된다. 즉 인간 사회와 그들의 농업 생산을 하늘 및 땅과 통합하고, 따라서 우주나 자연과 통합하는 의식의 주인이 된다. 오

---

* 제78장: "故聖人之言云, 曰: '受邦之詬, 是謂社稷之主; 受邦之不祥, 是謂天下之王.'"(마왕퇴 갑본) "是以聖人云: '受國之垢, 是謂社稷主; 受國不祥, 是爲天下王.'" (왕필본) 마왕퇴 을본은 갑본의 '故' 앞에 '是'가 있고, 갑본의 '邦'이 '國'으로 되어 있다.

로지 그런 "비인간적인" 위치로의 상징적 후퇴를 통해서만 군주는 인간적인 것과 인간적이지 않은 것의 연결 고리로서 기능할 수 있다. 그의 철저한 후퇴는 그에게 사회와 인간적이지 않은 우주를 연결시킬 수 있는 힘을 줄 뿐만 아니라, 그가 유일하게 섭정을 할 만한 사람임을 나타내는 이중적 기능을 완수한다. 그런 위치는 결국 이름 없고 직함 없는 군주에게 모종의 명칭, 다른 모든 이가 경멸하고 피하는 명칭들을 제공하는 데 기여한다. 『노자』제42장에서는 다음과 같이 말한다.

> 세상이 싫어하는 것은
> 　　고아가 된 자, 버려진 자, 가진 게 없는 자이다.
> 그러나 왕과 제후는 그것들로 자신들을 명명한다.*

실제로 이 명칭들은 군주들이 자신들을 칭할 때 사용했던 역사적 명칭들이다. 군주들은 스스로를 "고아가 된 자", "버려진 자" 또는 "가진 게 없는 자"라고 부름으로써 상징적으로 자신들을 "사회적 사막"에 위치시켰다. 이 용어들로 군주들은 자신들의 유일무이함을 나타냈을 뿐만 아니라, 자신들이 모습 없고 불모지같이 황량한 도에 동조하고 있음을 나타냈다. 이 용어들을 통해서 군주들은 자

---

* 　제42장: "天下之所惡, 唯孤寡不穀, 而王公以自名也."(마왕퇴 갑본) "人之所惡, 唯孤寡不穀, 而王公以爲稱."(왕필본) 마왕퇴 을본은 갑본의 '天下'가 '人'으로 되어 있다. 지은이는 갑본을 따라 번역하였다.

신들이 궁극적으로 혼자이고 사회 한가운데에 위치하고 있으며 다른 모든 이와 다르다는 것을 표현했다. 이 용어들은 그들이 그 어떤 인간 집단과도 관계가 없고, 특정 기능이나 역할도 결여하고 있음을 나타냈다. 그들이 인간들 사이에서 특정한 가족도 없고 아버지와 자식도 없다는 점은 그들을 "하늘의 아들(天子)"로 만든다. "하늘의 아들"은 섭정하는 자를 칭하는 더 혼한 또 다른 명칭이다. 군주는 인간들 사이에서 "고아"가 되고 "버려진 자"가 됨으로써 자신이 모든 이의 어머니이자 아버지임을 알린다. 그에게는 특정한 관계라는 것이 없으며, 이로 인해 모든 이와 평등하게 관계한다. 도와 마찬가지로 그의 혼자임alone-ness은 역설적으로 모두가 하나임all-one-ness을, 심지어 "하늘과 땅"을 포함한 모두가 하나임을 확고히 하는 데 기여한다.

『노자』는 자연의 나머지 부분과 조화를 유지하기 어려운 인간 존재들과 사회의 이미지를 하나의 우주적 권역으로서 펼쳐 보인다. 인간존재들은 "개인들" 또는 "주체들"로 등장하는 것이 아니라 일종의 "사회적 무리social mass"로 등장한다. 이것은 "지혜롭게" 다스리거나 관리하지 않으면 "사회적 혼란social mess"으로 쉽게 변할 수 있다. 확실히 『노자』는 정치에 대해서 이야기하면서 영혼, 자유의지, 인간의 "존엄성" 같은 철학적 쟁점들에 대해 다루지 않는다. 이 쟁점들은 서양의 전통에서는 인간적이고 사회적인 문제들에 대해 논할 때 아주 혼하게 따라오는 것들이다. 자연의 다른 권역들과 마찬가지로 『노자』에서 인간의 권역은 질서 정연하게 존재하고 효율적으로 기능할 수도 있지만 그렇지 않을 수도 있는 영역이다. 인간 사회는 가정에 있어서나 "생산"에 있어서나 성별과 임무에 따라 서로 다르면서도 상관관계가 있는 역할들로 분할되기는 하지만, 독특한 개인들로 분할되지는 않는다. 사회적 "무리"나 유기체가 잘 기능하게 하기 위해 필요한 것은 사람들 사이의 "합의consensus" 같은 것이 아니라, 사회를 내적·외적 양 방면에서 효과적이고 조화롭게 배치하는 것이다. 군주는 내적으로는 모든 사회 기능을 단일하고 방해받지 않고 안정된 과정으로 통합하는 기능을 다해야 한다. 그리고 외적으로는 이 과정이 "하늘과 땅"의 과정들을 따르고 그 과정들과 조화를 이룰 수 있도록 보장해야 한다. 군주가 이렇게 할 수 있으려면 인간 사회 내에서 특정한 임무를 맡아서는 안 된다. 그의 리더십은 그가 다른 모든 사람과 다르다는 점, 특히 그 자신의 "개성"을 가지고 있지 않다는 점을 발판으로 한다. 그가 백성들의 어떤 집단에 대해 편파성을 보이거나 특정한 정치적 아젠다를 가진다면, 즉 그가 어떤 식으로든 "정치적"이라면 그는 모든 이의 리더가 될 수 없다. 그는 인간 삶의 인간적이지 않은 중심이다. 그의 주요 임무는 그가 "드러나지 않도록" 자기 수양을 하는 것이다. 그는 자신을 자아가 없고 모습이 없는 존재로 탈인간화해야만 한다. 만일 성공한다면 그는 인간 사회의 중심축이 될 수 있을 것이고, 인간의 활동들에 완벽한 균형과 리듬을 가져다줄 수 있을 것이다. 그의 리더십은 명백히 리드하지 않는 리더십이다.

『노자』의 "역설의 정치학"은 매우 고풍스럽고, 일부 독자들에게는 서양의 근대 및 현대의 "계몽" 군주의 이상들과는 엄청나게 다를 것이다. 유럽 계몽주의의 인간주의적 철학들은 아직까지도 정치와 사회에 대한 "우리의" 이해와 자기 기술self-description을 지배한다. "민주주의"와 "인권" 같은 흔한 개념들은 정치란 "국민에 의한, 국민을 위한, 국민의" 정치여야 한다는 믿음을 상징적으로 보여준다. 그리고 서구 세계에서 대체로 정치가들은 적어도 암묵적으로라도 그런 "인간주의적" 원리에 의거하는 척한다. 통상 기존의 민주주의국가들은 하다못해 부분적으로라도 인간주의적 이상들을 실현하고 있다고 믿어지며, 따라서 그 국가들은 더 자유롭고 더 나은 사회를 향한 진보를 보여주고 있다고 여겨진다. 아직 그런 진보를 이루지 못한 국가나 사회는 "인간주의적" 체제 변화를 겪는 것이 (또는 그런 변화가 강행되는 것이) 가장 현명할 것이다.

현대적 관점에서 보면 『노자』에 나타난 정치적 비전은 명백히 민주주의적 요소들을 결여하고 있다. 단 한 명의 군주, 온갖 정치권력이 집중되는 위치에 있을뿐더러 자신과 자신의 정치 "활동"이 완전히 감춰져 있을 정도로 다른 모든 사람과 너무나 다른 그 한 명의 군주는 조야한 "전체주의"라는 의심을 불러일으킬 수도 있고, 진秦 왕조의 법가적 폭정에 눈에 띨 정도로 가까운 듯 보일 수도 있다. 확실히 『노자』의 성인-군주는 백성들을 대변하거나 백성들에 의해 선출되어야 하는 것은 아니다. 기원전 5세기 이후 500년간의 중국과 오늘날의 세계가 역사적으로나 사회적으로 지극히 다르다는 점을 감안한다면, 누구도 도가적 군주를 현대 정치에서 실행 가능한 대안으로 진지하게 고려하지는 않을 것이다. 그럼에도 불구하고 현재 지배적인 어떤 정치적 신념들에 대해 비판적으로 도전하기 위해서 고풍스러운 모델인『노자』의 역설의 정치학을 이용할 수는 있다. 글자 그대로 "이국적인outlandish"『노자』는 우리 사회의 자기 기술이 의거하고 있는 인간주의적이고 민주주의적인 틀을 공유하지 않으므로 오늘날의 정치적 "상식" ─ 다른 상황에서는 의문시되지 않은 채 통용되곤 하는 상식 ─ 에 대해 범상치 않은 관점들을 허용할지도 모른다.

『노자』의 관점에서 현재의 정치를 바라볼 때 떠오르는 첫 번째 물음은 이런 것이다. 인간존재들에 그리고 개인의 자유나 사유재산 같은 그들의 권리에 이렇게까지 집중하는 사회는 정말로 그리고 절대적으로 좋은 사회인가?『노자』는 확실히 "심층생태론deep ecology" 운동과 다소 유사한 방식으로 현 사회가 오로지 "인간"에게만 초점을 맞추는 데 대해 비판할 여지를 제공한다.[2]『노자』에 의거하여 우리는 "사람들"이 정치의 유일한 근거이자 수혜자로 간주되어야 하는지를 물을 수 있다. 인간적이지 않은 환경을 "인간주의적인" 방식으로 지배하는 것의 부정적이고 대단히 파괴적인 효과들은 너무나 분명하다. 그럼에도 불구하고 이를테면 동물과 식물의 이익이 인간의 이익과 정확히 동등하다고 보는 정책은 시행하기가 매우 어려울 것으로 보인다. 순전히 인간주의적이고

---

[2] 다음을 보라. J. J. Clarke, *The Tao of the West: Western Transformations of Taoist Thought* (London: Routledge, 2000), 84[J. J. Clarke,『서양, 도교를 만나다』, 조현숙 옮김, 예문서원, 2014, 181-183쪽].

민주주의적인 사회에서는 이런 형태의 생명체들이 어떻게 "정치적" 목소리를 가질 수 있을지 상상도 할 수가 없다. 동물과 식물은 결코 투표를 하거나 당을 만들거나 입법을 발의할 수가 없다. 그것들은 인간주의적 정치에서 본질적으로 배제되고, "녹색당"의 존재조차도 이 점을 바꿔놓지는 못한다. 결국에는 녹색당의 당원도 인간으로 국한된다. 『노자』의 정치적 관점은 정치를 인간의 이익을 관철시키는 도구로 보기보다는 인간의 이익을 제지하고 특별히 "하늘과 땅"의 "이익"에 따르는 메커니즘으로 본다. 『노자』의 군주는 그 백성들의 대변자라기보다는 사회 안에서 "하늘과 땅"을 "대변하는 자"이다. 그의 주요 기능은 사회를 도道의 더 큰 기능 속에 조화롭게 포함시킴으로써 사회를 이롭게 하는 것이다. 그런 인간적이지 않은 이익을 "탈脫민주주의적post-democratic" 또는 "탈인간주의적post-humanist" 정치 이론에 포함시키는 것은 정치적 도전이 될지도 모른다.

그러나 정치 및 사회 권력은 오로지 "사람들"에게만 주어져야 한다는 관념을 받아들인다고 하더라도 『노자』의 관점에서 이렇게 물을 수가 있다. 어째서 현재 살고 있는 사람들에게만 권력이 주어져야 하는가? 미래의 인간존재들은 어떻게 되는 것인가? 아니, 어째서 현재 살고 있는 사람들 가운데 수많은 이가 시민권이나 연령, 전과 등등 때문에 투표에서 배제되어야만 하는가? 어째서 이런 사람들은 인간으로 쳐주지 않는 것인가? 그래서 마지막 물음은 이것이다. 이른바 민주주의 사회가 그런 척하는 만큼, 즉 "사람들에 의해 지배"되는 척하는 만큼 실제로도 그럴 수 있는 사회인가? 어떤 나라에서는 일정 연령대의 사람들이 정치적 결정 과정에 참여할 수 없는 사람들(외국인들, 어린아이들, 재소자들 등등)에게 영향을 미치는 정치적 결정을 내릴 특권을 가지고 있는데, 그건 어째서인가? 사람들은 자신의 이익을 타인의 이익보다 우선시한다는 점에서 투표는 언제나 "편향된" 것이 아닌가? 『노자』의 관점에서 보면 정치적 지배란 이상적으로는 완벽하게 편향되지 않고 공평무사해야 한다. 『노자』의 군주는 절대적 중립성을 지키기 위해 사회로부터 거리를 유지해야 한다. 그는 어떤 특수한 "당"이 아니라 모든 이에게 "아버지이고 어머니"이다. "탈민주주의적"이고 "탈인간주의적인" 정치 이론은 정치적 권위의 원천을 인간의 영역 너머로 확대하는 정치적 메커니즘들을 흡수하려고 시도하듯이 정치권력을 가진 자들 사이에 더 높은 수준의 공평무사함을 지향하는 통치 형식들을 마련하려고 시도할 수도 있다. 확실히 그런 메커니즘들이 예컨대 비선출직 법관들과 비선출직 국제협의회를 통해서 이미 가동되고 있다. 『노자』의 관점에서 보면 편향성을 띠고 선출된 권력의 중심들을 본질적으로 덜 편파적인 정치 기관들과 균형을 이루도록 하는 것이 이치에 맞을 것이다. 『노자』에 따르면 궁극적인 정치권력은 어떤 편견이나 주관적 이익으로부터 완전히 자유로운 기관 내에 있어야만 한다. 그런 기관이 실제로 가능한지는 의문의 여지가 있다. 그러나 특정 사람들로만 이루어질 수밖에 없는 집단의 이익에 따라 선출된 정부보다는 이런 이상에 더 가까운 기관들을 창설하기 위해 애쓰는 것이 타당할 것이다.

셋째로, 『노자』에서 도가적 성인의 다스림은 분명히 비非행위 주체성non-agency의 원리에 기초하고 있다. 이것은 또한 인간주의적 사회에서의 정치적 통치에 대한 자기 기술과 극명한 대조를 이룬다. 여기서 사람들은 자유롭게 정부를 형성함으로써 실제로는 스스로를 "조종해야만steer"(이 단어는 "통치하다govern"라는 동사의 어원학적 뿌리이다) 하고,* 자신들의 운명을 자신들의 손에 맡기고 세계를 관리해야 한다. 정치에 대한 그런 "활동주의적" 개념은 『노자』에는 이질적인 것이다. 『노자』는 오히려 역설적인 유형의 관리, 말하자면 CEO가 거의 아무것도 하지 않는 관리가 가장 효과적이라고 믿는다. 정치와 관리의 "활동주의적" 아젠다가 지배적이라는 점을 감안한다면, 『노자』의 전략은 재차 말하지만 "이국적"이다. 그럼에도 불구하고 면밀히 살펴본다면 그것은 현실로부터 그렇게까지 멀리 벗어나 있는 것은 아니다. 현재의 정치 체계에 대한 자기 기술과는 반대로 이를테면 대통령이 경제나 다른 사회 발전에 대해 많은 일을 할 수 있는지는 분명하지 않다. 한 나라의 대통령이 그 나라 안에서 경제적으로, 법적으로, 교육적으로 벌어지는 일들을 실제로 조종하고 있는가? 사회적 발전들, 가장 분명하게는 경제에서의 사회적 발전들은 정부의 통제하에 있는 것이 아니라 대부분 체계의 과정들인 것으로 보인다. 어쩌면 "국가의" 통치자들은 이미 그들이 생각하는 것보다 훨씬 더 도가적

---

* 영어 'govern'은 라틴어 'gubérno'와 그리스어 'kubernáō'에서 유래하였다. 두 단어는 영어로 'steer(키를 잡다, 배를 몰다, 조종하다)'라는 의미다.

일지도 모른다. 그렇다면 현대 정치에 대한 지배적인 자기 기술을 수정하고, 리더들이 때로는 리드하지 않으며 리드할 수도 없다는 것을 인정하는 도가적 요소를 포함시키는 것이 어떻겠는가?

제5장
전쟁에 대하여

정치에서 전쟁까지는 멀지 않다. 카를 폰 클라우제비츠Carl von Clausewitz의 유명한 말처럼 전쟁은 정치가 여타의 수단을 통해 지속되는 것이라고 이해할 수 있다. 그리고 이런 통찰은 확실히 이두 가지 사회현상의 상호 관계에 대해『노자』가 생각하는 방식과 양립 불가능하지 않다.[1] 대부분의 역사에서 정치에 대한 성찰과 전쟁에 대한 성찰은 단단히 얽혀 있으며, 따라서 정치철학이 전쟁철학과 연관되는 것은 아주 자연스럽다.『노자』에서도 이 둘의 연관성은 긴밀하고 누가 봐도 분명하다. 앞 장에서 나는『노자』가 정치를 어떻게 보는지를 짚어보려고 하였다.『노자』는 정치를 우주의 전반적 질서 내에 있는 한 가지 중요한 요소로 보는 동시에,

---

1 카를 폰 클라우제비츠와 중국철학에 대해서는 다음을 보라. François Jullien, *A Treatise on Efficacy: Between Western and Chinese Thinking*(Honolulu: University of Hawai'i Press, 2004).

온갖 종류의 문제들이 생겨나는 고질적인 근원으로 본다. 정치란 다루기 매우 까다로운 사안이자 성공적으로 감당하기 어려운 문제이다. 너무 어렵기 때문에 정말로 성인이 필요하다. 『노자』의 관점에서 보면 정치는 "너무나 인간적"이기 때문에 온갖 문제를 야기하며, 오로지 도가적 성인들만이 정치를 "탈인간화할" 수 있다. 성인들은 자신들을 탈인간화함으로써 인간과 사회가 제대로 기능하지 못할 가능성을 최소화한다. 『노자』에서 정치적 성인은 사회적 위기와 갈등을 해결하기 위해, 더 정확히 말해 그것들을 막기 위해 비인간주의적 접근법을 취한다. 정치가 여타의 수단을 통해 지속되는 것이라 할 수 있는 전쟁은 그런 정치적 위기와 갈등이 최악으로 치닫는 경우의 시나리오라고 정의해도 무방하다. 그리고 성인의 기능이 정치적 위기를 막는 것이라면 이는 곧 전쟁을 막는 것을 함축하며, 어쩌면 이 기능이 가장 중요할지도 모른다. 이렇게 해서 『노자』에서 성인의 주된 정치적 역할 또는 "목표"는 평화의 확립이라고 정의될 수 있으며, "탈인간화"는 바로 이것을 추구한다.

  수많은 연구가 지적하듯이 역사적으로 고대 중국철학은 이른바 "전국"시대에 꽃피었으며, 이 맥락을 인식하는 것은 중대한 철학적 쟁점들을 올바로 파악하는 데 매우 중요하다. 이 점은 『노자』에도 해당된다. 『노자』는 거의 쉼 없이 계속된 전쟁의 시대에 정치적 리더들을 위한 지침서였다. 이 때문에 전쟁이라는 주제를 이론적으로뿐만 아니라 실천적으로도 다루고 있다. 『노자』가 말을 건네고 있는 군주는 정치적 리더인 동시에 (적어도 잠재적으로는) 군사적 리더이기도 했다. 따라서 이 텍스트에서 정치전략과 군사전략은 불가분의 관계에 있으며, 두 전략 모두 역설적 성격을 띤다. 즉 사회적·정치적 안정을 이루는 최선의 길은 정치 활동을 하지 않는 것이며, 전쟁에 대처하는 최선의 길은 애초에 전쟁이 일어나지 않도록 하는 것이다. 그러나 전쟁을 피할 수 없거나 피하지 못했을 때 평화를 회복하는 최선의 길은 순조롭고 신속하게 이기는 것이다. 전쟁과 그 전략에 있어서『노자』의 두 가지 주된 관심사는 바로 이런 것이다. 전쟁을 미리 막는 것, 또는 전쟁을 성공적으로 끝내는 것.

『노자』에서처럼 전쟁이 정치적 난제이자 사회적 질병의 한 사례, 이를테면 "국가의 염증"과 같은 것이라면, 그것의 원인은 다른 사회적 결함들의 원인과 유사할 것이다. 따라서 전쟁은 총체적인 사회적·정치적 혼란의 가장 극단적 징후로 이해할 수 있다. 앞 장에서 보았듯이 정치적 혼란은 인간의 분쟁이 억제가 안 된 결과이다. 바꿔 말해 전쟁은 욕구들의 해로운 분출이다. 전쟁과 인간 욕구의 직접적 관계는 중국과 서양, 고대와 현대를 막론하고 수많은 철학자가 주목해왔으며, 누가 봐도 분명한 것이다. 예컨대 헤겔 같은 철학자는 이 관계를 인간 실존의 필연적 계기로 이해한 반면,『노자』는 성인-군주가 해롭고 과도한 욕구들을 완전히 제거하지는 못한다 해도 그것들을 최소화하여 정치적 평온함을 이룰 수 있기를 바란다.『노자』에서 욕구들을 최소화하는 것은 사회적 조화의 열쇠가 된다. 인간의 욕구들을 최소화하는 과정은 성인-군주에 의해 주도되어야 한다. 그렇게 되면 사람들 사이에 평화로움이 확산될 것이라고 믿어진다. 만일 성인-군주가 그 자신을 소박하게 만들고 탈인간화하는 데 성공한다면 사람들은 그를 본보기로 삼을 것이다. 『노자』 제57장은 다음과 같은 말로 끝난다.

내가 욕구가 없기를 욕구한다면
백성들은 스스로 소박함으로 돌아갈 것이다.*

성인-군주가 자기 자신의 정치적 욕구, 즉 권력과 부와 소유물 등에 대한 욕구를 줄인다면 이는 그 나라의 정치적 "풍토"를 결정하게 될 것이다. 사람들은 그런 욕구를 키워나가지 않을 것이며, 『노자』의 표현을 그대로 사용하자면(제32장, 제33장, 제44장, 제46장) 사회 전체가 "만족하는 데 통달(知足)"하거나 "멈추는 데 통달(知止)"하게 될 것이다. 군주의 자기 억제는 사회에서의 자기 억제를 야기한다. 그러나 『노자』는 그 반대 경우의 결과에 대해서도 묘사한다. 제46장에서는 군주가 자신의 욕구를 억제하지 못하고, 따라서 백성들의 욕구도 억제하지 못하면 무슨 일이 일어나는지에 대해 상세하게 설명하고 있다.

죄악 중에
    욕구가 하는 대로 두는 것만큼 큰 죄악도 없다.
재앙 중에

* 제57장: "我欲不欲, 而民自樸."(마왕퇴 갑본·을본) "我無欲而民自樸."(왕필본)

만족하는 데 통달하지 못하는 것만큼 큰 재앙도 없다.
불행 중에
얻고 싶은 욕구만큼 처참한 것도 없다.*

『노자』에 따르면 세상에서 욕구와 가장 밀접하게 연관되어 있고, 욕구 충족과 가장 직접적으로 밀착되어 있는 것은 바로 무기이다. 전쟁은 욕구, 무기, 인간의 감정, 부패한 사회 사이의 실질적 연관성을 뚜렷하게 드러내 보이는 구체적인 정치적 상황이다. 무기는 다른 사람들을 희생시켜 욕구를 충족시킬 수 있는 가능성을 만들어냄으로써 욕구를 만들어낸다. 그 자체가 인간 욕구의 한 표현인 전쟁은 인간의 욕구를 휘저어놓는다. 전쟁은 인간의 욕구가 교전에 들어간 것이다. 고대의 도가철학은 욕구의 그런 강렬함에, 그리고 사회적 혼란과 그 혼란과 함께 고조되는 활동에 진저리를 친다. 그 활동이 파괴적임은 너무나 분명하다. 도가의 반反활동주의anti-activism는 특히 공격적이고 폭력적인 행동에 관심을 기울인다. 『노자』에서는 "자원해서 하는" 행동은 어떤 것이든 수상쩍은 것이고 잠재적으로 위험한 것이다. 여기서 전쟁은 인간 활동주의의 최악의 유형이다. 『노자』는 전적으로 "평화주의적"이지는 않으며, 따라서 전쟁에 반대하는 기독교의 일부 유형과는 확실히 다

---

* 제46장: "罪莫大於可欲, 禍莫大於不知足, 咎莫憯於欲得."(마왕퇴 갑본) "禍莫大於不知足, 咎莫大於欲得."(왕필본) 마왕퇴 을본은 갑본의 '罪莫大於可欲'에서 '於'가 없다.

르다. 그럼에도 불구하고 『노자』는 거듭해서 전쟁에 대한 깊은 경멸을 표현한다. 다른 문제에 있어서는 악명 높을 정도로 "모호한" 텍스트가 이 문제에 있어서만은 보기 드물게 명료함을 보인다. 제31장에서는 다음과 같이 말한다.

무기는 군자의 도구가 아니다.
무기는 불길한 도구이다.
달리 어찌할 수 없을 때 군자는 그것을 쓴다 ―
    그에게는 침착하게 있는 것이 최선이다.
그것을 흐뭇하게 여기지 마라.
그것을 흐뭇하게 여기는 것―
    이것은 사람 죽이는 것을 즐거워하는 것이다.
무릇 사람 죽이는 것을 즐거워하는 것으로는
    자신이 원하는 바를 세상에서 얻을 수 없다.
…
이 때문에
    중장은 왼쪽에 서고
    최고 사령관은 오른쪽에 선다.
다시 말해
    그들은 상례에 따라 자리를 잡는다.

수많은 사람이 살상을 당했을 때
    이때는 비통함과 슬픔으로 임한다.

전쟁에서 이겼을 때
그 경우는 상례로 대한다.*

『노자』는 전쟁과 무기에서 그 어떤 매력도 발견하지 못한다. 무기를 좋아한다는 것은 곧 사람 죽이기를 좋아한다는, 즉 살육을 좋아한다는 의미이다. 그런 것들을 좋아하는 것은 사회적으로 재앙을 가져오는 것으로 판명될 것이며, 그런 것들을 좋아하는 사람은 군주로 적합하지 않다. 무기는 그것의 기능으로부터 분리될 수 없다. 무기는 공격적인 행동과 폭력적인 욕구의 테크놀로지다. 성인-군주는 무기를 좋아하지 않으며, 가급적이면 무기를 사용하기를 거부한다. 그러나 만약 전쟁을 하게 될 경우 도가적 성인은 긍정적 감정을 느끼는 일 없이 전쟁을 할 것이다. 성인은 열광적으로 싸우는 게 아니라, 완벽하게 침착한 상태를 유지할 것이다. 전쟁의 광란은 없을 것이며, 승리의 개가도 없을 것이다. 전쟁은 실패한 정책의 징후이다. 따라서 전투에 들어가기도 전에 성인-군주의 군대는 이미 상례에 따라 배치된다. 전투를 마친 뒤에도 성인-군주는 '만족스러운' 기분에 젖어 들지 않는다. 충족시킬 어떤

* 제31장: "故兵者非君子之器也. 兵者不祥之器也, 不得已而用之, 銛襲爲上, 勿美也. 若美之, 是樂殺人也. 夫樂殺人, 不可以得志於天下矣. … 是以偏將軍居左, 上將軍居右, 言以喪禮居之也. 殺人衆, 以悲哀莅之; 戰勝, 以喪禮處之."(마왕퇴 갑본) "兵者, 不祥之器, 非君子之器. 不得已而用之, 恬淡爲上, 勝而不美. 而美之者, 是樂殺人. 夫樂殺人者, 則不可以得志於天下矣. … 偏將軍居左, 上將軍居右, 言以喪禮處之. 殺人之衆, 以哀悲泣之. 戰勝, 以喪禮處之."(왕필본) 마왕퇴 을본은 갑본의 '故兵者非君子之器也'에서 '也'가 없고, '銛襲爲上'에서 '襲'이 '憻'으로 되어 있다.

154

욕구도 없기 때문이다. 남은 건 죽은 자들뿐이다. 이 사실이 어떤 감정을 불러일으킨다면 그것은 슬픔과 비통함일 것이다.

도가적 사회에서 무기의 주요 기능은 전쟁을 저지하거나 방지하는 것이다. 전형적인 도가적 양식에서는 무기가 가장 잘 기능하는 것은 역설적인 방식을 통해서이다. 무기는 사용되지 않을 때, 그래서 그 효능을 완전히 잃고 손대지 않은 채로 있으면서 어떤 해도 입히지 않을 때에만 그 목적을 달성한다.『노자』제80장에서는 다음과 같이 말한다.

> 방위군과 무기를 두기는 하지만,
> 사람들은 그것들을 사용하지 않는다.*

군대는 필요하지만 동원되어서는 안 된다. 만일 군대가 동원된다면 이는 이미 어느 정도 실패한 것이며, 그것의 효력 일부를 상실할 수밖에 없다. 승리한 경우라 해도 손해를 피하기는 어렵다. 동원된 군대에서는 사상자가 날 것이다. 용케 이긴다 해도 전쟁에는 큰 희생이 뒤따른다는 것은 자명한 이치이다.

국가가 보유한 군대와 무기는 전쟁을 저지하고 방지하는 데 도움이 될 뿐이므로 그것들을 사용하고픈 욕구를 불러일으키지 않으려면 잘 감춰져야만 한다. 군대의 열병식은 도가적 성인-군주가 재가해줄 성질의 것이 아니다. 사람들에게 무기를 보여주면 그

---

* 제80장: "有甲兵无所陳之."(마왕퇴 갑본·을본) "雖有甲兵, 無所陳之."(왕필본)

제5장 전쟁에 대하여

들은 강한 느낌이 들기 시작할 것이다. 이 표현의 이중적 의미에서 말이다. 『노자』 제36장에서는 성인-군주에게 다음과 같이 권고한다.

> 물고기는 깊은 물에서 벗어나면 안 된다.
> 날카로운 연장은 사람들에게 노출되어서는 안 된다.*

무기를 내보이는 것은 실제로 그것을 사용하도록 사람들을 유혹하기 때문에 위험한 일로 여겨진다. 도가적 성인들의 정치적 힘은 그들이 "어둠 속에" 있다는 사실과 연결되어 있으며, 이는 그들의 군사적 힘에도 똑같이 해당된다. 그들에게 자신을 정치적으로 노출시키는 것은 정치적 욕구를 불러일으키는 것이고, 자신을 군사적으로 노출시키는 것은 공격을 불러일으키는 것이다.

그러나 전쟁이 발발하면 도가적 성인은 군의 지휘관으로 변모하여 『노자』의 역설적 전략들을 고수함으로써 전쟁에서 이길 수 있다. 욕구의 제거는 전쟁을 피할 수 있는 가장 좋은 방법일 뿐만 아니라 전쟁에서 이길 수 있는 가장 좋은 방법이기도 하다. 성인은 방어적인 전술을 구사함으로써, 즉 자신의 야심과 욕구를 억제함으로써 적을 물리칠 것이다. 군대의 목적은 적을 행동하게 만들어서 그들을 완전히 지치게 하는 것이다. 이에 반해 도가적 지휘

---

* 제36장: "魚不可脫於淵, 邦利器不可以示人."(마왕퇴 갑본) "魚不可脫於淵, 國之利器不可以示人."(왕필본) 마왕퇴 을본은 '邦'이 '國'으로 되어 있다.

관 자신himself은[2] 공격적인 행위들을 피한다. 적군은 주도권을 쥐게 되면 에너지와 힘을 끊임없이 쏟아부을 것이고, 그렇게 해서 결국 기진맥진하게 될 것이다. 적군은 자신이 가진 자원 이상을 소모함으로써 패배를 겪을 것이다. 제68장에서는 이런 전술들에 대해 묘사하고 있는데, 이 전술들은 아직까지도 동아시아 무술의 필수 요소로 여겨진다.

> 좋은 무사인 자들은
> > 호전적이지 않다.
> 전투를 잘하는 자들은
> > 화를 내지 않는다.
> 적을 무찌르는 자들은
> > 적과 교전하지 않는다.*

『노자』의 무술은 수동성과 방어에 토대를 두고 있다. 도가적 무사들은 숨어 있으면서 자신들을 드러내지 않는다. 그들은 직접적인 마찰과 접촉을 피한다. 전쟁은 궁극적으로 자신의 힘을 허비하는 쪽이 지게 되는 파워 게임이다. 정치에서도 리더는 자신을 노출시

---

[2] 나는 역사적인 이유로 도가적 지휘관을 가리킬 때에는 남성대명사를 사용하였다. 고대 중국에서 군사적 리더는 대개 남성이었다.

* 제68장: "善爲士者不武, 善戰者不怒, 善勝敵者弗與." (마왕퇴 갑본) "善爲士者不武, 善戰者不怒, 善勝敵者不與." (왕필본) 마왕퇴 을본은 "善爲士者不武" 앞에 '故'가 붙어 있다.

키지 않음으로써 자신의 전 효력을 지속적으로 보존하는 데 주력해야 한다. 자제력을 최대한으로 발휘함으로써 감정적으로 연루되거나 동요되지 않는다. 리더는 허점을 낳을 수 있는 것은 무엇이든 피한다. 전쟁의 기술은 적이 에너지를 과도하게 소모하여 스스로 패배하도록 만드는 데 있다. 도가적 지휘관은 『노자』 제68장의 표현대로 "싸우지 않음의 효력(不爭之德)"에 통달함으로써 승리한다. 제69장에서는 동일한 메시지를 좀 더 상세하게 전한다.

무기의 사용법에 대해 이런 격언이 있다.
"나는 감히 거병의 우두머리가 되려 하지 않는다.
　그러느니 차라리 응전하는 쪽이 될 것이다.
나는 감히 한 치 앞으로 나아가려 하지 않는다.
　그러느니 차라리 한 자 물러날 것이다."

이것이 의미하는 바는 다음과 같다.
　나아가면서도 나아감이 없고
　소매를 걷어붙여도 팔을 드러내는 일이 없고
　장악하면서도 무기의 힘을 사용하는 일이 없고
　맞서면서도 적과 교전하는 일이 없다.*

---

* 제69장: "用兵有言曰: '吾不敢爲主而爲客, 吾不進寸而退尺.' 是謂行无行, 攘无臂, 執无兵, 仍无敵矣."(마왕퇴 갑본) "用兵有言, '吾不敢爲主而爲客, 不敢進寸而退尺.' 是謂行無行, 攘無臂, 扔無兵, 執無兵."(왕필본) 마왕퇴 을본은 갑본의 '吾不進寸而退尺'의 '吾不'이 '不敢'으로 되어 있다. 왕필본 역시 '不敢'으로 되어 있

제69장의 첫 번째 행은 이어지는 행들이 "격언"임을 보여준다. 이것은 아마도 로버트 헨릭스Robert G. Henricks가 그 장을 번역하면서 붙인 주에서 언급하듯이 그 시대의 "전략가들"이나 "군사 전문가들"로 이루어진 학파(兵家)와 관련된 유명한 표현이었을 것이다.3 이와 유사하게 로저 에임스와 데이비드 홀도 『노자』를 번역하면서 이 구절과 다른 구절들이 담고 있는 메시지는 "『손자孫子』의 전통과 정확하게 공명한다"고 지적한다(『손자』는 고대 중국에서 가장 중요한 "전략적" 또는 "군사 전문적" 텍스트일 것이다).4 따라서 『노자』에서 옹호하는 군사전략은 "주류의" 위치에 있었다고 이해해도 좋다. 전쟁에 대한 고대 중국인들의 성찰들이라는 더 큰 맥락에서 보면 그것은 도가만의 독특한 관점을 제시하는 것이 아니다. 그보다도 그것은 그 시대에 상당히 일반적으로 견지되었던 것으로 보이며 전쟁에 대한 당시의 지배적 "의미론"과도 일치하는 견해를 대변한다. 『좌전左傳』에는 곧 소개할 짧은 일화가 실려 있다. 『좌전』은 고대 중국의 역사적 개요서로서 도가 특유의 경향은 없지만 "싸우지 않는 것의 효력"에 대해 잘 설명해주고 있다. 여기서 이 이야기는 조귀曹劌라고 불리는 사람에 대한 것이다. 그는 제齊나라와의 전투에서 군사 자문으로 노魯나라 제후를 수행하고 있

다. 지은이는 갑본을 따라 번역하였다.
3 다음을 보라. Robert G. Henricks, *Lao-Tzu. Te-tao Ching: A New Translation Based on the Recently Discovered Ma-Wang-Tui Texts*(New York: Ballantine, 1989), 164.
4 Roger T. Ames and David Hall, *Daodejing: "Making This Life Significant": A Philosophical Translation*(New York: Ballantine, 2003), 185.

었다. 『좌전』에 실려 있는 이야기는 다음과 같다.

> 장공莊公이 [군대를 진격시키기 위해] 북을 울리려 하자 조귀曹劌가 말했다. "아직은 안 됩니다." 제나라 사람들이 북을 세 차례 울리자 조귀가 말했다. "이제 하셔도 됩니다." 그리고 제나라 군대는 패했다. … [이후] 장공이 [조귀에게 그가 처음에 북을 울리지 못하게 했던] 이유를 물었다. 조귀가 말했다. "무릇 전쟁이란 용기의 문제입니다. 공께서 북을 한 차례 울리시면 병사들은 용기가 나게 됩니다. 공께서 북을 다시 울리시면 용기가 감퇴합니다. 세 번째 북을 울리시면 용기는 다하게 됩니다. 제나라 사람들의 용기는 다했지만 우리는 용기가 치솟았지요. 그래서 우리가 그들을 이긴 것입니다."5 *

제나라 군대는 힘을 쓰기도 전에 힘이 고갈되어 전투에서 지고 말았다. 고대 중국의 군사 전략가들 사이에서도 "아무것도 하지 않으면서도 하지 않는 것이 없다(無爲而無不爲)"라는 도가적 격률의 군사적 버전이 높이 평가되고 있었던 게 분명하다. 그런데 서양의 역사에서도 그것의 실용적 가치에 대한 증거를 발견하기가 그리 어렵지 않다. 귄터 볼파르트Günter Wohlfart는 유럽에서 있었던 가

---

5 『左傳』「莊公」十年.
* "公將鼓之. 劌曰: '未可.' 齊人三鼓. 劌曰: '可矣!' … 公問其故. 對曰: '夫戰, 勇氣也. 一鼓作氣, 再而衰, 三而竭. 彼竭我盈, 故克之.'"

장 위대한 군사적 "역전승" 중 하나는 암암리에 도가적 전술들을 적용해서 일어났다고 보는데, 나 역시 정말 그렇다고 생각한다. 나폴레옹의 러시아 원정은 러시아 황제의 군대가 계속해서 교전을 피하는 바람에 완전히 참패했다.[6] 나폴레옹의 "대군"이 섬멸된 것은 전장에서 이루어진 것이 아니라, 정확히 러시아인들이 공격적인 전투를 피함으로써 이루어진 것이다. 나폴레옹은 계속 피하기만 하는 적군을 끝없이 쫓아가고 텅 빈 모스코바를 "정복"하면서 결국 자신의 군대를 완전히 소진시키고 치명적인 손실을 입었다. 그의 병사들 대부분은 전장에서 죽은 게 아니라 추위와 기아, 사회적 분열로 죽었다. 나폴레옹은 "하늘과 땅"의 힘을 잘못 계산했고 "인력"에 의해서가 아니라 "자연"에 의해서 패배한 것이다.

나폴레옹의 경우는 상당히 인상적인 사례로서 도가, 더 나아가 고대 중국인들의 책략과 일치하는 군사전략의 잠재적 효력을 보여주기는 하지만, 서양의 전통에서는 "교전하지 않는" 전쟁의 의미론이 고대 중국에서처럼 인기를 누리지는 못했다. 종종 서양의 전통에서 나타나는 전쟁의 "도상학圖像學iconography"은 『노자』에 나타나는 전쟁의 이미지와 상당히 다르다. 서양의 수많은 전쟁 및 전투 이미지들과 반대로 "방어적인" 『노자』는 전쟁을 영웅주의, 정의, 집단적 자부심과 연결시키지 않는다.

---

[6] Günter Wohlfart, *Die Junst des Lebens und andere Künste: Skurrile Skurrile Skizzen zu einem eurodaoistischen Ethos ohne* Moral, Berlin: Pararga Verlag, 2005.

고대 그리스 시대부터 서양의 전쟁 표상들은 영웅 및 영웅주의적 행위의 이미지들과 긴밀하게 연결되어왔다. 그리고 이런 일반적인 추세가 오늘날의 할리우드 영화에서도 부단히 이어지고 있다. 물론 영웅과 영웅주의에도 상이한 형식들과 유형들이 광범위하게 존재하기 때문에 이 모두를 단 하나의 분모로 포괄하기는 어렵다. 그런데『노자』는 전쟁의 문제에 대해 관심이 지대함에도 불구하고 그런 이미지들이 결여되어 있다. 이 점은 서양의 전쟁사에서 영웅의 "아이콘"이 갖는 중요성과 극명한 대조를 이룬다.『노자』에서 군사적 리더는 영웅주의의 관점에서 보면 겁쟁이에 더 가까워 보인다. 그는 가능한 한 계속해서 후퇴한다. 그는 전투를 꺼리며, 그의 주된 관심사는 할 수 있는 데까지 숨어 있는 것이다. 그는 분명 "충격과 공포"에 의존하지 않는다.

『노자』에서는 도무지 찾아볼 수 없는 또 다른 종류의 전사가 있다. 인기 있는 미국 영화 시리즈의 제목을 빌리자면 〈리쎌 웨폰lethal weapon[치명적 무기]〉 유형의 전사이다. 〈리쎌 웨폰〉의 주인공은 자신을 무자비하게 만든 일신상의 경험을 겪으면서 "악당"으로 변한다. 자기 인생에 희망이 보이지 않는 데서 오는 절망감은 그를 두려움을 모르고 위험을 무릅쓰는 투사로 변모시킨다. 그러나 두려움 없는 태도는 그에게 불굴의 아우라를 갖게 한다. 그래서 그는 싸움의 달인이 된다. 그는 두려운 게 없지만 다른 이들은 그를 두려워하기 때문이다. 이런 유형의 전사는 보통은 혼자 움직이는 사람이고 강한 "주관"을 가진 독특한 개인이다. 〈리쎌 웨폰〉의 주인공은 전사가 된다는 것이 무엇을 의미할 수 있는지를 보여주는 서양의 한 모델로 기능한다. 그리고 그런 전사들로 이루어진 군대는 결과적으로 아주 특별한 사람들의 집합, 평범치 않은 사람들로 이루어진 집단일 것이다. 그러나 『노자』는 군인들 개개인의 정신에는 관심을 두지 않는다. 전쟁의 주관적 특성에 초점을 맞추는 법도 없다. 그것은 비범한 개성을 가진 인물들에 의해 결정되는 어떤 것이라기보다는 사회적 또는 집단적 현상으로 여겨진다. 심지어 최고의 군사 지휘관조차도 — 아니 그야말로 특히 — 독특한 개성을 결여하고 있다. 그는 자신의 개인적 사안들이나 욕구들은 전부 억제해야만 한다. 그 사람 개인의 "배경"은 전혀 상관이 없다. 더 정확하게 말해 그는 어떤 배경도, 심리적 심층도, 복잡성도 없다.

고독한 전사와 관련된 인물은 열정적 투사였던 조지 패튼George S. Patton 장군 유형이다. 그의 온 (남성적) 감성은 전쟁과 전투에서의 승리에만 집중되어 있다. 그는 말 그대로 전쟁과 사랑에 빠져 있는 — 아니 다른 무엇보다도 전쟁과 더 사랑에 빠져 있는 — 군인이다. 유사한 인물들을 현대 서양 문학, 예컨대 어니스트 헤밍웨이Ernest Hemingway의 소설들과 자전적 글들에서 찾아볼 수 있다. 이번에도 역시 『노자』에는 이와 비슷한 것이 전혀 없다. 열정과 (남성적) 희열의 요소는 『노자』의 전쟁에 대한 묘사에는 실제로 부재한다. 적어도 잘 싸운 전쟁에서는 말이다.

이상에서 언급한 영웅주의 패턴들과 비교해볼 때 『노자』의 군사 리더는 분명히 반反영웅이다. 그는 "영예로운" 자질들을 모조리 결여하고 있다. 그러나 『노자』의 관점에서 볼 때 이러한 결여야말로 그의 성공의 조건이 됨은 물론이다. 그리고 이런 각도에서 서양의 영웅은 바보에 더 가까워 보인다. 자기 자신의 활동과 힘의 희생자가 되어 비극적으로 끝날 운명을 가진 사람 말이다. 비극이라는 장르는 서양 문학에서 매우 소중하게 여겨진다. 그리고 그것은 서양의 전쟁과 영웅주의의 도상학과 밀접하게 연관되어 있다. 재차 말하지만 이는 고대 중국의 전반적인 문화와 놀랄 만큼 대조적이며, 특히 『노자』 및 도가와 지극히 대조적이다. 『노자』는 어떻게 해야 효과적인지에 관심이 있지 영광스러운 실패에 관심이 있는 것이 아니다. 사실상 『노자』는 실패 속에서 영광을 찾는 데 곤란을 느꼈다.

서양의 전형적인 전쟁 영웅들은 강력한 개인적 자질을 가지고 있을 뿐만 아니라 보통은 도덕적 행위자들이기도 하다. 그들이 하는 싸움은 대개는 정의롭다. 흥미로운 것은 전쟁의 이런 도덕적 차원 역시 『노자』에는 거의 부재한다는 점이다. 이 텍스트에서 전쟁의 세계는 "좋은 녀석들"과 "나쁜 녀석들"로 나뉘는 것이 아니라, 이긴 자와 진 자로 나뉜다. 사실상 『노자』에서는 전쟁하는 데 어떤 "정당한 대의명분"도 "합당한 이유"도 없다. 앞서 언급했듯이 『노자』에서 전쟁은 폰 클라우제비츠의 말처럼 정치가 여타의 수단을 통해 지속되는 것이긴 하지만, 기본적으로는 실패한 정치가 지속되는 것이라고 이해해도 무방하다. 도가적 장수는 도덕적 불가피성 때문에 참전하는 것이 아니다. 그는 악한 상대에게 선한 정치적 아젠다를 강제하려고 하지 않는다. 그에게는 도덕적이거나 정치적인 아젠다 자체가 아예 없다. 『노자』는 "응징을 위한" 전쟁에 대해 말하지 않으며 그 누구도 "법의 심판에" 회부하지 않는다. 전쟁을 자기해방이든 다른 사람들의 해방이든 해방을 위한 노력으로 보는 의미론도 없다. 『노자』에서는 이런 도덕적·정치적 아젠다들과 의미론 중 그 무엇도 전쟁을 "정당화"하거나 "불가피한 것으로 만들" 수 없다. 『노자』는 전쟁을 미화하는 그 어떤 수사학적 시도도 하지 않는다. 이 텍스트는 전쟁을 일차적으로 사회적 재앙으로 간주하며, 따라서 아주 간단하면서도 실천적인 두 가지 태도를 조언한다. 첫째, 전쟁을 피하라. 둘째, 피할 수 없다면 자신이 입을 손해를 가급적 최소화하면서 이겨라. 이 두 가지 태도 중 어느 것도 도덕적 미화를 필요로 하지 않는다. 사실상 『노자』의 관점에서 보면 "정당한", "필연적인" 또는 "해방을 위한" 전쟁의 담론은 영웅주의처럼 사회적 패자의 다소 뻔뻔스럽고 과시적인 자기 강화로 보일 수 있다.

　『노자』에서 사회적 재앙으로서의 전쟁은 집단적 자부심의 문제도 아니다. 전쟁에 대한 서양의 도상학이나 의미론은 특히 근대에는 민족적 정체성이나 명예심 같은 집단적 정서와 연결되어 있다. 근대 서양의 민족들은 그들이 참전했던 전쟁들에 따라 자신들을 공공연하게 정의 내릴 수 있었고, 하나의 민족은 전쟁 속에서 "태어난다"고 주장할 수 있었다. 심지어 오늘날까지도 전쟁은 종종 민족적 분투로 찬양되곤 한다. 여기에서 한 국민은 자신의 이른바 "진면목"이라는 것을 전 세계에 그리고 스스로에게 ― 어쩌면 이것이 더 중요할지도 모른다 ― 드러낼 수 있다. 전쟁과 민족주의적 광란은 근대 서양의 민족국가의 역사와 멀리 떨어져 있지 않은 경우가 많다. 민족을 위해 싸우는 군대는 그 자신을 "조국" 또는 "모국"과 동일시하며, 거꾸로 민족 전체는 "아군을 지원하는"데에서 민족적 정체성의 "문화"를 발전시킨다. 그런 민족적 차원, 집단적 자부심의 차원도 역시 『노자』의 전쟁에 대한 논의에서는 완전히 부재한다. 근대의 민족국가에서 전쟁은 종종 정치적 안정과 통일을 가져오는 수단으로 기여한다. 전시에는 정부와 그 정부가 지휘하는 군대를 둘러싸고 "민족"이 결집할 것이라고 기대할 수 있다. 초기 도가에는 그런 기능이 부재한다. 도가적 리더는 "저자세"를 유지하며, 전쟁에서는 특히 그렇게 한다. 이런 관점에서 보면 전쟁은 사람들에게 그들의 리더와 나라를 사랑할 이유를 제공한다기보다는 정부를 부끄럽게 만드는 일이다. 전쟁은 정치적 결단과 집단적 정체성의 징후가 아니라, 사회적 분열과 정치적 부조화 및 불일치의 징후이다. 『노자』는 사회적 갈등을 소중하게 생각하지 않으며, 따라서 전쟁 상태를 어떤 국민을 정의할 수 있는 시간으로 찬양하는 어휘 같은 것도 전혀 없다.

　전쟁에 대한 서양의 "영웅적 어조"와 『노자』의 전략적 전쟁철학 사이의 차이점들은 매우 본질적이며, 그 차이점들은 바로 인간주의적 "이데올로기"와 비인간주의적 "이데올로기"가 보여주는 차이의 또 다른 측면일지도 모른다. 『노자』는 전쟁을 특별히 인간적인 사건으로 보지 않는다. 전쟁은 개개인의 투사들에 의해 승리하는 것도 아니고, 카리스마 있는 리더들에 의해 승리하는 것도 아니다. 그리고 전쟁은 특정 집단들을 정의 내릴 힘을 갖지도 않는다. 전쟁은 인간적 장엄함을 완전히 결여하고 있다. 오히려 그것은 자연재해처럼 불행히도 다소 빈번하게 발생하는 정치적 오작동의 하나로 기술되고 분석된다. 전쟁을 미리 방지할 수 없다면 가급적 전쟁에 효과적으로 대처해서 그것이 끼치는 해로움을 제한해야 한다. 그 일은 성인-군주에게 달려 있다. 정치와 마찬가지로 전쟁도 인간주의적 원리들에 기초해서 작동하는 현상이 아니라, 더 큰 자연과 우주의 맥락 속에서 작동하는 사회현상이다. 전쟁에 성공적으로 대처하는 전략들은 다른 영역에서의 성공을 위한 전략들과 다르지 않다. 이 전략들은 "아무것도 하지 않으면서도 하지 않는 것이 없다"라는 비인간주의적 격률의 변주들이다.

다른 한편으로 인간주의적 의미론은 전쟁을 인간적 성취와 결부시키고 개인적·집단적 성장과도 결부시킨다. 물론 전쟁에 대한 인간주의적 관점은 전쟁에 대해 비판적일 수도 있고 평화주의적인 방향으로 전개될 수도 있다. 인간주의적 토대 위에서 전쟁을 규탄할 수도 있고, 인간 개개인에 대한 동정과 연민으로 전쟁을 맹렬히 비난할 수도 있다. 그러나 이런 관점조차 『노자』에는 부재한다. 『노자』는 "일정한 원리에 따라" 전쟁에 반대하는 입장을 취하는 게 아니다. 전쟁은 인간성에 반하는 "범죄"로 간주되지도 않는다. 전쟁에 대한 인간주의적 의미론에서 보면 어쩌면 평화주의와 영웅주의는 지킬 박사와 하이드처럼 긴밀하게 연관되어 있는지도 모른다. 따라서 『노자』에는 둘 중 누구도 나타나지 않는다.

제6장
만족의 대가들:
욕구, 정서 및 중독

『노자』는 인간의 욕구를 전쟁과 사회 혼란의 주요 요인으로 판단한다. 인간의 욕구는 "인간 문제"의 핵심이며, 여기서 인간 문제란 인간이 "하늘과 땅" 사이에서 자연적 기능을 하는 딱 그만큼 인간들 사이에서도 자연적 기능을 다하느냐 하는 문제이다. 이 때문에 성인-군주들의 개인적 수양은 욕구와 그 욕구에 수반되는 정서를 최소화하는 데 초점이 맞춰져 있다. 자기 속에 있는 해로운 욕구를 제거하는 데 성공하는 것은 그들에게 큰 사회적 명성을 가져다줄 뿐만 아니라 백성들에게도 영향을 미칠 것으로 여겨진다. 사회적 신체의 "심장"에 어떤 욕구도 없다면 사회적 신체 전체에 욕구가 없게 될 것이다. 그 사회는 내적으로나 외적으로나 평화로울 것이다. 공동체의 중심에 있는 성인-군주의 심장은 동시에 모든 이의 "텅 비어 있는" 심장으로 있다(제49장을 보라).* 성

---

* 제49장: "聖人恒无心, 以百姓之心爲心."(마왕퇴 갑본·을본) "聖人無常心, 以百姓

인-군주들은 국가의 "얼굴"이 아니며, 백성들을 "민주적으로" 대변하는 것도 아니다. 정반대로 그 국가의 성격은 그들이 자기 수양에서 이룩한 것을 거울처럼 반영한다. 그들이 자제력을 기른다면 그들의 공동체도 마찬가지가 될 것이다. 그러나 군주들이 욕구로 가득 찬 폭군이라면 그들의 지배는 욕구로 가득 찬 전제적 사회를 낳을 것이다. 사회적 위기 상태인 전쟁은 욕구로 가득 찬 군주들과 욕구로 가득 찬 국가로부터 어김없이 생겨난다.

도가적 성인-군주의 "평화로움"은 개인적 야심을 완전히 근절한 결과이다. 국가의 지배는 아무것도 아니며, 성인이 말 그대로 "원하는" 것은 바로 이것이다. 성인-군주가 정치적 야심이 결여되어 있는 것은 플라톤의 『국가Republic』에 나오는 이상적인 철인-왕의 경우와는 다르다. 그것은 "더러운" 정치적 업무에 연루되는 것을 내켜 하지 않아서 생긴 결과라기보다는 그 어떤 결핍이나 욕구도 결여하고 있는 전반적 상태의 한 가지 (중요한) 측면이다. 성인-군주들은 다스리고자 하는 욕구가 전혀 없다. 그들은 아예 욕구라는 것 자체를 가지고 있지 않기 때문이다. 『노자』에서 이상적인 군주는 다스리는 것을 좋아하지도 않고 싫어하지도 않는다. 그들은 애초에 좋아하는 것이나 싫어하는 것이 없다. 그들은 사회적으로뿐만 아니라 정서적으로도 편향성이 없다.

정서적으로 "냉정한" 도가적 성인-군주는 유가가 생각하는 좋은 통치자나 일반적인 좋은 인간의 모델과는 크게 다르다. 유가

心爲心."(왕필본)

는 인간의 감정이 적절하고 조화롭게 형성되는 것을 강조한다. 어떤 의미에서는 유가적 "기획" 전체가 인간의 정서를 함양하기 위한 것이라고 설명할 수 있다. 공자의 『논어』(「학이學而」 2)에는 "효(孝)"가 "인간다움(仁)"의 "뿌리(本)"라는 유명한 말이 나온다.[1] 여기서 "인간다움"은 유가의 "기본 덕목"과도 같은 것이다. "효"는 유가에 있어서 결정적 중요성을 갖는다. 인간의 발달은 모두 그것에 달려 있기 때문이다. 여기서 뿌리 메타포는 도가적 버전과는 조금 다르게 사용되고 있기는 하지만 실례로서 갖는 효과는 똑같이 크다. 인간존재의 사회적·정서적 삶 전체는 말 그대로 어린 시절의 경험과 훈육에 "뿌리를 두고" 있다. 어린아이가 어떻게 느

---

[1] 이 구절에서 부모에 대한 효는 흔히 그렇듯이 형제에 대한 "우애(弟)"와 함께 언급되고 있다. 유가적 관점에서 이 두 가지는 어린아이의 적절한 정서 및 행동 발달의 주요 요소이며, 결과적으로 사회 불안과 개인의 권력을 찬탈하려는 이기적 시도들에 동요되지 않는 조화로운 사회를 발전시키기 위한 것이다. 에임스와 로즈몽이 번역한 전문이 있다. "유자有子가 말했다. '자식으로서의 책임감과 형제로서의 책임감(孝弟)을 갖춘 사람이 권위자에게 반항하는 것을 좋아하는 경우는 드문 일이다. 그리고 권위자에게 반항하는 것을 좋아하지 않는 사람이 반란을 주도하고 싶어 한다는 소리는 들어보지 못했다. 모범적인 사람들(君子)은 뿌리에 노력을 집중시킨다. 뿌리가 서면 길(道)은 그것으로부터 생겨날 것이다. 자식으로서의 책임감과 형제로서의 책임감에 대해 말하자면 그것은 권위 있는 행위(仁)의 뿌리가 아닐까 한다[有子曰: '其爲人也孝弟, 而好犯上者, 鮮矣. 不好犯上, 而好作亂者, 未之有也. 君子務本, 本立而道生. 孝弟也者, 其爲仁之本與!']."(Roger T. Ames and Henry Rosemont, *The Analects of Confucius: A Philosophical Translation*(New York: Ballantine, 1998), 71) 따라서 유가적 관점에서 "반역자들"은 정서적 애착의 결여로 인해 이미 확립된 사회구조와 정부를 전복하려는 자들, 즉 사적 이득을 이유로 그들의 정치적 "가정"과 "부모"를 전복하려는 자들이다.

끼고 어떻게 행동하는 것이 "올바른지"를 어릴 적에 배우지 못하면 그 아이의 생물학적·심리적·사회적 토대가 제대로 확립되지 못한다. 고대 중국처럼 가정이 사회의 핵심 단위였던 사회에서 한 인간은 자기 부모를 향한 특유의 사랑과 존경의 감정을 발달시킴으로써 그리고 오직 그렇게 함으로써만 "인간다운" 사람으로 성장하게 된다. 이것은 유가의 일반적인 믿음이다. 유가적 관점에서는 사람이 아주 어렸을 때 바로 옆에 있는 사회적 "동료들"에 대해 온당한 감정을 발달시킬 수 있느냐 없느냐에 따라 이후의 인생에서 벌어질 모든 상황에서 그 사람이 자연스럽게 느끼고 올바르게 행동할 수 있을지 없을지가 결정된다. 인생을 살아가는 내내 정서적 훈련은 결코 끝나지 않는다. 예禮, 즉 적절한 행위의 규칙들이 하는 기능은 특별한 행사들뿐만 아니라 일상생활에서 일어나는 거의 모든 사건에 대해 구석구석 스며드는 의식적儀式的 구조들을 사회에 제공하는 것이다. 예의 바름은 모든 사람으로 하여금 적절하게 행위하게 할 뿐만 아니라, 그와 동시에 적절한 정서를 갖게 할 것이다. 적절한 정서를 갖는 것은 적절한 행위를 하는 것만큼이나 중요하다. 예를 들어 장례식은 사람들에게 사랑하는 이가 세상을 떠났을 때 무엇을 해야 할지에 대한 지침들을 제공할 뿐만 아니라 적절한 감정을 갖도록 하는 데에도 기여한다. 후자는 전자만큼이나 중요하다. 유가들은 고대의 "행동주의자들behaviorists"이다. 그들은 사람이 일정한 방식으로 행동할 때 그에 상응하는 감정도 갖게 될 것이라고 믿었다. "효"를 잘 함양한 인간존재들은 부모님이 돌아가시면 적절한 강도와 적절한 방식으로 그들을 "자연스럽게" 애도할 것이다. 그런 상황에서 장례식은 정서 상태에 대한 행동적 보완물이다. 정서와 의례는 함께 감정과 행위를 이끌어가며 그것들이 그 사회의 다른 모든 이의 감정 및 행위와 조화를 이루게 한다. 유가에 있어서 정서의 함양과 행동의 함양은 불가분의 관계에 있으며, 한 사회의 두 가지 측면으로서 조화롭게 상호작용한다. 이 두 가지는 개인의 감정과 행동을 이끌어갈 뿐만 아니라, 인간 공동체 전체의 정서적·행동적 삶을 조직화한다.

유가는 의례를 통해서, 이를테면 구체적으로 슬픔의 의식(예컨대 장례식)과 기쁨의 의식(예컨대 계절 축제들)을 통해서 정서와 행동을 훈련하고 이끌어감으로써 그것들이 적절한 행동과 사회적 결속으로 이어지게 하려고 한다. 유가의 이런 시도와 반대로 『노자』는 정서적 "단식"을 옹호하는 경향이 있다. 효라는 "뿌리"는 유교에서 성장의 과정으로 지각되는 것의 견고하고 건강한 시작을 상징하는 반면, 『노자』에서 뿌리 이미지는 비가시성, 무형성, 어둠 및 움직이지 않음이라는 특징들과 더 강하게 결부되어 있다. 뿌리 이미지의 이 두 가지 용법은 똑같이 "자연적"이다. 그러나 유가들은 발달의 측면에 더 초점을 맞추는 데 반해 『노자』는 "불간섭"의 측면을 강조한다. 『노자』에 따르면 뿌리는 "밝은 곳에 있으려고" 하지 않기 때문에 식물에 이바지한다. 뿌리는 그 자신은 감춰진 상태에 머무름으로써 식물이 자라게끔 한다. 뿌리의 자기 억제력은 식물로 하여금 방해 없이 자라고 또 시들 수 있게 한다. 뿌리는 "사심이 없고" 식물에 어떤 욕구도 불러일으키지 않는다. 도가의 뿌리는 어떤 적극적 물리력을 행사하지 않고도 배가 떠내려

가지 않도록 하는 닻처럼 기능한다. 바꿔 말해 도가의 "뿌리" 이미지는 "인간적" 발달의 상징이라기보다는 생물학적 순환 내에 있는 움직이지 않는 중심이다.

공자의 『논어』에서 뿌리 메타포는 감정의 함양과 결부되어 있다. 반면 『노자』에서 그것은 정서적 흥분 상태의 부재와 결부되어 있다. 『노자』의 많은 구절이 "사심 없는" 도가적 성인-군주들에 대해서 시적으로 묘사한다. 예컨대 제39장에서는 이렇게 말한다.

> 이런 이유로 그들은
>> 옥처럼 빛나기를,
>> 돌처럼 단단하기를
>> 욕구하지 않는다.*

정치적으로 성인의 "욕구 없음"은 사사로운 욕구가 없는 자들만이 군주가 될 자격이 있음을 의미한다. 말하자면 그들은 "자연적 적격자"인 것이다. 이와 동시에 리더로 하여금 권력을 유지하고 성공적으로 다스릴 수 있게 하는 것도 정확히 이런 자질이다. 리더가 권력의 유혹에 사로잡히면, 그리고 그가 자신의 우월한 지위에 따라 욕구를 키워나가면 그는 결국은 권력을 잃게 될 것이다. 권력을 잃기 전에 십중팔구 나라를 위기에 빠뜨릴 것이다. 욕구를

---

* 제39장: "是故不欲祿祿若玉, 硌硌若石."(마왕퇴 갑본·을본) "不欲琭琭如玉, 珞珞如石."(왕필본)

키워나가는 군주는 나라를 착취하고 백성들을 수탈하며 정치적 부패와 심지어 경제적 부패의 과정에 불을 붙이는 경향을 보일 것이다. 이로 인해 그는 도(道)를 따르는 자에서 자기 백성들의 "도둑[盜]"(발음은 같은 도dao이지만 다른 한자를 쓴다)으로 변한다. 이는 결과적으로 백성들이 살기 위해 스스로 도둑이 될 수밖에 없는 사회를 만들어낼 것이다. 『노자』 제53장은 한편으로는 사회 전체의 황폐한 상황, 다른 한편으로는 부패한 정권의 퇴폐적인 생활양식, 이 사이에서 벌어지는 극명한 대비를 강조함으로써 "도둑들"의 나라가 처한 서글픈 상태에 대해 묘사하고 있다. 그것은 "욕구의 정치학"에 대한 상당히 격렬한 기술이다.

조정은 심하게 방치되어 있다.
밭은 심하게 놀고 있다.
곡물 창고는 심하게 비어 있다.

옷은 화려하게 장식되어 있고 다채로우며
　허리띠에 예리한 칼을 차고 있다.
음식을 물릴 정도로 먹으며
　남아돌 정도의 재화가 있다.

이것을 "도둑질"이라고 부른다.
도둑질은 도道가 아니다.*

이런 상황들은 오늘날에도 전례 없는 일은 아니다. 자신의 욕구를 충족시키는 데 치중하는 정부는 행정적 의무들을 소홀히 하고 부와 권력을 불리는 데 혈안이 될 것이다. 사람들은 굶어 죽어가는데도 사치에 몰두하고 무기를 과시하며 — 군주들은 날카로운 검을 차고 있다 — 자신의 소유물을 보호하기 위해 안팎으로 군사력을 사용할 것이다.

『노자』는 그런 "욕구의 정치학"의 효과는 경제적이고 사회적일 뿐만 아니라 "심리적"이기까지 하다고 추정한다. 사회적 신체의 심장이 욕구에 감염되면 사회의 나머지 또한 자연히 감염될 것이다. 그런 사회적 갈등을 피하고 싶다면 성인-군주들은 우선은 욕구가 생기는 것을 막아야 한다. 그래서 『노자』 제3장에서는 다음과 같이 충고한다.

얻기 어려운 재화들을 귀하게 여기지 않으면
　　백성들은 도둑이 되지 않을 것이다.
욕구할 만한 것을 보여주지 않으면
　　백성들은 문란해지지 않을 것이다.

따라서 성인의 다스림은 이와 같다.

* 제53장: "朝甚除, 田甚芜, 倉甚虛; 服文采, 帶利劍, 厭食, 貨財有餘, 是謂盜夸. 盜夸. 非道也."(마왕퇴 갑본) "朝甚除, 田甚蕪, 倉甚虛. 服文綵, 帶利劍, 厭飲食, 財貨有餘, 是謂盜夸, 非道也哉!"(왕필본) 마왕퇴 을본은 갑본의 '厭食, 貨財有餘'가 '厭食而資財有餘'로 복원되어 있다.

> 그는 백성들의 마음을 비우고
> 그들의 배를 채운다.
> 그들의 바람을 약하게 하고
> 그들의 뼈를 강하게 한다.*

성인-군주는 "드러나지 않게" 통치를 하며, 공급을 노출하지 않음으로써 수요를 줄인다. 공급이 공공연하게 노출되지 않으면 욕구는 억제된다. 분명 『노자』는 자본주의적인 시장경제를 그리지는 않았다. 시장경제의 문화는 광고와 끊임없이 커져가는 번영이라는 공적 이상을 통해서 수요와 욕구를 창출해낸다. 초기 도가는 상품과 소유물의 획득을 자극함으로써 경제를 "달아오르도록"하는 데 관심이 없었던 것처럼 보인다. 소비는 오히려 기본적인 수준에 머물러 있지 않으면 안 된다. 군주는 백성들의 마음을 비움으로써 배를 채울 것이다. 백성들은 욕구가 더 왕성해지도록 자극받지 않는 한 가지고 있는 것에 만족을 느낄 것이다. 이런 식으로 백성들의 마음이 어떤 것에도 흔들리지 않으면 그들의 신체도 건강해질 것이다.

따라서 욕구를 제거하려는 도가적 입장은 역설적이게도 욕구를 달성하는 데 토대를 두고 있다. 기초적이고 전반적인 포만 상

---

* 제3장: "不貴難得之貨, 使民不爲盜. 不見可欲, 使民不亂. 是以聖人之治也, 虛其心, 實其腹, 弱其志, 强其骨."(마왕퇴 갑본·을본) "不貴難得之貨, 使民不爲盜; 不見可欲, 使民心不亂. 是以聖人之治, 虛其心, 實其腹; 弱其志, 强其骨."(왕필본)

태를 이룸으로써 욕구가 커지는 것을 막자는 것이다. 이는 사람은 일단 무언가를 먹으면 "자연히" 먹고자 하는 욕구가 제거될 것이라는 주장에서 나온다. 단지 먹음으로써 먹고 싶은 욕구를 제거한다. 더 이상 먹는 것을 욕구하지 않기 위해서 먹는다. 먹어서 배를 채우지 않으면 욕구가 생겨난다. 바꿔 말해 욕구의 제거는 "만족하는 데 통달(知足)"하거나 "멈추는 데 통달(知止)"한 결과이다 (제32장, 제33장, 제44장, 제46장을 보라). 도가적 성인들은 멈출 때를 알기 때문에 "만족의 대가들"이다. 멈출 때를 알지 못한다는 것은 논리적으로 보자면 결코 만족하지 못했음을 의미한다. 따라서 욕구가 발생한다는 것은 만족하는 데 통달하지 못했다는 징후이다. 만족하지 못한 자들만이 욕구한다. 성인-군주들은 전반적인 만족을 가져오는 것을 목표로 한다. 자신들뿐만 아니라 자신들이 다스리는 국가에 대해서도 말이다.

만족하는 데 통달한 도가적 성인들은 뛰어난 미각을 가진 사람이 된다. 그들은 흔치 않은 정제된 감각을 가지고 있으며, 그 때문에 매우 독특한 미식가가 된다. 그들은 욕구로부터 자유롭기 때문에 "극단적인" 맛에 대한 특별한 갈망이 없다. 따라서 그들은 사람들 대부분이 맛볼 수 없는 것을 맛볼 수 있다. 재차 말하지만 이 점에서 그들은 갓난아이들과 같아 아직은 향신료에 끌리지 않는다. 그들의 미각은 매우 예민해서 아무런 맛이 없는 것도 먹을 수 있고 맛볼 수 있다. 아무런 맛도 없는 것, 이것은 『노자』 제35장에서 말하듯이 도道 그 자체이다.* 그리고 제63장에서는 다음과 같이 시사한다.

맛없음을 맛보다.**

도는 텅 비어 있고 모습이 없을 뿐만 아니라 특정한 맛도 없다. 맛없음을 맛볼 수 있으려면 개인의 감각적 기호를 극복하거나 줄여야 한다. 특정한 맛에 치우치면 불가피하게 자신의 감각적 역량에 손상을 입힐 것이다. 이것은 제12장의 주제이다. 유사한 형식의 시구들 사이에 다음과 같은 말이 나온다.

> 다섯 가지 맛은
> 사람들의 미각을 둔감하게 만든다.***

예를 들어 매운 음식이나 단 음식을 좋아하는 사람들은 시간이 흐를수록 훨씬 더 맵거나 단 요리들이 먹고 싶어질 것이다. 매운맛이나 단맛의 어떤 수준에 일단 익숙해지면, 그 전 수준으로는 더 이상 충족이 되지 않는 것이다. 이로 인해 욕구는 점점 커질 뿐만 아니라, 기존의 먹거리에 대한 불만족도 커진다. 음식에서 매운맛을 느낄 수 있으려면 점점 더 매운 것을 먹어야 하고, 그러면 그럴수록 매운맛을 느낄 수 없게 된다. 우리가 보통 매운 음식을 잘 먹는다고 하는 사람들은 실제로는 그 반대이다. 그들은 매운맛을 잘

---

* 제35장: "따라서 도에 대해서는 꺼낼 말이 있다. / 얼마나 담박한가 — 그것은 맛이 없다[故道之出言也, 曰: 淡呵其无味也]!"(Moeller, *Daodejing*, 85; 마왕퇴 갑본·을본)

** 제63장: "味无味."(마왕퇴 갑본·을본) "味無味."(왕필본)

*** 제12장: "五味使人之口爽."(마왕퇴 갑본·을본) "五味令人口爽."(왕필본)

느끼지 못한다. 많은 향신료가 들어가야만 음식의 매운맛을 겨우 음미할 수 있기 때문이다. 이 점에서 매운맛을 느끼는 것은 실제로는 매운맛을 느끼는 미각을 파괴한다. 이처럼 욕구가 커지는 것은 "악한" 것이 아니다. 다만 매우 효율적이지 못할 뿐이다. 그것은 미각을 망친다. 만족하는 것은 점점 더 힘들어지고, 만족을 주는 것의 폭은 점점 줄어든다.

맛없음에 대한 미각을 상실하면 그 사람은 이미 욕구의 길로 들어선 것이고, 따라서 "만족의 대가"와는 점점 더 멀어진다. 그런 사람은 아무런 맛도 없는 것을 감각하는, 말하자면 "여섯 번째 감각"이 파괴된다. 이런 미각이 상실되면 만족에 이르기 힘들어진다. 가장 유능한 미식가의 미각은 맛없음의 맛이 갖는 지고함을 인내하는 데 뿌리를 두고 있다. 이 지고함은 맛없음이 그 강렬함을 결코 잃지 않으면서도 다른 맛들을 느끼는 데 어떤 지장도 주지 않는 유일한 맛이라는 사실에 있다. 맛없음을 맛본다고 해서 훨씬 더 맛없는 것에 대한 요구가 생겨나는 것도 아니고, 다른 맛들을 감지하는 데 문제가 생기는 것도 아니다.

감각적 욕구는 『노자』에서 사악한 욕정이나 인간적 결함이라고 공격받지 않는다. 『노자』는 쾌락을 느끼는 것을 폄하하는 데 목적이 있는 게 아니라, 역설적으로 쾌락을 최대한 활용하는 데 목적이 있다. 『노자』는 욕구와 만족 및 미각의 상호 관계의 "논리"를 전개하려고 한다. 욕구는 만족의 부재를 나타내고, 만족은 욕구의 부재를 나타낸다. 만족의 상태에 이르고 욕구의 상태를 피하기 위해서는 자신의 미각을 발휘하는 일을 삼가야 한다. 강렬함에 대한 미각을 키워나간다면 그 사람은 자신이 애초에 가진 미각의 역량을 손상시키는 결과를 피할 수 없을 것이다.

다시 말해 『노자』에서 발견되는 욕구에 대한 도가의 태도는 금욕주의적이지 않다. 『노자』는 쾌락을 강제적으로 부정하는 것을 옹호하지 않으며, 육체적 쾌락이나 "죄악"을 몰아내려고 시도하지도 않는다. 앞서 언급했듯이 욕구는 "악"이 아니다. 욕구는 윤리적으로가 아니라 "의학적으로" 거부될 뿐이다. 그것은 불만스러움의 징후이고, 그렇기 때문에 "좋지" 않은 것이다. 『노자』는 금욕주의적이기는커녕 오히려 역설적 쾌락주의를 옹호한다. 이 쾌락주의는 (궁극적으로 채울 수 없는) 갈망들이 생겨나는 것을 방지함으로써 현재 상황에서 완벽한 만족감에 이르는 것을 목표로 한다. 그런 갈망들은 현재 자연스럽게 얻게 되는 만족감을 필연적으로 "상대화할" 뿐이다. 현대의 언어로 표현하자면 『노자』는 중독 — 중독을 결코 실질적 충족으로 이어지지 않는 강제적 소비 상태, 즉 만족을 계속해서 미래로 투사함으로써 욕구가 스스로를 영구화하는 상태로 이해한다면 — 을 막는 것을 목표로 한다고 말할 수도 있다. 『노자』는 "직접적"인 현재의 만족을 원한다. 그리고 그러한 직접적인 만족은 완벽한 만족감을 훼손하는 욕구들이 존재하지 않을 때에만 가능하다. 『노자』의 관점에서 보면 중독이라는 의미에서 욕구는 항상 불만의 상태이다. 진정한 만족은 가까운 미래에나 가능하다고 전제하기 때문이다.

『노자』는 신체와 정신 및 사회의 상태들을 명확하게 구별하지 않으며, 중독적 욕구를 제거하려는 『노자』의 시도는 세 영역 모두와 관련이 있다.『노자』에서 언급하고 있는 만족감이란 명백히 신체적인 것이다. 배를 채워야 한다는 것의 의미는 확실히 말 그대로이다. 물론 다섯 가지 감각도 신체적인 기능과 직접적으로 관련되어 있다. 그러나 신체 상태는 정신 상태 또는 정서 상태와 불가분의 관계에 있다. 어떤 사람이 신체적으로 만족한 상태에 있다면 그의 정서도 똑같이 안정되어 있을 것으로 보인다. 그리고 그 사람이 신체적 욕구를 가진 상태에 있다면 그는 정신적으로도 불만족스러울 것이다. 나아가 육체적 상태와 정신적 상태는 곧바로 사회적 상태로 뚜렷하게 드러나는 것으로 여겨지기도 한다. 예컨대 자본주의경제처럼 욕구에 기초한 사회는 이 관점에서 보면 불가피하게 전반적인 중독 사회이다. 비인간주의적인『노자』는 "개별" 존재들의 상태와 그들의 공동체를 실제로는 구별하지 않는다. 사회는 개개의 인물들이 모여서 이루어진 것이 아니라, 말하자면 하나의 사회적 유기체이다. 이 유기체가 "신체적으로" 그리고 "정신적으로" 욕구들과 중독에 맞춰져 있다면 이것은 동시에 사회적 현상이기도 하다. 중독이란 "개인적" 결함이 아니다. 그것은 육체적·심리적·사회적 차원을 포괄하는 전면적 상태이다. 따라서 중독을 방지하고 만족의 상태를 확고히 하려는 "기획"은 사회적 기획인 만큼이나 의학적 기획이기도 하다.『노자』의 철학적 관점에서 볼 때, 앞서 든 예를 거듭 사용하자면, 중독과 수요의 지속적 창출에 기초한 경제는 평행하는 현상들이라고 말할 수 있다. 한쪽 현상이 다른 쪽의 "근본 원인"이 되는 것이 아니다. 그것들은 차라리 욕구라는 한 가지 상태 — 상태state라는 단어의 이중적 의미에서* — 에 부수하면서도 상호 연관되어 있는 두 가지 유형이다.

『노자』에서 보듯이 욕구는 우리의 영혼이나 우리의 순수함을 망치는 것이 아니라 우리의 미각, 우리의 만족감, 그리고 궁극적으로는 우리의 사회적 조화를 망친다. 『노자』가 관심을 갖는 욕구는 신체적인 욕구가 주된 것도 아니다. 이 책의 제2장에서 설명했듯이 초기 도가는 고상한 체하지 않는다. 사회적으로 해로울 수 있는 (그리고 잠재적으로는 성적 욕구보다도 더 해로울 수 있는) 비신체적 욕구는 지식에 대한 욕구이다. 이 지적인 욕구는 앞서 인용했던 『노자』 제3장에서도 언급되었다. 백성들에게 건강하지 못한 정서와 의도가 생겨나는 것을 막기 위해 도가적 성인-군주는 다음과 같이 하는 것이 좋다.

지속적으로 백성들에게 지식이 없게 하고 욕구가 없게 한다.**

알라고, 또는 더 많이 알라고 다그치는 것도 막아야 한다. "정보사회"는 확실히 초기 도가들이 이상적인 국가를 떠올리면서 염두에 두었던 것이 아니다. 항구적인 수요에 초점이 맞춰져 있는 자본주의경제와 끊임없이 새로운 정보를 제공하는 데 초점이 맞춰져 있는 미디어 시스템은 새로운 유형의 충동들을 활짝 열어놓는다. 매

---

* 'state'는 '상태'를 의미하기도 하고 '국가'를 의미하기도 한다. 따라서 'a state of desire'는 개인이 욕구에 차 있는 상태를 의미할 수도 있고, 욕구로 가득 차 있는 하나의 국가를 의미할 수도 있다.

** 제3장: "恒使民无知无欲也."(마왕퇴 갑본·을본) "常使民無知無欲."(왕필본)

일 새롭게 갱신되는 일정 양의 정보들 — 뉴스, 연속극, 스포츠 경기 결과들 — 을 얻는 데 일단 이골이 나게 되면 다른 중독이 자리를 잡는다. 자본주의적인 정보사회에서 우리는 계속해서 돈을 소유한 상태에 있을 뿐만 아니라 — 그렇다고 부자로 바뀌는 건 아니다 — 동시에 충분히 가지고 있지 못한 상태에 있기도 하다. 이와 마찬가지로 아는 게 많아짐으로써 우리는 앎의 결핍을 겪기도 한다. 예를 들어 우리는 오늘 뉴스를 들은 뒤에도 내일 무슨 일이 일어날지를 알지 못한다. 독일의 사회학자 니클라스 루만의 표현을 빌리자면 "신규 자금과 새로운 정보는 현대의 사회동학을 구성하는 두 가지 중심 동기이다."[2] 정보에 대한 "굶주림"은 돈에 대한 굶주림과 평행하여 기능한다. 그리고 음식 및 섹스에 대한 굶주림과는 반대로 앞의 두 굶주림은 재생산에 필수적이지 않다. 이것은 욕구에 대한 도가의 태도가 도덕과 무관함을 다시 한번 분명하게 보여준다. 엄밀하게 말해서 욕구는 비생산적인 중독이며, 그렇기 때문에 문제가 된다. 성적 욕구와 먹고 싶은 욕구는 그것들이 "좋은" 섹스와 만족스러운 식사를 하는 것을 방해할 때에만 문제가 된다. 그렇지 않으면 섹스와 먹는 것은 욕구라고 불릴 수조차 없다. "좋은" 섹스나 푸짐한 식사를 하는 것은 도가적 관점에서 보면 욕구를 제거하는 것이다. 재산과 소유물에 대한 욕구는 이러한 활동을 통해서 도달할 수 있는 어떤 형태의 궁극적인 만족

---

[2] Niklas Luhmann, *The Reality of the Mass Media*(Stanford: Stanford University Press, 2000), 21[니클라스 루만, 『대중매체의 현실』, 김성재 옮김, 커뮤니케이션북스, 2006].

도 없기 때문에 더 문제가 된다. 소유물과 정보에는 현재의 순수한 만족감의 순간을 허용하는 메커니즘이 전혀 내장되어 있지 않다. 섹스에서는 오르가슴을 느낄 수 있고, 먹으면 배부를 수 있다. 이것은 어렵지 않다. 그러나 부富에 진정 오르가슴이 있던가? 그리고 사람이 언제 지식에 만족하던가?

지식을 적게 가질수록 욕구의 가능성도 적다. 지식 역시 사람들을 불행하고 초조하게 만들 수 있다. 지식은 꾸밈없고 소박한 것에 만족하지 못하게 할 수 있다. 지식은 정서를 자극하고, 사회 혼란을 야기할 수 있는 정신 상태를 만들어낼 수 있다. 지식은 욕구 다음으로 사회적 조화를 위태롭게 할 수 있다. 그래서 『노자』는 많은 장(예컨대 제10장, 제47장, 제48장, 제65장, 제81장)에서 지식에 대한 반대론을 펼치는 것이다. 욕구, 지식, 그리고 응용 지식으로부터 생겨나는 발명품들과 기술들은 『노자』의 관점에서 보면 정서적 문제를 야기하기 쉽다. 적어도 이 점은 제57장에서 말하고 있는 것이다.

> 백성들이 예리한 도구를 많이 가지고 있으면
> 　나라와 가정은 점점 더 혼란에 처하게 될 것이다.
> 사람들이 지식과 복잡한 기교를 많이 가지고 있으면,
> 　기이한 사물들이 점점 더 많이 출현하게 될 것이다.*

---

* 제57장: "民多利器, 而邦家滋昏. 人多智, 而奇物滋起."(마왕퇴 갑본) "民多利器, 國家滋昏. 人多伎巧, 奇物滋起."(왕필본) 마왕퇴 을본은 이 부분의 훼손이 심하다.

지식과 정서는 사람들을 더 행복하게 만들지 않는다. 그것들은 곤란을 야기하고 사물들을 더 다루기 어렵게 만들기 때문이다. 정서적이고 지적인 노력들은 "스트레스"를 만들어내고 에너지와 조화의 상실로 이어진다. 정서와 지식은 사회적 결속을 해칠 수 있고, 영속적 질서의 확립이라는 도가의 중요 목표를 실현하는 것을 방해할 수 있다. 정서와 욕구에 투자하는 것은 자신의 몰락에 대한 투자가 될 것이다. 이것은 제44장에서 다음의 간결한 문장으로 표현되어 있다.

> 깊은 연민이 있는 곳에
> 큰 소모가 있다.*

『노자』에서 감정의 소모는 확실히 "낭만적인 것으로" 보이지 않는다. 그러기는커녕 소박함과 차분함의 원리에 위배되는 것으로 비난받는다. 자연은 흥분시키지도 않고 흥분하지도 않으며, 도가적 관점에서 보면 동요 상태를 피해 가고, 심지어 사랑에 빠지지도 않는다. 예외적으로 자연이 동요하는 경우는, 예를 들어 회오리바람이 불고 폭풍우가 닥치는 경우는(『노자』 제23장을 보라) 무언가가 잘못되었다는 신호이다. 따라서 자기 자신을 "하늘과 땅의 도[天

갑본의 '智'가 왕필본에는 '技巧'로 되어 있는데, 판본에 따라 '知巧', '利巧', '智慧', '知慧', '知惠'로 표기된 경우도 있다. 지은이는 '智'에 '技巧'의 의미까지 더하여 번역하였다.

* 제44장: "甚愛必大費."(마왕퇴 갑본·을본) "是故甚愛必大費."(왕필본)

地之道]"에 완벽하게 포함시키기를 갈망하는 자에게는 정서적 차분함을 함양하는 것이 중요하다. 이런 수양에 가장 뛰어난 사람이 통치자가 되기에 가장 적합하다. 도가적 성인은 그 국가에서 가장 감정적이지 않고 가장 욕구가 적은 사람이다.

제7장
무심함과 소극적 윤리학

20세기의 중국계 미국 작가 린위탕林語堂은 고대 중국의 (『회남자淮南子』에 나오는) "새옹지마塞翁之馬" 이야기를 들려주고 있다.

북쪽 변방의 요새에 한 노인이 살았는데, 도가에 정통한 자였다. 어느 날 노인이 기르던 말이 호胡 부족의 영토로 넘어가는 바람에 노인은 말을 잃고 말았다. 이웃 사람들이 찾아와 위로하자 그가 말했다. "그대들은 이것이 불운임을 어떻게 아는가?"

몇 달 후 달아난 그 말이 호에서 자란 준마들과 함께 돌아오자 사람들이 축하해주었다. 노인이 말했다. "그대들은 이것이 행운임을 어떻게 아는가?"

그 뒤 노인은 말들이 아주 많아져 큰 부자가 되었다. 어느 날 그의 아들이 말을 타다 다리가 부러졌다. 사람들이 모두 와서 다시 그를 위로했다. 노인이 말했다. "그대들은 이것이 불운임을 어떻게 아는가?"

어느 날 호 부족 사람들이 변방의 요새에 침입했다. 모든 젊은이는 그들의 침입을 막기 위해 화살을 쏘며 싸웠고, 그중 10분의 9가 죽었다. 노인의 아들은 불구였기 때문에 부자가 모두 무사할 수 있었다.

이처럼 행운이 바뀌어 불운이 되고 불운이 바뀌어 행운이 된다. 그렇게 바뀌는 일이 어디에서 끝나는지는 알 수가 없다.1*

『회남자』는 유안劉安(기원전 178-122?)이 펴낸 것으로 여겨지는 텍스트들의 모음집으로 도가의 자료들을 많이 담고 있다. 위의 이야기는 특별히 마지막 두 문장에 비춰 볼 때 『노자』제58장에 나오는 다음의 짧은 구절에 대한 해설로 이해할 수 있다.

---

1 린위탕林語堂의 다음 책에서 인용. *Translation from the Chinese(The Importance of Understanding)*(Cleveland: Forum Books, World Publishing, 1963), 385. 린위탕의 번역은 정확한 번역은 아니다. 이 이야기의 원문은 『淮南子』(『諸子集成』, 北京: 中華書局, 1954, 301-11)에 실려 있다. 나는 린위탕의 마지막 문장에 대한 번역을 수정하였고, 곧 인용할『노자』제58장과의 언어적 유사성을 강조하기 위해 좀 더 직역을 했다.

* 『淮南子』「人間訓」: "近塞上之人有善術者, 馬無故亡而入胡, 人皆弔之. 其父曰: '此何遽不爲福乎!' 居數月, 其馬將胡駿馬而歸, 人皆賀之. 其父曰: '此何遽不能爲禍乎!' 家富良馬, 其子好騎, 墮而折其髀, 人皆弔之. 其父曰: '此何遽不爲福乎!' 居一年, 胡人大入塞, 丁壯者引弦而戰, 近塞之人, 死者十九, 此獨以跛之故, 父子相保. 故福之爲禍, 禍之爲福, 化不可極, 深不可測也."(何寧 撰, 『淮南子集釋』, 北京: 中華書局 1998, 1256-1258)

불운은

　행운이 기대고 있는 것이다.

행운은

　불운이 기대고 있는 것이다.

　그것이 어디서 끝나는지 누가 알겠는가?*

변방의 요새에 사는 노인은 누가 봐도 정서적으로 침착한 상태에 있었다. 행운이 그를 행복하게 만들지도 못했고 불운이 그를 슬프게 만들지도 못했다. 그는 행운과 불운 양쪽 모두에 대해 무심했다. 그러나 그가 정서적으로 무심하고 차분하다는 것은 말을 가지고 있는 것과 그렇지 못한 것을 그가 구별하지 못했음을 의미하는 게 아니라, 둘 중 어느 쪽이 본질적으로 더 좋은지를 그가 알지 못했음을 의미한다. 그래서 그는 말을 잃었다고 해서 우울해할 이유도 없었고, 말을 가졌다고 해서 의기양양해할 이유도 없었다. 말을 가지고 있는 것과 그렇지 못한 것은 똑같은 일이 아니다. 둘은 낮과 밤처럼 다르다. 그러나 정확히 그 차이가 둘을 변화의 과정을 구성하는 요소들로 만든다. 둘이 똑같은 것이라면 한쪽에서 다

---

* 제58장: "禍, 福之所倚; 福, 禍之所伏. 孰知其極?"(마왕퇴 갑본) "禍兮福之所倚, 福兮禍之所伏. 孰知其極?"(왕필본) 마왕퇴 을본에는 "禍, 福之所倚" 구가 빠져 있다. 고밍高明은 『여씨춘추』에서 볼 수 있듯 『노자』의 이 구절은 선진 시대 이래 학자들이 다투어 인용한 명언이므로 을본에 본래부터 "禍, 福之所倚"이 빠져 있었는지는 확실치 않다고 보면서 갑본에 따라 교정을 보아야 한다고 주장한다(高明 撰, 『帛書老子校注』, 110-111).

제7장 무심함과 소극적 윤리학　189

른 쪽으로의 변화도 없을 것이다.

　도가철학, 특히 『노자』 철학에 대한 지나치게 단순한 선입견들과 달리 실제로 『노자』는 차이들을 부정하지 않는다. 도가적 성인이나 요새에 사는 노인이 보여주는 정서적 무심함은 그들이 서로 다른 것들을 구별할 수 없음을 의미하는 게 아니다. 도가적 성인의 정서적 무심함은 예컨대 말을 가지고 있는 것과 그렇지 못한 것을 구별할 수 없는 데서 오는 게 아니라, 둘의 차이를 좋은 것과 나쁜 것의 차이로 여기지 않는 데서 온다. 그에게는 궁극적인 행운이나 불운이 없다. 사건들은 낮과 밤처럼, 성장과 쇠락처럼 서로 뒤바뀐다. 이 사건들 중 어느 것도 "끝"에 해당하지 않는다.

　행운과 불운에 맞닥뜨려 무심함이나 차분함을 보이는 것은 두 가지 필연적 사건 또는 단계가 똑같이 타당함을 인정하는 것이다. 둘은 동등하게 변화의 순환 과정에 기여한다. 만약 자신의 감정을 한 단계에만 붙들어 매서 다른 단계를 무시한다면 이는 지독히 한 쪽으로 치우친 일이 될 것이다.

　요새에 사는 노인의 정서적 무심함은 안다기보다는 오히려 알지 못한다는 그의 주장에 부합한다. 그는 정서적으로 무심할 뿐만 아니라 무심하게 모르고 있기도 하다. 이른바 좋다는 것이 궁극적으로도 좋은 것일지, 또는 이른바 나쁘다고 하는 것이 영원히 그럴 것인지 그는 알지 못한다. 그의 무지와 그의 차분함은 동행하며, 그것들은 판단을 자제한 데서 온 결과이다. 변화의 수용은 편파성이 없음을 의미한다. 도가적 성인은 사물들이 변화한다는 것을 알고, 또 사물들이 변화하기 때문에 무엇이 좋고 무엇이 나쁜

지를 말할 수 없다는 것을 안다.

　정서 상태는 그런 인식적 단언들knowledge claims과 관련이 있다. 어떤 것에 대해 슬퍼하려면 자신이 슬퍼하고 있는 사태가 충분히 나쁘다는 것을 스스로 알고 있다고 믿어야 한다. 물론 좋은 일로 행복해하는 경우도 마찬가지다. 따라서 정서를 최소화하고 무심함에 가까워지는 것은 본질적으로 인식적 단언들을 최소화하는 것과 관련되어 있다. 다분히 소크라테스적인 방식으로 말하자면 요새에 사는 노인과 도가적 성인은 자신들이 알지 못한다는 것을 알고 있다. 그리고 이것은 알고 있는 척하지만 이 때문에 진정으로 무지한 자들보다도 이들이 더 현명한 이유이다.

　정서적 차분함과 인식적 단언들의 최소화는 도가적 성인으로 하여금 존재하는 것을 원한 감정ressentiment 없이 긍정할 수 있게 한다. 요새에 사는 노인은 자신에게 닥친 불운에 고통 받지 않으며 행운에 기뻐하지도 않는다. 말하자면 그에게는 불교적 고통도 없고 기독교적 기쁨도 없다. 그 노인은 불운을 겪으면서도 그것 때문에 고통 받지 않을 수 있고, 행운을 만나서도 그것 때문에 축복을 받았다거나 "구원받았다"고 느끼지 않을 수 있다. 도가적 성인의 차분함은 영혼의 고양이나 구원이 아니다. 거기에는 어떤 구원론도 결부되어 있지 않다. 성인은 분명 불운으로부터 완전히 자유로운 사람은 아니다. 그러나 그에게 불운이 주는 해로움은 최소화된다. 자신의 정서와 평가하려는 지적 성향을 최소화할 수 있는 사람이라면 더 이상 불행한 상황들이 야기하는 정서적·지적 마찰에 지배되지 않는다.

새옹지마 이야기뿐만 아니라 『노자』 제58장 역시 한쪽으로 치우친 애착이나, 유리한 상황 또는 불리한 상황과 동일시하는 태도가 전혀 없는 상태에 대해 설명하고 있다. 두 텍스트는 단순히 상처들은 모두 치유될 것이라든가, 좋은 일도 나쁜 일에서 비롯된다는 것을 말하려는 게 아니다. 정서적으로 달래거나 위로를 주려는 것도 아니다. 이런 일은 또 다른 형태의 정서적 "돌봄"이나 정서적 투자가 될 것이며, 역시 한쪽으로 치우친 일이 될 것이다. 상처는 치유된다 해도 사람들은 또 병이 들기도 하고, 좋은 일들로부터 비롯되는 나쁜 일들도 늘 있기 마련이다. 불운을 피하거나 극복할 방법은 없다. 그러나 『노자』 제58장과 새옹지마 이야기에 따르면 행운도 불운도 "독립적 실체"가 아니다. 그것들은 변화의 과정을 구성하는 마디들이다.

행운과 불운의 교체는 고대 중국철학의 중요한 관심사였다. 중국철학은 적어도 부분적으로는 점치는 관습으로부터 유래했다. 『주역』에서 가장 오래된 부분들은 예언적인 문구들로 이루어져 있으며, 이 책 전체는 행운의 상황과 불운의 상황의 상보성에 관심이 있다. 이 점에 있어서 『주역』이나 새옹지마 이야기나 내용상으로는 큰 차이가 없지만, 문체상으로는 『주역』이 훨씬 더 "모호"하다. 음陰과 양陽의 리듬뿐만 아니라 질서(治) 및 혼란(亂)과 관련된 개념들과 더불어 행운(吉이나 福)과 불운(凶이나 禍)이라는 개념들은 말하자면 고대 중국철학의 기본 코드였다. 그리고 그것들은 고대 도가와 『노자』에서 두드러지게 나타난다. 그것들의 교체는 변화의 철학과 관련되어 있으며, 이는 『주역』과 『노자』를 연결하는 전통적인 주제이기도 하다.

제40장의 짧은 문장 — 캐치프레이즈라고 해야 할까? — 은 『노자』의 변화의 철학을 다음과 같이 요약하고 있다.

> 반전은 도道의 움직임이다.*

도의 경로는 반전의 경로이다. 상황은 방향을 바꾸어 그 반대 면으로 변해간다. 행운과 불운뿐만 아니라, 밤과 낮, 음과 양 등에 대해서도 이렇게 말할 수 있다. 도가적 성인들은 변화의 흐름에 무심하게 응할 수 있다. 그들은 도의 운동 과정을 구성하는 정반대의 마디들이나 국면들을 동등한 것으로 받아들이며, 어느 한 요소에 치우쳐서 거기에만 얽매이는 일이 없다. 성인은 편파성이 없다. 성인의 정서적 무심함은 서로 다른 것을 다른 것으로 무심하게 받아들이는 동시에 그것들을 도의 경로를 구성하는 똑같이 타당하고 똑같이 필수적인 마디들로 받아들일 수 있는 능력에 부합한다.

『노자』 제2장에는 변화의 수많은 상보적 마디 또는 반대 면들을 열거하고 있는 비교적 긴 구절이 있다.

> 세상 모든 사람은 아름다운 것을 아름다운 것으로 알고 있다.
> 그래서 추함이 있는 것이다.

---

* 제40장: "反也者, 道之動也." (마왕퇴 갑본·을본) "反者, 道之動." (왕필본)

모든 사람은 무엇이 좋은지를 알고 있다.
그래서 좋지 않은 것이 있는 것이다.

다음 사실,
있음과 없음이 서로를 낳고,
어려움과 쉬움이 서로를 보완하고,
긺과 짧음이 서로를 형성하고,
위와 아래가 서로를 채워주고,
음색과 목소리가 서로 하모니를 이루고,
이전과 이후가 서로를 따르는 것,
이는 항구적이다.*

이 장에 열거되고 있는 상보적 마디들은 좋음과 나쁨, 아름다움과 추함 같은 상보적 "범주들"로만 그치지 않는다. 그것들은 변화의 국면들도 포함하며, 어쩌면 이것이 더 일차적일지도 모른다. 두 번째 연에 나오는 여섯 개의 "쌍"으로 이루어진 언어적 "틀"은 이 여섯 쌍이 "항구적임"을 말해준다. 각 마디들이 항구적이지 않다는 점이 변화의 항구성을 구성한다. 예를 들어 바퀴가 회전을 할 때, 즉 위에 있는 것이 아래에 있는 것으로 바뀌고, 또 그 반대가

---

* 제2장: "天下皆知美爲美, 惡已; 皆知善, 斯不善矣. 有无之相生也, 難易之相成也, 長短之相形也, 高下之相盈也, 音聲之相和也, 先後之相隨, 恒也."(마왕퇴 갑본·을본) "天下皆知美之爲美, 斯惡已; 皆知善之爲善, 斯不善已. 故有無相生, 難易相成, 長短相較, 高下相傾, 音聲相和, 前後相隨."(왕필본)

될 때 위와 아래는 "서로를 채워준다". 음악 연주에서 음색과 목소리는 공시적共時的으로 하모니를 이룰 뿐만 아니라 통시적通時的으로도 하모니를 이룬다. 어쩌면 후자가 더 중요할 수도 있다. 음악 연주는 음들의 시간적 연속이다. 길고 짧음은 성장의 과정을 구성하는 계기들이다. 이전과 이후는 명백히 시간의 구성 요소들이다.

시간의 경로에서 이 마디들은 서로 바뀐다. 거듭 말하지만 이 변화는 오로지 그 마디들이 서로 다르기 때문에 가능한 것이다. 성인이 그것들에 대해 무심한 것은 그것들을 "다 똑같다"고 보기 때문이 아니라, 그것들을 "도의 운동"의 동등한 구성 요소들로 동등하게 인정할 수 있기 때문이다.

두 번째 연을 이런 식으로 읽는다면, 첫 번째 연에도 같은 "메시지"가 담겨 있다고 결론 내릴 수 있다. 아름다운 것과 추한 것, 좋은 것과 나쁜 것 역시 일시적일 수 있다. 아름다운 사람들도 시간이 지나면 추해질 수 있다. 새옹지마 이야기도 마찬가지이다. 좋은 것도 나쁜 것이 될 수 있고, 그 반대도 가능하다. 성인은 아름다움과 추함, 좋음과 나쁨을 구별할 수 있으며, 이건 모든 사람이 다 할 수 있다. 그러나 다른 모든 이와 다르게 성인은 반대되는 양쪽 모두에 대해 정서적으로 무심하며 편파적이지 않다. 『노자』 제2장의 이 구절은 반어적이다. 모든 사람이 아름다운 것이 아름답고 추한 것이 추하며 좋은 것이 좋고 나쁜 것이 나쁘다는 것을 "알고 있다". 그러나 요새에 사는 노인 같은 도가적 성인만이 그 마디들 중 어느 하나가 다른 것보다 더 낫거나 더 타당하다는 것을 알지 못한다. 다른 사람들과 반대로 오로지 성인들만이 두 가지 계기를 실재 또는 도의 운동을 동등하게 구성하는 요소로서 동등하게 인정할 수 있다. 거듭 말하지만 그들은 추하거나 나쁜 것에 대해서 반감을 품지 않는다. 성인들에게도 추한 것은 추하고 나쁜 것은 나쁘지만, 이것이 그들을 괴롭히지는 않는다. 그들은 이것들이 변화의 상호 의존적 요소들임을 이해하고 있기 때문이다.

『노자』에는 일련의 반대 면들을 포함하고 있는 또 다른 장이 있다. 그리고 또 이 반대 면들을 상보적일 뿐만 아니라 시간적으로도 연속하는 것으로 이해하고 있는 듯 보인다. 제22장에서는 다음과 같이 말한다.

> 구부러진 것도 그리고 나서는 온전해지고,
> 휜 것도 그리고 나서는 똑바르게 되고,
> 속이 빈 것도 그리고 나서는 가득 차고,
> 닳은 것도 그리고 나서는 새로워지고,
> 조금밖에 없던 것도 그리고 나서는 얻게 되고,
> 많은 것도 그리고 나서는 혼란스러워진다.*

식물은 겨울이 되면 "다 떨어지지만" 이후 봄이 오면 새로 자라난다. 식물은 처음에는 자그마하지만 계속해서 점점 더 커진다. 활

---

* 제22장: "曲則全, 枉則正, 洼則盈, 敝則新, 少則得, 多則惑."(마왕퇴 갑본·을본) "曲則全, 枉則直, 窪則盈, 敝則新, 少則得, 多則惑."(왕필본)

을 쏠 때, 그것은 처음에는 휘지만 그러고 나서는 똑바르게 된다. 그릇을 사용할 때, 처음에는 속이 비어 있지만 그러고 나서는 가득 찬다. 이 외에도 많은 것이 그러하다.

성인의 공평무사함과 차분함은 성인-군주의 정치적 중립성으로 아주 매끄럽게 번역된다. 성인-군주들은 반대 면들을 통합하는데, 그것들의 차이를 부정함으로써가 아니라 어느 한쪽을 선호하는 태도를 보이지 않음으로써 그렇게 한다. 이런 식으로 그들은 반대 면들을 연속적이고 조화로운 전체로 통합하는 데 필요한 "하나"를 제공할 수 있다.

『노자』 제20장에는 훨씬 더 분명하게 사회적인 유형의 반대 면이 언급되고 있다.

> 공손하게 동의하는 것과 화내며 거부하는 것 —
> 그것들은 서로 얼마나 멀리 떨어져 있는가?
> 어떤 것을 아름답다고 하는 것과 어떤 것을 추하다고 하는 것 —
> 이것들은 어떤 방식으로 서로 떨어져 있는가?*

사람들은 사회적 상호작용 속에서 서로 찬성하거나 반대하면서 소통한다. 찬성과 반대는 다른 사람에게 말을 건네는 행위의 두 가지 "극"이다. 물론 이 두 가지는 서로 다르긴 하지만 사회적 교

---

* 제20장: "唯與訶, 其相去幾何? 美與惡, 其相去何若?" (마왕퇴 갑본·을본) "唯之與阿, 相去幾何? 善之與惡, 相去若何?" (왕필본)

환의 틀을 구성한다. 그래서 그것들은 확실히 서로 다르면서도 완전히 별개의 것으로 분리되지 않는다. 그것들은 언어가 계속해서 이어지고 proceed 말이 계속되는 것을 가능하게 하는 필수적인 반대 면들이다. 이와 마찬가지로 어떤 것을 "아름다운" 것으로 인정하고 어떤 것을 "추한" 것으로 무시하는 것은 확실히 완전히 대립되는 두 가지 판단이다. 그러나 또 한편으로는 그런 판단 활동 자체가 가능해지는 것은 오로지 그것들의 대립을 통해서이다. 두 쌍의 반대 면들은 서로 다르면서도 상호 의존하는 것으로 충분히 이해될 수 있다. 성인의 관점에서 보면 수용과 거부라는 서로 다른 두 가지 소통의 태도 각각은 소통이 일어나고 또 계속되는 데 똑같이 중요하다.

도가적 성인이 깊/짧음, 이전/이후, 위/아래와 같은 반대 면들에 대해 중립성과 무심함을 보이는 것은 많은 독자에게 낯설게 느껴지지는 않을 것이다. 아름다움/추함, 행운/불운, 동의/거부와 같은 구분들에 대해 차분한 태도를 갖는 것도 도가의 철학적 맥락에서 보면 충분히 그럴듯해 보일 것이다. 예를 들어 우리는 기꺼이 추한 것을 "해방시켜서" 그것 역시 나름의 장점이 있을 수 있음을 인정하기도 한다. 어떤 여성 모델이 그녀의 할머니보다 언제나 더 높이 평가받는 것은 아니다. 할머니는 확실히 그녀보다 덜 매력적일 수는 있지만 더 현명할 수도 있다. 그러나 좋음과 나쁨, 좀 더 종교적인 용어로 표현해서 선과 악의 도덕적 구분에 관한 성인의 무심함은 문제가 된다. 다소 거북스럽게 보일지 모르겠지만 나는 도가적 관점에서 무심함은 도덕적 평가와 관련해서 특별히 중요하다고 주장하고자 한다. 『노자』에서 성인은 도덕적으로도 공평무사하다. 또는 니체Nietzsche의 용어로 표현하자면 성인은 선과 악을 넘어서 있다. 제49장에서는 도가적 성인에 대해 다음과 같이 말한다.

좋은 것에 대해서
　　그는 좋은 태도를 유지한다.
좋지 않은 것에 대해서도
　　그는 역시 좋은 태도를 유지한다.
그래서 그는 좋음을 얻는다.

참된 것에 대해서
　　그는 참된 태도를 유지한다.
참되지 않은 것에 대해서도
　　그는 역시 참된 태도를 유지한다.
그래서 그는 참됨을 얻는다.*

도가적 성인은 도덕적 언쟁, 또는 무엇이 옳고 무엇이 그른지, 무

---

* 제49장: "善者善之, 不善者亦善之, 得善. 信者信之, 不信者亦信之, 得信也."(마왕퇴 갑본·을본) "善者, 吾善之; 不善者, 吾亦善之, 德善. 信者, 吾信之; 不信者, 吾亦信之, 德信也."(왕필본)

엇이 참이고 무엇이 거짓인지에 대한 언쟁에서 어느 쪽 편도 들지 않는다. 요새에 사는 노인과 마찬가지로 그는 무엇이 좋고 나쁜지, 무엇이 옳고 그른지를 궁극적으로 알지 못한다.『회남자』의 이야기는, 적어도 내가 읽기로는, 이 비도덕적인 도덕 amoral morale 을 다음과 같이 설명한다. 도덕적 구분들은 다른 어떤 구분들만큼이나 뒤바뀌기 쉽다. 도덕적 토론으로는 그 어떤 최종 판단도 가능하지 않으며, 따라서 그런 판단들을 하는 일을 관두는 것이 더 현명하다. 좋은 것처럼 보이는 행동들도 나쁜 결과를 가져올 수 있고, 나쁜 것처럼 보이는 행동들도 좋은 결과를 가져올 수 있다. 오늘 참된 것으로 받아들인 것이 내일은 거짓인 것으로 밝혀지고, 오늘 거짓이라고 본 것도 내일은 올바른 것이 된다. 어떻든 간에 두 평가 모두 상호 의존적이다. 양쪽 다 똑같이 하나의 실재의 부분들이며, 그 실재는 양쪽 입장 모두로 구성되어 있다. 한 면만을 분리해내어 다른 면을 희생시킨다는 것은 "전모를 파악할" 수 없다는 것을 의미한다.

도덕은 너무나 불안정하기 때문에 도덕적 사안들에 대한 성인의 무심함은 더더욱 중요하다. 도덕적 차이는 쉽게 갈등으로 변하고, 전쟁까지 가지는 않는다 해도 때로는 언쟁에 그치지 않고 무력과 폭력의 사용으로 이어지곤 한다. 도덕적 구분은 잠재적으로 위험하다. 그러나 인간적이지 않은 자연에는 준수되어야 할 도덕이 없다. 겨울은 여름보다 더 "악하지" 않다. 그것은 단지 더 추울 뿐이다. 그러나 인간적 영역에서 도덕적 구분들은 쉽게 적대적으로 변한다. 따라서 상보적인 구분도 서로 대립 관계에 있는 것이 될 수 있다. 도덕은 이런 식으로 사회적 안정성을 위협하는 주요 요인이 된다. 성인-군주들이 편파적이라면 그들은 사회의 균형을 깨고 스스로 적대적으로 될 것이다. 따라서 그들은 도덕적 판단을 삼간다. 도덕적 소통과 옳고 그름에 대한 소통에 참여하지 않음으로써 군주들은 이런 소통이 폭력적으로 변하는 것을 막는다. 그들의 중립성은 당파적 투쟁을 방지한다. 제22장에서는 성인-군주에 대해 다음과 같이 말한다.

> 무릇
> 　오로지 그만이 다투지 않기 때문에
> 　아무도 그와 다툴 수가 없다.*

제8장에서도 비슷한 말을 한다.

> 무릇
> 　오로지 그만이 다투지 않기 때문에
> 　아무런 재앙이 없다.**

같은 장에서 다음과 같이 말하기도 한다.

---

*　제22장: "夫唯不爭, 故莫能與之爭."(마왕퇴 갑본·을본) "夫唯不爭, 故天下莫能與之爭."(왕필본)

**　제8장: "夫唯不爭, 故无尤."(마왕퇴 갑본·을본) "夫唯不爭, 故無尤."(왕필본)

가장 좋은 것은 물과 같다.

　　물의 좋음은

　　그것이 만 가지 사물을 이롭게 하는 데 있다.

　　그리고 그 점에서 그것은 다툼이 있을 때

　　대부분의 사람들이 싫어하는 곳에 자리한다.*

성인은 어느 쪽이든 편을 들지 않는 유일한 사람이다. 그러나 다른 모든 이, 즉 대부분의 사람들은 특정한 입장에 동감한다. 예를 들어 그들은 행운은 좋고 불운은 나쁘다고 말한다. 다툼을 좋아하지 않는 성인은 무심한 채로 있으며, 이런 식으로 차이가 다툼의 여지가 있는 사회적 분열이 되는 것을 막는다.

　도덕적 구분과 관련해서 다툼의 여지를 없애는 성인들의 무심함은 그들을 유가의 이상적 군주들과 매우 다르게 만든다. 그리고 이것은 『노자』 제18장과 제19장에 잘 표현되어 있다. 유명한 구절들인데 유가적 관점에서 보면 악명 높은 구절들이기도 하다. 여기서 『노자』는 유가들이 정치적 리더에게 요구하는 덕목들을 예리하게 비난한다. 제18장은 다음과 같이 말한다.

　　큰 도道가 없어지자,

---

*　제8장: "上善似水. 水善利萬物而有爭, 居衆之所惡."(마왕퇴 갑본) "上善如水. 水善利萬物而有爭, 居衆人之所惡."(마왕퇴 을본) "上善若水. 水善利萬物而不爭, 處衆人之所惡."(왕필본)

인간다움과 의로움이 있게 되었다.

앎과 영리함이 나오자,

큰 거짓이 있게 되었다.*

도가적 군주는 인간다움(仁), 의로움(義), 지혜나 앎(智)을 열망하지 않는다. 이는 유가의 "정통적 입장"과는 극명한 대조를 이루며, "통상"이 덕목들을 매우 소중하게 여겼던 고대 중국철학의 맥락에서도 참으로 거북스러웠을 것이다. 그렇다면 도가적 성인-군주는 부도덕한 독재자인 것일까? 그가 보여주는 정서적·도덕적 무심함은 결과적으로 털끝만 한 예외도 허용치 않는 무정함과 매한가지인 것일까? 그는 인간의 고통은 전혀 보지 못하는 것일까? 이 물음들에 대한 대답은 그렇다와 그렇지 않다 둘 다일 것 같다.

위에서 언급한 유가의 핵심 덕목들을 옹호한 철학자로 가장 잘 알려져 있는 이는 아마도 맹자(기원전 371-289년경)일 것이다. 맹자에게 인간다움과 의로움 및 지혜는 예의 바름(禮)과 더불어 인간 품성, 즉 모든 인간존재에게 공통된 타고난 성향(性)²의 "네 가지

---

* 제18장: "故大道廢, 案有仁義. 智慧出, 案有大僞."(마왕퇴 갑본) "大道廢, 有仁義. 慧智出, 有大僞."(왕필본) 마왕퇴 을본에는 갑본의 '案'이 '安'으로 되어 있다.

2 성性을 "성향disposition"이라고 번역한 것은 다음을 따른 것이다. James Behuniak Jr., *Mencius on Becoming Human*(Albany: State University of New York Press, 2005). 나는 다음 논문에서 이런 독해를 제안하였다. "Menschenrechte, Missionare, Menzius, Überlegungen angesichts der Frage nach der Kompatibilität von Konfuzianismus und Menschenrechten", in Günter Schubert, ed., *Menschenrechte*

단초(四端)"를 이룬다. "네 가지 단초"에 대한 주장을 정당화하기 위해 맹자는 다음과 같은 예를 생각해낸다.

> 어떤 사람이 갑자기 어린아이가 막 우물에 빠지려는 것을 보았다고 해보자. 그에게는 분명히 측은히 여기는 마음이 일어날 것이다. 이는 그가 아이의 부모로부터 환심을 사고 싶어서도 아니고, 마을 사람들이나 친구들로부터 칭찬받기를 바라서도 아니며, 아이의 울음소리를 싫어해서도 아니다. … 사람은 사지四肢를 가지고 있는 것처럼 이 네 가지 단초를 가지고 있다.3 *

맹자는 유가의 덕목들은 타고난 자질들로부터 유래하며, 그 덕목들은 현대 서양의 전문용어로 표현하자면 일종의 "도덕 감정moral sentiment"으로부터 발달한다고 주장한다. 이 "단초들"은 사람들이 막 우물에 빠지려는 아이를 조금의 망설임도 없이 돕게 되는 이유라고 여겨진다. 그렇다면『노자』가 "네 가지 단초"를 없애라는 암시를 주고 있다는 점을 감안할 때『노자』는 이런 감정들을 부정하고 도가적 성인은 위험에 처한 아이를 구하러 가지 않을 것이라고

---

    in Ostatien(Tübingen: Mohr un Siebeck, 1999), 109-122.

3   『孟子』「公孫丑·上」6. 다음 번역을 인용하였다. D. C. Lau, *Mencius*(London: Penguin Books, 1970), 82-83.

*   "今人乍見孺子將入於井, 皆有怵惕惻隱之心. 非所以內交於孺子之父母也, 非所以要譽於鄕黨朋友也, 非惡其聲而然也. … 人之有是四端也, 猶其有四體也."

암암리에 말하고 있는 것인가? 내 생각에 여기서 대답은 "그렇지 않다"이다.

맹자가 제시한 예에 대해 "도가"가 보여주는 즉각적 반응은, 새옹지마 이야기와 관련해서 보자면, 사실상 아이를 구조하는 게 선한 일이 될지는 궁극적으로 알 수 없다는 입장일 수 있다. 어쩌면 그 아이는 나중에 대량 살상자가 될지도 모르고, 막 물에 빠지려는 꼬마 아돌프 히틀러일지도 모른다. 그래서 아이를 구조하는 것이 실제로 이로운 일일지는 결코 알 수가 없다. 혹은 다소 극단적인 도가적-다원주의적 관점에서 보면 우물에 빠질 정도로 어설픈 아이들은 실제로 인류의 유전학적 발전에 기여하지 못한다고 주장할 수도 있다. 그들을 돕는 것은 자연을 위하는 게 아니라는 것이다. 그러나 나는 이런 반응들 중 그 어떤 것도 『노자』의 참뜻에 진정으로 부합한다고 보지 않는다. 『노자』에 소개된 대로라면 도가적 성인은 아이를 구할 것이다. 그러나 나는 성인은 이 행위를 "도덕적인" 이유에서 하는 게 아니라 무심하게 그렇게 한다는 입장을 계속해서 밀고 나갈 것이다.

내가 보기에 맹자가 제시한 예에 대한 "진정으로" 도가적인 철학적 반응은 다음과 같다. 『노자』라면 우리가 물에 빠지려는 아이를 목격하고 그 아이를 구하는 데 "네 가지 단초"가 꼭 필요한 것은 아니라고 말할 것이다. 우리는 도덕 때문에 그렇게 하는 것이 아니라, 그렇게 하는 것이 단지 자연스럽기 때문에 그렇게 할 것이라는 말이다. 『노자』는 "네 가지 단초"가 도가적인 성인의 자질에 포함되지 않는다고 분명하게 말한다. 그러나 그보다 먼저 이

"단초들"중 어떤 것도 타고난 것이 아니라고 주장할 것이다. 유가적인 가정과는 반대로 『노자』는 도덕적 덕목들은 타고난 것이 아닐 뿐만 아니라 반드시 선하지도 않다고 말하는 듯 보인다. 『노자』에 따르면 우리가 위험에 처한 아이를 돕기 위해 어떤 덕목을 발전시켜야 할 필요는 전혀 없다고 결론지을 수도 있다. 그 대신 『노자』는 그런 상황에서 아이를 돕는 것은 자연적 충동이라고 주장할 것이다. 심지어 개도 자기 강아지들이 해를 입을 것 같으면 그런 식으로 반응할 것이다. 그런 자연적 반응을 도덕적으로 선한 것으로 한정할 필요가 없다. 그렇다. 모든 이가 아이를 구할 것이다. 그러나 『노자』의 관점에서 보면 이런 행위를 "나쁜 것"과 반대되는 "좋은 것"이라고 부르는 것은 타당하지 않다. 유가들의 오류는 그런 행위를 단지 자연적이거나 본능적인 것으로 보지 않고 "도덕적으로 선한" 것으로 분류했다는 점이다. 우리는 또한 새끼를 보호하는 동물들에게 도덕이 있다고 보지는 않는다. 그렇다면 어째서 사람들은 순전히 자연적이고 본능적인 어떤 것을 "좋거나" "나쁜 것"으로 선언하고, 그렇게 함으로써 사회문제를 일으킬 가능성이 큰 가치 평가적이고 인위적인 구분, 즉 선한 행위와 악한 행위, 그리고 그로부터 선한 사람과 악한 사람의 구분을 분명히 할 수밖에 없는 것인가? 『노자』로서는 자연적 본능들이 어떤 식으로든 도덕적으로 우월하다고 주장하는 것은 특별히 어떤 장점도 없다.

따라서 도가적 성인은 감정이나 도덕적으로 고양되는 느낌 없이 아이를 도울 것이다. 성인은 아이를 돕는 행위에 대한 찬사는 기대조차 하지 않을 것이며, "선하다"고 불리기를 원하지도 않을 것이다. 성인은 그런 자연적 행위들을 선하다고 예찬하는 것을 매우 미심쩍게 여길 것이다. 도덕에 대한 그런 예찬을 통해서 사람들은 사실상 의도하지는 않았다 할지라도 사회에 분열을 만들어내기 때문이다. 사람들은 한 사람이나 한 집단을 선하다고 지목함으로써 자동적으로 그렇지 않은 타자들을 그만큼 선하지 않은 존재로 평가절하하게 된다. 도가적 관점에서 보면 도덕은 선한 행위로 이어지는 타고난 자질이 아니라, 분열을 만들어내고 분쟁과 사회적 적대로 이어질 수도 있는 의사소통의 한 형식이다.

도덕은 위험스러운 것일 수 있다. 그것은 쉽게 사회적 병리가 될 수 있다.[4] 그것은 지나친 오만함과 개인적 자화자찬을 늘어놓는 데 그치지 않고 집단적 차원에서도 문제를 일으킬 수 있다. 고도로 "도덕적인" 사회는 타자들을 자기들보다 도덕성이 떨어지고 가치가 떨어지며, 그렇기 때문에 적일지도 모른다고 보기가 쉽다. 도덕적 언어와 도덕적 자기 찬사가 전쟁과 분쟁의 시대에 특별히 인기가 높다는 사실은 우연의 일치가 아니다. 도가적 윤리학은 소극적negative이다. 그것은 선을 행하는 데 도덕적 가치 평가나 도덕 감정이 필요하다고 가정하지 않는다. 한 사람이 단지 "무심

---

[4] Hans-Georg Moeller, "Moral und Pathologie: Niklas Luhmann, die Massenmedien und der Daoismus", in Rolf Elberfeld, ed., *Komparative Ethik: Das gute Leben zwischen den Kulturen*, Gologene: Edition Chora, 2002, 303-18과 더불어 Hans-Georg Moeller, *Daoism Explained: From the Dream of the Butterfly to the Fishnet Allegory*, Chicago: Open Court, 2004에 실려 있는 "윤리학Ethics" 및 "도가와 현대철학Daoism and Contemporary Philosophy"에 관한 장들을 보라.

하게" 행위한다면 그는 이미 잘 행위할 수 있는 것이다. 잠재적으로 해로운 도덕적 담론에 뛰어들 필요가 전혀 없다.

제8장
영속성과 영원성

　도가적 성인의 무심함은 변화의 수용 및 긍정과 관련되어 있다. 무심하다는 것은 변화의 과정을 구성하는 상이하면서도 상보적인 마디들을 동등하게 인식한다는 것을 의미한다. 도가에서는 차이에 대한 무심함이 변화의 순조로움을 보장하고, 그렇게 해서 변화가 방해받지 않고 지속되는 것을 보장한다고 믿는다. 따라서 도가의 무심함과 변화의 철학은 시간의 철학과도 연관되어 있다. 그 시간의 철학은 영원성eternity의 철학이라기보다는 영속성permanence의 철학인 것으로 밝혀질 것이다.

　영속성은 도가의 큰 주제 중 하나이며 『노자』에서 특별히 중요성을 갖는 주제이다. 『노자』에 나타난 식물과 생식의 수많은 이미지(뿌리, 물, 골짜기와 강, 암컷 같은 이미지들)는 도가적 영속성이 생산과 재생산의 자연적 과정이나 "순환"과 밀접한 관련성이 있음을 보여준다. 자연은 생산의 영속적 과정으로서 "일어난다happen". 이는 농경 사회에서 규칙성의 기본 패턴이 된 사계절과 관련해서 가장 분명하게 드러난다. 사계절의 영속적 행로는 인간의 활동과 노동을 결정한다. 계절이 규칙적으로 돌아오고 봄마다 생명이 새롭게 자라는 것은 인간과 우주의 생존에 기초가 된다. 시간의 생산적 행로가 갖는 영속성은 자연과 문화 양쪽 모두를 지탱하는 토대이다.

시간의 행로에서 생명의 "새로운 탄생"은, 예컨대 화초와 나무에 꽃이 피는 것은 완전히 새로운 탄생인 것은 아니다. 그것은 재생산의 과정이, 그리고 삶과 죽음이 매끄럽게 이어지는 것이며, 그 과정은 본질적으로는 중단된 적이 없다. 계절들의 행로는 하늘에서 펼쳐지는 천체의 행로에 상응한다. 낮과 밤은 규칙적인 방식으로 변화하며, 매일의 "새로운" 낮은 그 자체로는 새롭지만, 항상 진행되고 있는 어둠에서 밝음으로의 변화 과정이 지속되는 것이기도 하다.

"하늘과 땅" 안에서 낮과 밤이 변화하듯이 인간의 활동과 휴식의 국면들도 변화한다. 이와 마찬가지로 여름과 겨울은 자연뿐만 아니라 사회가 더 활동적일 때의 국면과 덜 활동적일 때의 국면을 대변한다. 시간은 음陰과 양陽처럼 리듬이 있다. 리드미컬한 시간은 질서 정연하며, 시간의 질서는 시간의 지속성으로 귀결된다. 지속되는 것은 그것에 내재하는 질서 정연함 덕분에 그렇게 되는 것이다. 시간은 본성상 질서 정연하며 지속적이다. 그리고 이런 시간의 구조에 참여하는 것이 인간들이 할 일이다. 그렇게 할 수만 있다면 그들은 시간의 "길", 즉 도道를 따르게 될 것이다.

그러나 자연은 규칙성의 패턴들을 보여줄 뿐만 아니라 순간적 중단의 사례들도 보여준다. 질서는 시시때때로 방해를 받는다. 때로는 오래 살 것이라고 여겨진 것이 젊어서 죽기도 하고, 더 자랄 것이라고 여겨진 것이 그렇지 않기도 한다. 때로는 비가 올 때가 되었는데도 오지 않기도 하고, 따뜻해질 때가 되었는데도 그렇지 않기도 한다. 때로는 홍수나 가뭄 같은 자연적 재난이나 대참사가 벌어지기도 한다. 시간의 영속적 행로는 항상 위험에 처해 있다. 갑작스러운 중단의 공포가 늘 도사리고 있는 것이다.『노자』제23장은 자연적 과정의 생산성이 어떻게 파괴로 변할 수 있는지를 묘사한다.

> 회오리바람도 아침 내내 이어지지는 않는다.
> 폭우도 하루 종일 이어지지는 않는다.
> 이 사태들에서 행위하고 있는 자는 누구인가?
> 하늘과 땅 —
> 그러나 하늘과 땅이라 해도 회오리바람과 폭우를 오래가게 할 수는 없다.*

회오리바람과 폭우의 사례에서 시간은 규칙성을 상실한다. 지속적이지 않은 사건들이 영속성의 행로를 침범한다. 시간과 날씨의 규칙적 질서는 어지럽혀지고, 그 결과 재앙과 때아닌 살생이 일어

---

* 제23장: "飄風不終朝, 暴雨不終日. 孰爲此? 天地, 而弗能久."(마왕퇴 갑본·을본)
"故飄風不終朝, 驟雨不終日. 孰爲此者? 天地. 天地尙不能久."(왕필본)

난다. 수확을 망칠지도 모르고 작물은 엉망이 될지도 모른다. 질서 정연함 대신 불시에 불어닥친 혼란이 있다. 이것은 영속성의 다른 이면이다. 시간의 질서가 어지럽혀질 때 이는 시간뿐만 아니라 "하늘과 땅"에도 영향을 주고, 따라서 인간 사회에도 영향을 준다.

사실상 하늘과 땅 사이에서 일어나는 교환은 리드미컬하게 주고받는 교환이다. 그런 주고받기가 제대로 작동한다면 부단한 재생산이 일어날 것이다. 그러나 그 리듬이 중단되면 재생산도 멈추게 된다. 이런 중단들을 방지하고 시간의 리듬이 계속되도록 하는 일은 지극히 중요하다. 자연의 리듬을 따르지 않는다면 인간들은 생존하는 데 필요한 것을 잃을 수도 있다. 세상에서 가장 안정적으로 작동하고 있는 천체와 지구조차도 항상성을 상실할 부단한 위험에 처해 있는데, 하물며 인간 사회에는 이 위험이 더욱더 불안하게 닥쳐올 수밖에 없다. "하늘의" 시간은 아주 자연스럽게 질서 정연하지만, 인간의 시간도 그렇다고 말할 수는 없다. 한 해의 "우주적" 순환에서뿐만 아니라 정치 영역에서도 모든 것이 제때 일어나는 것이 지극히 중요하다. 사람들이 적절한 때에 씨를 뿌리고 수확을 하지 않는다면, 또는 행정명령들이 시기적으로 부적절하게 내려진다면 사회적 위기가 발생할 것이다.

고대 중국에서 군주는 의례를 통해 각 계절의 시작을 알려야 했다. 농경의 새로운 주기가 시작되는 봄은 특히 그러하다. 그런데 이보다 훨씬 더 중요한 것은 군주나 정부가 달력을 제정해야 했다는 점이다. 이 때문에 천문학은 매우 중요했다. 달력과 천문학의 가장 중요한 기능은 시간의 단순한 양적 계측이 아니라 시간의 올바른 관리였다. 정부는 인간의 활동이 시의적절하게 이루어지도록 감독해야 했다. 달력을 제정함으로써 사회는 자연을 따를 수 있었고, 그렇게 함으로써 지속성의 측면에서 자연을 도울 수 있었다. 달력은 사회가 하늘과 땅의 리듬에 맞춰서 활동할 수 있게 해주었고, 달력이 적절한지를 두루 살피고 그것이 지시하는 시의적절한 활동들에 참여하는 것이 군주의 의무였다.

성인-군주는 달력의 도움을 받아 모든 농사일을 규제해야 했을 뿐만 아니라, 희생물을 바치는 의식 같은 "성스러운" 행사들이나 전쟁에 나가는 것 같은 좀 더 통속적인 활동들을 하는 데 있어서 적당한 때를 택해야만 했다. 따라서『노자』제8장은 도가적 성인-군주에 대해서 이렇게 말한다.

> 행동을 하는 데 있어서
> 그의 뛰어남은 시의적절함에 있다."*

정확한 때에 하늘과 땅에 제물을 바치는 것은 군주의 책임이다. 공공사업을 시행할 때에는 농업 생산에 차질을 빚지 않도록 주의해야 한다. 그리고 전쟁에서는 모든 것이 적당한 때에 공격하거나 후퇴하는 데 달려 있다. 적절한 순간에 이 활동들을 해내지 못하면 국가의 몰락으로 이어질 수도 있다.

---

* 제8장: "動善時."(마왕퇴 갑본·을본; 왕필본)

시의적절함은 또한 일단 어떤 일을 할 때를 놓쳤다면 그냥 넘어가야만 함을 의미한다. 시간의 행로를 방해하지 않기 위해서 각 사건은 뒤따라올 사건들을 위해 자리를 내주어야 하며, 더 정확히 말하자면 "시간을 내주어야" 한다. 『노자』제44장은 이 점을 다음과 같이 설명한다.

언제가 충분한지를 안다면 모욕이 없을 것이다.
멈추는 데 통달하면 위태로움이 없을 것이다.
길게 지속하는 것이 가능해질 것이다.*

영속성은 사건들이 너무 일찍 일어나지 않는 것뿐만 아니라 사건들이 너무 오래 머물러 있지 않는 것에도 달려 있다. "길게 지속하는 것"은 영속적 과정의 모든 부분이 적절한 때를 놓치지 않고 또 그때를 초과하지도 않을 때 가능해진다. 한 계절이 너무 길게 계속되면 다음 계절이 오는 데 방해가 된다. 마땅히 걸려야 하는 시간보다 더 긴 시간이 걸리는 활동은 다음 사건의 시의적절한 시작을 막는다. 이렇게 해서 시간의 질서는 어지럽혀진다. "너무 긴" 것은 "너무 짧은" 것만큼이나 위험하다. 제64장의 다음 구절들이 전하는 메시지도 명백하게 이것이다.

---

* 제44장: "故知足不辱, 知止不殆, 可以長久."(마왕퇴 갑본·을본) "知足不辱, 知止不殆, 可以長久."(왕필본)

그러므로 다음과 같이 말한다.
시작에 대해서만큼이나 끝에 대해서도 신경을 써라.
그러면 그대가 맡은 일에서 실패를 겪지 않을 것이다.*

시간의 마디마디들이 연속적인 사슬로 연결되어 있을 때 한 마디의 끝은 다른 마디의 시작을 표시한다. 따라서 시작과 끝은 상호 의존적이며, 시간이 연속성을 갖는 데 있어서 똑같이 중요한 계기들이다. 그것들은 시간의 행로 내에서 둘 다 결정적으로 중요한 구간들인 것이다. 만일 어떤 사람이 "시의적절함"에 "능하다면" 그 사람은 시작만큼이나 끝에 대해서도 사려 깊어야 한다. 시간의 행로가 끝나서는 안 되기 때문에 특정 국면들은 각자의 시간이 다하면 끝나야만 한다. 영속성은 "멈추는 데 통달(知止)"하는 것에 달려 있다.

영속성이라는 『노자』의 시간 개념은 영속성/중단의 구분에 기초하여 확립된다. 영속성은 시간의 완벽한 형식이며, 어떠한 중단도 없을 때 실현된다. 그러나 중단되지 않는 영속성은 동일한 것의 영속성이 아니라, 오히려 시간의 한 마디로부터 다음 마디로 매끄럽게 이어지는 영속적인 변화이다. 따라서 영속성은 사물들이 변하지 않음을, 또는 시간이 멈춤을 의미하는 것이 아니다. 그

---

* 제64장: "故曰: 愼終若始, 則无敗事矣."(마왕퇴 을본) "愼終如始, 則無敗事."(왕필본) 마왕퇴 갑본에는 을본의 '故曰'에서 '曰'이 없다. '曰'이 있으면 이어지는 문장은 인용문이 된다. 지은이는 을본을 따라 번역하였다.

것은 질서 정연한 변화를 의미한다. 따라서 시간의 교란에는 두 가지 주요 원인이 있다. 활동이 너무 빨리 끝나는 바람에 목표를 달성하는 데 실패하거나, 활동이 너무 길게 이어지는 바람에 시간의 진행을 방해하는 경우이다. 그러므로 영속성은 올바른 끝맺음과 올바른 시작을 지속적으로 감독하는 데 기초하고 있다.

도가의 영속성 추구에서 시작과 끝맺음이 이런 중요성을 갖는다면 다음과 같은 물음이 제기될 수 있다. 도가적인 "시간의 사슬"은 시간 내부에 ― 아니면 시간 외부에라도 ― "절대적인" 시작이 있는가, 아니면 시작이나 끝이 없는 원을 닮았는가?

『노자』의 어떤 구절들은 시간이 사실 시작점을 가지고 있었다고 말하는 듯하다. 그러나 곧 보겠지만 이 시작점은 실제로는 시간을 앞서지 않는다. 그것은 시간성 내에 있다. 『노자』의 여러 구절은 "시작"의 문제에 대해 논하고 있는데, 그중에는 제14장에서 표현하듯이 "아득한 옛날에 시작이 있었다[古始]"라는 문장도 있다.* 제52장에서는 다음과 같이 말한다.

> 세상에는 시작이 있다.
> 그것은 세상의 어머니로 간주된다.**

이 문장들은 제1장과 공명한다. 제1장에서도 역시 "시작"과 "어머

---

* 제14장: "以知古始."(마왕퇴 갑본·을본) "能知古始."(왕필본)

** 제52장: "天下有始, 以爲天下母."(마왕퇴 갑본·을본; 왕필본)

니"에 대해서 이야기한다.* 시간은 마치 어느 때인가 시작되어서 먼 과거로부터 현재로, 그리고 미래에까지 당도할 화살과 같은 어떤 형태를 취하고 있는 듯 보인다. 그러나 『노자』 제52장에 따르면 시간은 그런 선형적 형식으로 진행되지 않는다. 이 장은 수수께끼 같은 말들을 덧붙이고 있다.

> 어머니로 돌아가 그녀를 보존하면
> 육체의 무상함 때문에 위태로워지지는 않을 것이다.**

분명히 『노자』는 "세상의 어머니"로 여겨지는 그 시작으로 돌아갈 것을 요구한다. 이 돌아감으로 인해 "어머니"는 보존될 것이고, 돌아가는 자는 "육체의 무상함 때문에 위태로워지지는 않을 것"이라고 한다. 시작으로 돌아가는 것이 가능하다는 것은 시간이 하나의 원으로, 즉 생성과 소멸의 순환으로 이해되고 있음을 함의한다. 이 관념을 도가적인 뿌리 이미지로 설명할 수도 있을 것이다. 식물은 가을에 시들어서 지면 그것의 어머니인 뿌리로 "돌아간다". 그리고 이런 식으로 그 뿌리는 보존된다. 봄이 되면 새로운 식물이 생성과 소멸의 영속적 순환을 계속할 것이다. 시간의 사슬은 지속적인 생성과 소멸의 사슬이다. 모든 시작은 끝이 되고, 모든

---

* 제1장: "이름이 없는 것 / 만 가지 사물의 시작이다. / 이름이 있는 것 / 만 가지 사물의 어머니이다[无名, 萬物之始也; 有名, 萬物之母也(마왕퇴 갑본·을본)]." (Moeller, *Daodejing*, 3)
** 제52장: "復守其母, 沒身不殆."(마왕퇴 갑본·을본; 왕필본)

제8장 영속성과 영원성

끝은 시작이 된다. 시간의 운동은 회전운동이며, 돌아간다는 것은 영속적인 시간의 행로를 따른다는 것을 의미한다. 시간의 "어머니"는 식물의 뿌리처럼 이러한 행로의 중심에 부단히 존재하며 항상 "보존된다". 이렇게 해서 시간의 행로는 각 개인의 육체는 무상할지라도 "육체의 무상함 때문에 위태로워지지는 않을 것이다". 시간의 마디마디는 모두 무상하지만, 그 마디들이 합쳐져 하나의 과정으로서의 시간의 항구성을 이룬다. 그래서 제52장은 다음과 같은 말로 끝맺는다.

> 이것은 이렇게 불린다.
> 지속성을 따르는 것.*

사람들은 "어머니로 돌아감"으로써 "지속성을 따른다". 이 돌아감은 모든 시간의 과정 속에서 일어난다. 시간의 마디마디는 모두 끝남으로써 시작으로 돌아가는 하나의 원으로 이해될 수 있기 때문이다. 그리고 모든 끝남은 새로운 시작을 가능하게 한다. 따라서 도道는 결코 끝나지 않을 지속적인 시작들의 원을 그리며 진행된다. 절대적인 시작도 없고 절대적인 끝도 없다. 『노자』에 묘사된 도가적인 시작은 어느 순간으로 한정될 수가 없다. 그것은 과거에 고정되는 것을 부단히 피해 가기 때문에 "감춰져 있다". 아득한 옛날의 시작에 대해서 이야기하고 있는 제14장에서는 이렇게

---

* 제52장: "是謂襲常." (마왕퇴 갑본·을본) "是爲習常." (왕필본)

말하기도 한다.

> 그것을 따라가보라 —
> 그래도 그 등을 보지 못할 것이다.
> 그것에 다가가보라 —
> 그래도 그 머리를 보지 못할 것이다.*

도가적인 시작은 시간 속에 포함되어 있다. 이 시작은 시간보다 앞서 있거나 시간을 시작하게 하는 것이 아니라 시간 속에 담겨 있다. 그것은 항상 현재 속에 포함되어 있는 시작이다.

『노자』에서 영속성의 구조는 다음과 같이 요약될 수 있을 것이다. 첫째, 시간의 마디들이 지속적으로 교체되는 과정인 시간의 행로가 있다. 둘째, 시간의 행로 한가운데에는 그것의 질서 정연함과 규칙성을 안정적으로 유지하고 보장하는 "시작"이 있다. 이 끊임없는 시작은 (자라고 시드는 식물 한가운데 있는) 뿌리나 (회전운동을 하는 바큇살들 한가운데 있는) 바퀴 같은 이미지들로 설명된다. 시간의 마디들로 이루어진 영역에서는 시의적절함, 다시 말해 올바른 시작과 올바른 끝이 있어야만 한다. 그래야만 모든 마디가 매끄럽게 이어져서 서로 딱 맞아떨어질 수 있다. 각 마디는 존재가 미치는 구간을 나타낸다. 존재의 한 구간은 그다음 구간과 연

---

* 제14장: "隨而不見其後, 迎而不見其首."(마왕퇴 갑본·을본) "迎之不見其首, 隨之不見其後."(왕필본)

결된다. 시간의 영속적 행로는 존재 국면들의 연쇄이다. 이 연쇄의 핵심에는 지속적으로 그 연쇄가 일어나도록 중심적 역할을 하는 "시작"이 있다. 이것은 바퀴 내부에서 바퀴통이 하는 기능이기도 하지만, 한 국가 내에서 군주가 하는 기능이기도 하다. 군주는 달력을 반포하고, 그래서 모든 인간 활동이 시의적절할 수 있도록 규제함으로써 그 기능을 한다. 완벽한 규칙성은 시간의 생산적 순환에 중단이 일어나는 것을 막아야 한다. 시의적절함을 고수함으로써 중단에 대한 공포와 싸운다. 그리고 이 시의적절함은 시간의 내재적 중심에 의해 "감독된다". 그 중심은 현재의 국면과 시작하는 국면과 끝나는 국면의 지속적 행로 내부에 있는, 현재도 아니고 시작도 아니고 끝도 아닌 중심이다.

『노자』의 시간 개념은 서양철학의 많은 시간 개념과는 상당히 다르다. 특히 『고백록Confessions』 제11권에 표현되어 있는 성 아우구스티누스St. Augustine의 그 유명한 기독교적 시간 개념과 대조된다.[1] 『고백록』에서 아우구스티누스는 세속적인 시간성과 신성한 영원성의 차이에 대해 성찰한다. 하느님, 즉 창조주의 말씀은 우리로 하여금 이러한 차이를 경험하게 한다. 하느님의 말씀은 영원하고 고요하지만, 우리가 이 말씀을 듣는 것은 시간 속에서이다. 아우구스티누스는 그 자신이 하느님의 말씀을 시간 속에서 세속적으로 듣는 것이 하느님의 말씀 그 자체와 얼마나 비교되는지

---

[1] 여기서는 『고백록』에 나와 있는 아우구스티누스의 시간 철학만을 언급한 것이다. 이것은 그의 『신국론』에 나와 있는 시간 개념과는 매우 다르다.

에 대해 언급한다. 그는 "크게 다르다, 크게 다르다"고 말한다. 귀에 들리는 말들은 "달아나 지나가버리는" 것이지만, "내 하느님의 말씀은 영원히 내 위에 계시기" 때문이라는 것이다.[2] 아우구스티누스는 아주 극적인 용어로 시간성과 영원성의 구분을 강조한다. 그의 말을 빌리자면 하느님에 관한 한 "시간은 당신과 더불어 영원하지 못하고, 그 어떤 피조물도 그렇지 못합니다. 설사 시간을 넘어선 피조물이 있다손 치더라도 말입니다"(303)라고 할 정도로 그 구분은 심각한 것이다.

신성한 영원성과 세속적 시간성의 구분은 다른 구분과 병행한다. 영원성은 "영원한 진리"(283)와 함께한다. 영원한 진리는 무상하지 않다. 영원한 진리와 비교해서 세속적이고 시간적인 모든 것은 잠재적으로 "오류"이다. 영원성/시간성의 구분은 진리/오류의 구분과 똑같은 것이기 때문에 "오류"로부터 진리로 이르는 길은 시간성으로부터 영원성으로, 다시 말해 "시작"으로서의 하느님에게로 이르는 길이기도 하다. 하느님을 향해 가는 것은 영원성을 향해, 시작을 향해, 진리와 지혜를 향해 걸어가는 것을 의미한다. 아우구스티누스의 말을 빌리자면 영원한 지혜는 시간성과 오류의 "먹구름"을 "뚫고 밝게 빛난다"(284).

언뜻 보면 아우구스티누스의 시간 철학에는 『노자』에 부합하는 몇몇 주제가 있는 것처럼 보인다. 영원히 끝나지 않는 시작과

---

[2] John K. Ryan(trans.), *The Confessions of Augustine*(Garden City, N.Y.: Image Books, 1960), 282. 이하 『고백록』의 인용문들은 이 영역본에서 가져왔다.

지나가버리는 시간성 사이의 구분이 있고, 시작으로 되돌아가려는 시도 또한 있다. 그러나 이런 유사점들은 중요하지 않다. 『노자』의 지속되는 시작은 시간 속에 통합되어 있는 데 반해, 아우구스티누스의 신성한 시작은 시간 너머에 있다. 『노자』와 아우구스티누스의 차이는 영속성과 영원성의 차이이다. 아우구스티누스의 영원성은 시간-초월적인 데 반해 도가의 영속성은 시간-내재적이다.

『노자』와 반대로 아우구스티누스는 "길게 지속하는 것"을 중요하게 생각하지 않는다. 아우구스티누스가 보기에 길게 지속하는 것은 진정한 영원성의 불량한 모방일 뿐이다. 그에게 시간적인 것은 그것이 아무리 길게 지속된다고 하더라도 "언제까지나 변치 않는 영원성의 광채"를 따라다니는 그림자일 뿐이다. 언제까지나 변치 않는 영원성과 비교할 때 길게 지속되는 것은 아무리 길게 지속된다고 해도 단지 "지나가버리는 수많은 운동"의 연속물일 뿐이다. 시간 속에 있는 것은 무상하고 "지나가버리는" 것이기 때문에 온전히 존재할 수 없다. 아우구스티누스에게는 신성한 영원성만이 "전적으로" 그리고 "언제까지나 존재한다(*semper est praesens*)" (285). 반면 시간성 속에서는 "백 년도 존재할 수가 없다"(289).

『노자』의 영속성과 『고백록』의 영원성의 차이는 시간에 대한 도가와 기독교의 상이한 태도들로 전환된다. 도가는 현재가 아무리 무상하다고 하더라도 그것의 온전하고 지속되는 실재성을 긍정한다. 기독교에서는 존재가 오래가는 동시에 무상할 수 있음을 인정하지 않으려는 경향이 있다. 기독교에서 온전한 존재는 영원성, 그리고 한낱 시간 속에 있는 것의 초월과 관계가 있어야 한다. 도가는 시간이 지나가는 것과 현재가 지나가는 것을 평가절하하지 않는다. 지나가는 시간을 긍정하고, 길게(하지만 부적절하게 길지는 않게) 지속되는 것을 소중하게 여긴다. 그러나 아우구스티누스는 계속 진행되는 시간을 우리가 "뚫고 나가야" 할 "오류"와 "먹구름"의 영역이라고 부른다. 『노자』에서 참된 존재는 시간성 내부에 위치하고 있지만, 『고백록』에서 그것은 시간을 초월해 있는 하느님의 특권이다. 『노자』는 지속과 변화를 인정하는 반면, 『고백록』은 지나가는 시간의 불순함을 강조한다.

아우구스티누스가 지적하듯이 과거와 현재와 미래는 항상 서로 뒤바뀌기 때문에 어떤 것도 한결같은 것은 없다. 어떤 것이 진정으로 한결같다면 그것은 영원한 것과 닮았을 테고 더 이상 시간 속에 있지 않을 것이다. 아우구스티누스는 다음과 같이 말한다. 시간은,

> 아주 근소한 정도로도 연장할 수 없는 그런 속도로 미래로부터 과거로 날아가버린다. 시간이 연장된다면 시간은 미래와 과거로 나뉠 것이다. 현재는 들어설 자리가 없게 된다(289).

지상에 그리고 시간 속에 있는 우리에게 "연장되는" 존재란 없다. 그런 존재는 오로지 영원함 속에서만 발견될 뿐이다. 이것은 『노자』와 극명한 대비를 이룬다. 『노자』에서 존재는 시간 속에서 잘 연장될 수 있다. 『노자』에는 시간성 너머에 있는 영원한 존재가

없어도 존재의 연장된 국면들의 지속적인 연쇄가 있고, 그 국면들은 연쇄의 중심에 있는 존재하지 않음에 의해 규제된다.

그러나 아우구스티누스에게조차 시간성 안에 제한된 종류의 존재 같은 것이 있다. 시간적 존재는 연장되지 않는 순간이나 찰나로서 "일어난다". 찰나의 존재는 영혼에 의해 경험될 수 있다. 영혼은 인간들이 하느님으로부터 받은 신성한 선물로서, 인간들을 하느님 및 영원성과 연결시킨다. 영혼 속에서 또는 우리의 의식 속에서 우리는 시간을 잰다. 그리고 그 속에서 시간성은 우리에게 나타나게 된다. 오로지 영혼 속에서만 우리는 시간을 현재로서 경험하며, 영혼 속에서만 우리는 시간적인 것과 영원한 것의 구분을 극복할 수 있다. 영혼은 인간들과 하느님 사이에 있는 간극을 메운다.

그런 기독교적인 영혼 관념과 "찰나" 관념은 도가의 시간 개념에서는 역시 생경한 것이다. 아우구스티누스의 기독교적인 시간 철학에서는 영원성과 시간성 사이의 간극이 신성한-인간의 영혼 안에서 좁혀질 수 있다. 영혼은 우리가 시간적인 것 안에서 영원한 것과 연결되는 것을 가능하게 한다. 그러나 도가에는 시간적인 것과 그 너머의 것 사이의 간극에 다리를 놓을 필요가 없기 때문에 시간의 그러한 "정신화mentalization"가 없다. 도가에서 시간은 의식의 경험으로 기술되지도 않고, 오로지 인간의 실존하고만 관계가 있는 무언가로 기술되지도 않는다. "인지적", "현상학적" 또는 "실존적" 시간 개념들은 서양의 철학적 전통에서, 특히 아우구스티누스 이후에 매우 큰 영향력을 미쳐왔다. 그러나 그 개념들은 도가에서는 사실상 아무런 역할도 하지 못한다. 기독교적 관점에서 시간은 영원성과 관련되어 있고, 따라서 인간과 신의 구분과 관련되어 있다. 그러한 구분은 도가의 "일원론"에는 완벽하게 부재하며, 따라서 시간은 "정신적인" 어떤 것도 아니고 "실존적인" 어떤 것도 아니다. 심지어 "인간적인" 어떤 것도 아니다. 『노자』에서 시간은 인간적이지 않다. 시간은 모든 것으로 하여금 오래가도록 하고 적절한 때에 존재하게 하는 자연의 리듬이다.

제9장
죽음과 죽음의 형벌

시간과 시간성은 거의 모든 철학과 종교에서 다루고 있는 실존적인 주요 문제와 본질적으로 연결되어 있다. 그것은 삶의 시간성의 문제, 좀 더 구체적으로는 우리가 "죽음을 향하고 있다"는 것, 우리의 사멸성의 문제이다. 그러므로 지극히 당연한 것이겠지만 죽음은 『노자』에서도 중요한 주제가 된다. 『노자』는 그 항구성의 철학을 고려할 때 도道를 진행 중인 지속성과 동일시하는 듯 보이며, 따라서 그것을 죽음 전체를 피하는 길과 동일시하는 듯 보인다. 『노자』 제6장에서는 "골짜기의 혼은 죽지 않는다"라고 주장한다. 어떤 의미에서 도는 "죽지 않는" 것으로 보이며, 그래서 도를 본받는다는 것은 인간이 불멸하는 신선이 되기를 염원하면서 죽지 않는 법을 연마함을 의미한다. 수많은 도가가 『노자』를 정확히 이런 식으로 이해해왔다. 그리고 이른바 종교적 도교(道敎)의 역사는 그런 해석들에 대한 증거를 풍부하게 제공한다. 도교적 수행은 신체를 영원한 "유기체"로 변화시키려는 시도를 의미했을 수 있으며, 도교 수행자들은 이 목표를 달성하기 위해 무수한 요법을 발전시켰다. 이렇듯 하나의 텍스트로서 『노자』는 죽음을 극복하기 위한 지침서로 읽을 수 있었으며, 『노자』의 저자로 추정되는 노자 자신이 그 기술을 성공적으로 터득한 신선의 모델로 추앙받을 수 있었다.

『노자』를 불멸을 이루는 방법에 관한 텍스트로 읽는 것은 앞서 인용한 제6장의 단락과 같은 단락들을 참조함으로써 확실히 정당화될 수 있다. 그러나 그런 독해는 다른 도가 텍스트들에서 전개되었던 죽음의 철학과 반드시 일치하는 것은 아니다. 그런 죽음의 철학은 곽상郭象(252-312?)이 편집하고 주를 달았던 『장자莊子』에서 가장 두드러지게 나타난다. 『장자』에서 죽음이란 피할 수 있는 것도, 또 피해야 하는 것도 아니다. 오히려 죽음은 삶과 똑같이 중시되어야 하고, 또 똑같이 수용되어야 한다. 여기서 삶과 죽음이라는 두 가지 국면은 하나의 "실존적" 연속체를 구성하는 부분들로 동등하게 인식된다.[1] 이런 관점에서 보면 불멸은 도가적 이상이 아니며, 결과적으로 『노자』도 그런 식으로 읽히지 않는다. 『노자』가 영속성에 관한 텍스트로 해석된다고 할지라도 이 영속성은 더 이상 개인의 삶이나 신체와 결부되어 있지 않고 삶의 국면과 죽음의 국면을 잇는 지속적 변화와 결부된다. 이 점에서 도가뿐만 아니라 중국 문화 전반에 걸쳐 그토록 소중하게 여겨져왔던 장수

---

[1] Moeller, *Daoism Explained: From the Dream of the Butterfly to the Fishnet Allegory*에 실려 있는 죽음에 대한 장章을 보라.

(壽)는 가능한 한 목숨을 길게 유지하는 것으로 이해되기보다는 생산과 재생산의 부단한 과정으로 이해되며, 그 과정은 죽음을 완전히 배제하기보다는 오히려 통합한다. 이는 『노자』 제33장에서 말한 것과 같다.

> 죽지만 소멸하지는 않는 것 —
> 이것이 장수이다.2*

이 구절의 "정신"에 따라 독해할 경우, 삶과 죽음에 대해서 말하는 『노자』의 수많은 인상적인 구절은 생성과 소멸의 항구적 교체에 대한 설명으로 이해될 수 있는 것이지, 다소 "한쪽으로 치우친" 불멸 예찬으로 이해될 수는 없다. 이것은 『노자』가 신체를 수양하고 자신의 생명을 돌보는 일을 권하지 않는다는 말이 아니다. 철학적인 독해라면 삶과 죽음이 변화의 한 주기를 구성하는 상호 보완적 요소들로서 동등하게 존재하면서 병치되어 있다는 점에 좀 더 초점을 맞춰야 한다는 말이다. 예를 들어 제76장은 삶과 죽음을 이런 식으로 묘사하고 있다.

2 　마왕퇴본에서 이 문장은 더 유가적인 어조로 말한다. "죽지만 망각되지 않는 것 — 이것이 장수이다."(강조는 내가 했다) "소멸하다(亡)"와 "망각되다(忘)"에 해당하는 한자 단어 및 글자는 비슷하다.

* 　제33장 "死不忘者, 壽也."(마왕퇴 갑본) "死而不亡者壽."(왕필본) 마왕퇴 을본에는 '死' 뒤에 '而'가 있다.

살아 있을 때
　　사람들은 유연하고 부드럽다.
죽었을 때
　　사람들은 쭉 뻗고 누워 마지막에 이르면 굳어서 뻣뻣해진다.
살아 있을 때
　　만 가지 사물과 초목은 유연하고 잘 휜다.
죽었을 때
　　만 가지 사물은 완전히 말라 부서지기 쉽다.

그래서 이런 말이 있다.
굳은 것과 뻣뻣한 것은
　　죽음의 동반자이다.
유연한 것과 부드러운 것, 미묘한 것과 섬세한 것은
　　삶의 동반자이다.*

삶과 죽음은 명백히 서로 다른 것이다. 사물들은 삶에서 죽음으로 전환될 때 변화를 겪는다. 죽은 것은 잘 부서지며, 살아 있는 것은 탄력이 있다. 그러나 두 단계 모두 동등하게 실재하며 상보적이

---

* 제76장: "人之生也柔弱, 其死也䐃仞堅強. 萬物草木之生也柔脆, 其死也枯槁. 故曰: 堅强者, 死之徒也; 柔弱微細, 生之徒也."(마왕퇴 갑본) "人之生也柔弱, 其死也堅強. 萬物草木之生也柔脆, 其死也枯槁. 故堅強者死之徒, 柔弱者生之徒."(왕필본) 마왕퇴 을본에는 갑본의 '䐃仞'이 '䐃信'으로 되어 있고, '柔弱微細'에서 '微細'가 없다. 지은이는 갑본을 따라 번역하였다.

다. 부서지기 쉬운 것이 탄력 있는 것보다 현실성이 떨어지는 것이 아니다. 제50장의 첫머리에서도 삶과 죽음의 "동반자들"에 대해 말하고 있다.

　　삶으로 나오는 것.
　　죽음으로 들어가는 것.

　　삶의 동반자에 열세 가지*가 있다.
　　죽음의 동반자에 열세 가지가 있다.
　　인간존재들은 삶을 살아가기 위해서 계속 움직이니
　　　　모두가 죽음에 가까운 열세 가지 장소가 된다.
　　무슨 이유로 그러한가?
　　그들이 삶을 살아가기 때문이다.**

* '十有三'에 대한 역대 주석가들의 해석은 대체로 두 가지로 나뉜다. 하나는 '열세 가지'이고, 다른 하나는 '열 중 셋(십분의 삼 또는 삼분의 일)'이다. 지은이는 『한비자韓非子』「해노解老」에 근거해서 '열세 가지thirteen'로 풀이한다. 그는 자신의 영역본 50장 해설에서 다음과 같이 설명하고 있다. "초기 법가적 입장에서 『노자』를 주석한 한비자는 '十有三'을 사람의 사지四肢와 몸에 있는 아홉 개의 구멍[九竅]으로 해석하였다. 이런 식으로 독해하자면, 사람들은 사지가 움직이고 사물들을 배출하고 받아들일 수 있는 구멍들이 있다는 사실로 인해 살아갈 수 있다. 동시에 그 구멍들이 불가피하게 에너지를 새어 나가게 하는 것처럼 사지는 마찰을 만들어내고 죽음을 향해 간다. 예를 들어 『장자』에서 전설적인 혼돈混沌이 죽는 것은 호의에 찬 방문객들이 그의 얼굴에 일곱 개의 구멍을 뚫어줌으로써 그를 인간화하고 그에게 생명을 가져다주기 때문이다."
(Moeller, *Daodejing*, 118)

제76장과 연결해서 보면 이 행들은 삶과 죽음의 상호 의존성에 대한 또 다른 설명으로 읽을 수 있다. 삶과 죽음은 서로 교체되며, 따라서 함께 한 조를 이룬다. 삶의 시간을 "죽음의 시간"이 잇는다. 삶으로 나오는 것은 동시에 죽음으로 들어가는 것이다. 도도는 둘 다를 포함하며, 도의 관점에서 보면 이런 순환 운동은 항상 나오는 것이기도 하고 들어가는 것이기도 하다.

이 점에 비춰 볼 때 노년에 이른다는 것은 한편으로는 그 사람이 너무 일찍 죽지 않고 순탄하게 자신의 삶을 살아왔음을 가리킨다. 그러나 다른 한편으로 이것이 그가 불멸하게 됨을 의미하지는 않는다. 이런 "철학적" 관점에서 보면 늙는다는 것은 너무 일찍 죽지 않았음을 의미할 뿐이며, 따라서 자연적 시간성을 중단시키지 않았음을 의미할 뿐이다. 이것은 이를테면 제42장에서 말하듯이 위태롭게 살아서 "자연적인 최후를 맞이하지 못할"* 것 같은 "강압적이고 폭력적인" 사람의 경우와는 다르다. 이상적인 사회에서는 사람들이 오래는 살겠지만, 그렇다고 무한히 살 수는 없을 것이다. 그들도 때가 오면 죽을 것이다. 이 점은 제80장에 잘 기술되어 있다. 이 장에서는 사람들이 집에 머물면서 "노년에 이르고 죽

** 제50장: "出生入死. 生之徒十有三, 死之徒十有三, 而民生生, 動皆之死地之十有三. 夫何故也? 以其生生也."(마왕퇴 갑본) "出生入死. 生之徒十有三, 死之徒十有三. 人之生動之死地, 亦十有三. 夫何故? 以其生生之厚."(왕필본) 마왕퇴 을본은 끝에 '也'가 없다.

* 제42장: "故强梁者不得死."(마왕퇴 갑본) "强梁者不得其死."(마왕퇴 을본) "强梁者不得其死."(왕필본)

음을 맞이할 것"이라고 말한다.*

  금방 언급한 단락들과 유사한 단락들은 죽음이 궁극적으로 피할 수 있는 것이라고 암시하지는 않지만, 다른 단락들은 죽음을 충분히 조심하기만 하면 막을 수 있는 모종의 질병이나 사고로 묘사하는 것처럼 보인다. 예를 들어 제67장에서는 다음과 같이 주의를 준다.

> 나서지 않는 태도를 버리고
>   앞으로 나선다면,
>   그는 죽게 될 것이다.**

  그렇다면 이것은 영원히 살기 위한 전략일까? 어떤 장들은 "죽지 않는" 듯 보이는 상태들에 대해 훨씬 더 자세하게 기술하고 있다. 제50장에서는 다음과 같이 말한다.

> 삶을 잘 붙들고 있는 자들에 대해 이렇게 들었다.
> 그들은 언덕을 걸어갈 때
>   코뿔소도 호랑이도 피하지 않는다.
> 그들은 전장으로 들어갈 때

---

*   제80장: "民至老死不相往來." (마왕퇴 갑본·을본; 왕필본)

**   제67장: "舍其後, 且先; 則死矣." (마왕퇴 을본) "舍後且先, 死矣!" (왕필본) 마왕퇴 갑본은 을본의 '則死矣'가 '則必死矣'로 되어 있다. 지은이는 을본을 따라 번역하였다.

갑옷도 무기도 지니지 않는다.
코뿔소는 그 뿔을 찌를 곳이 없고,
호랑이는 그 발톱을 밀어 넣을 곳이 없다.
무기는 그 날을 꽂을 곳이 없다.
무슨 이유로 그러한가?
그들에게는 죽음의 장소가 없기 때문이다.*

『노자』라는 텍스트를 불멸을 위한 지침서로 읽는 『노자』 해석자들은 옳은 것일까? 사실 꼭 그렇게 읽어야 할 필요는 없다. 위 단락에 나오는 모든 이미지는 도가적 성인들이 어떻게 마찰을 피할 것인지, 에너지가 손실되고 신체가 약해지는 것을 어떻게 막을 것인지를 설명해준다. 이것은 많은 도가 수행자가 그랬듯이 글자 그대로 받아들일 수도 있지만, 좀 더 비유적으로 이해할 수도 있다. 그럴 경우 영속하게 되는 것은 개체적 존재라기보다는 공동체 또는 자연이라는 더 큰 "신체"이다. 한 나라가 마찰을 피한다면 그 나라는 계속해서 존재하게 될 것이다. 이것은 그 나라에 사는 사람들은 누구도 죽지 않을 것이라는 의미가 아니다. 한 군대가 마찰을 피한다면 그 군대는 패하지 않을 것이다. 이것은 그 군사들이 생명을 잃지 않을 것이라는 의미가 아니다. "삶"은 사람들 개개

* 제50장: "蓋聞善執生者, 陵行不避兕虎, 入軍不被甲兵. 兕无所揣其角, 虎无所措其爪, 兵无所容其刃, 夫何故也? 以其无死地焉."(마왕퇴 갑본·을본) "蓋聞善攝生者, 陸行不遇兕虎, 入軍不被甲兵. 兕無所投其角, 虎無所措其爪, 兵無所容其刃. 夫何故? 以其無死地."(왕필본)

인의 삶이 아니라, 죽음을 배제하지 않고 포함하는 삶의 더 큰 순환 주기일 수도 있다. 그 경우 사회적이고 자연적인 "장수"는 실제로 발생하는 개별적인 죽음들로부터 해를 입지 않는다. "영속적인" 사회에서 그리고 자연적 생명의 지속에서 개체적 존재들의 죽음은 그 전체의 안녕을 위협하지 않는다.

이런 식으로 읽는다면 『노자』는 죽음을 극복하는 것이 아니라 죽음을 긍정하고 견뎌내는 것을 목표로 하는 것이다. 『노자』에서 삶이라는 개념은 죽음을 똑같이 실재하는 자연적 국면으로 수용한다. 생물학적으로 말하자면 초목의 생장 과정에서 삶과 죽음은 둘 다 동등하게 타당한 부분들이다. 살아 있는 모든 개체적 존재는 틀림없이 죽을 것이다. 죽음 없이 삶을 누릴 수 있는 자는 없다. 그러나 개체적 존재의 관점에서 보면 죽음은 해로울 뿐이다. 개체주의적 관점에서 놓여날 수 있다면 죽음은 그 파괴적 의미에서 벗어나 삶의 한 계기가 될 것이다. 이 점에서 불멸성을 획득하는 것은 자신의 자아에서 벗어남과 동시에 자신의 개체성을 포기하는 것과 같다. 자신의 자아에서 벗어남으로써 그 사람은 삶을 더 이상 그런 편협한 관점에서 바라보지 않게 된다. 앞서 인용했던 제67장의 표현을 빌리자면 나서지 않는다면, 즉 개체적 관점과 특수한 자아를 드러내는 식으로 앞으로 나서지 않는다면 그는 죽음에 대한 공포를 피할 수 있을 것이다. 자기의식을 최소화할 수 있다면 죽음으로부터 위협을 받는 일은 없을 것이다. 좀 더 "형이상학적인" 말로 바꿔서 표현하자면 자신을 개체적 실체가 아니라 변화의 과정과 동일시한다면, 즉 "실체의 존재론"이 아닌 "과정의 존재론"을 취한다면 죽음은 그 부정적 특성에서 벗어날 것이다.

기독교에서와 달리 죽음은 영원한 생명에 의해 극복되는 것이 아니라 삶과의 자연적 평등성 속에서 오히려 수용된다. 기독교의 불멸하는 영혼 개념은 죽음 이후에도 개체적 동일성이 살아남을 여지를 준다. 도가가 죽음에 대처하는 전략은 이와 정확하게 반대된다. 도가에게 죽음에 대한 두려움을 제거하는 것은 파괴할 수 없는 개체성이 아니라, 반대로 개체성의 전면적인 상실이다.

플라톤적 전통이나 기독교적 전통에 있는 유럽의 죽음 철학들은 『노자』와는 다르다. 그 철학들은 죽음을 "생물학적으로"(지속적인 재생산의 과정에서 없어서는 안 될 하나의 계기로 수용함으로써)가 아니라 "정신적으로"(영혼처럼 파괴할 수 없는 비신체적 실재를 상상해냄으로써) 극복하려고 한다. 불멸하는 영혼 개념은 플라톤과 기독교에는 공통적으로 존재하지만 『노자』에는 존재하지 않는다. 고대 중국과 도가에도 영혼과 관련된 개념들이 있었다. 그러나 영혼은 절대적으로 단일한 것도 아니고 불멸하는 것도 아니라고 가정한다는 점에서 그 개념들은 플라톤적인 개념과도 기독교적인 개념과도 다르다. 고대 중국인들의 믿음에 따르면 죽음은 신체의 통합뿐만 아니라 영혼의 "정신적인" 통합도 해체해버린다. 영혼도 물질적 신체와 마찬가지로 흩어져버릴 수 있다. 그러나 그런 개념들은 『노자』에서는 공공연하게 논의되지 않는다. 따라서 중요한 것은 다음 사실에 주목하는 것이다. 즉 "서양"에서 영향력이 큰 여러 종교나 철학과 달리 『노자』는 죽음을 영혼이 신체로부터 "해방"되는 것으로 묘사하지 않는다는 사실이다. 죽음을 통해 정신적인 것이 생물학적인 것을 극복하는 일이 『노자』에는 결코 없다. 오히려 정반대이다. 죽음을 통해 생물학적인 것은 자기self에 대한 의식적인 지각을 눌러 이기며, 살아 있을 때 자신의 "정신적 특성"을 최소화하는 자는 죽음에 대한 근심도 줄어들게 될 것이다.

『노자』는 죽음에 대해 긍정적인 태도를 보인다. 죽음을 생물학적 재생산의 주기 내에서 자연적으로 거쳐 가야 할 한 국면으로 받아들이기 때문이다. 죽음에 대한 두려움 또한 틀림없이 존재한다. 그러나 이 두려움은 "절대적인" 것이라기보다는 "상대적인" 것이다. 두려운 것은 죽음이 아니라 때 이른 죽음, 즉 너무 일찍 찾아오는 자연스럽지 못한 죽음이다. 가을에 시들어야 할 식물이 여름에 시든다면 이는 우려스러운 일로 감지된다. 이것은 무언가 잘못되었으며 식물을 키우는 데 실수가 있었음을 가리킨다. 물론 인간 삶에서도 마찬가지이다. 질병과 요절은 삶의 잘못된 방식을 알리는 신호이다. 늙어서 죽는 것은 자연스러운 것이고 두려워해야 할 일이 아니다. 그러나 젊었을 때에는 당연히 건강해야 한다. 천수를 누리지 못한다면 이는 자연의 질서를 심각하게 위반한 것이다. 늙어간다는 것은 부단히 돌보아야만 하는 무언가이기 때문이다. 따라서 의학적이고 위생학적인 행위들은 도가뿐만 아니라 중국 문화 전반에 걸쳐서 늘 중요한 것이었다. 그런데 질환들과는 다른 종류의 위험들이 있다. 예를 들어 사람은 전쟁에서 끔찍하게 죽을 수도 있으며 형법에 따라 죽을 수도 있다. 여러 문화에서 보여주듯이 사형은 흔한 일이었다. 그리고 『노자』는 영혼 불멸에 대해서는 말하지 않는 반면, 때 이른 죽음의 한 가지 중요한 "원인"

인 사형에 대해서는 이야기한다.

　죽음 일반이 두려운 것이 아니라, 때에 맞지 않게 일어나는 죽음이 더 두려운 것이었다. 이 점은 중국의 전통적인 형벌 제도에도 반영되어 있다. 극형을 포함한 법적인 처벌은 일정한 최저 연령 이상의 사람들로 제한되었을 뿐만 아니라, 적용 연령의 상한선이 있는 법령들도 있었다. 후자는 고령자들에 대한 배려 때문이 아니라 나이 들어 죽는 것은 형벌이 아니라 자연적인 일이라는 도가적 발상 때문에 제정되었다. 물론 노인을 공경하는 유교 문화와 연장자들의 대체로 높은 사회적 지위 때문인 면도 있다.[3]

　도가적 관점에서 볼 때 사형의 가혹함은 영원한 사후 세계에 대한 믿음이 부재한다는 점과 관련이 있다. 때 이른 죽음에 대한 두려움은 결과적으로 나라에 "법과 질서"를 확립하기 위한 정치적 도구로 이용될 수 있었다. 극형은 범죄자들을 죽음으로 위협하는 것이다. 자신의 개인 건강에 대한 무관심이 때 이른 죽음으로 이어질 수 있듯이 군주는 부주의한 행동으로 사회의 건강을 위협하는 개인에게 죽음을 가할 수 있었다.

　도가에게 극형은 의료 행위와 마찬가지로 주로 예방적인 것이었다. 자신의 신체가 병드는 것을 막지 못하면 요절하기 쉽다. 이

---

[3]　고대 중국의 형벌 제도에서 사형이 담당한 역할을 이해하기 위해서는 감금이 좀처럼 행해지지 않았다는 사실이 언급되어야 한다. 극형보다 "더 관대한" 형벌에는 신체 훼손 및 여타의 신체적 처벌들이 포함되어 있다. 극형 자체는 잔인함과 고통에 있어서 크고 작은 정도 차이가 있는 여러 유형의 사형들로 점차 분화되어갔다.

와 마찬가지로 "건강하지 못한" 사회현상을 예방하는 것은 군주의 의무였으며, 예방을 위한 수단 중 하나가 법적 처벌이었다. 군주는 사회적으로 해로운 행동을 제거해야만 했으며, 때 이른 죽음에 대한 두려움을 이용해서 억제력에 기초한 형벌 제도를 확립할 수 있었다. 따라서 예방과 억제는 『노자』의 형벌 철학의 두 가지 주요 요소이다.

『노자』에서 사형의 예방적 "논리"는 일종의 두려움의 연쇄반응을 예상한 것이다. 즉 (사물들의 자연적 행로인 도道를 구현하는) 도가적 군주는 일어날 수 있는 사회적 위해에 대한 두려움 때문에 사형 제도를 제정한다. 이어서 이것은 일찍 죽는 것을 피하고 싶은 피통치자들 사이에 두려움을 불러일으킨다. 이런 식으로 사형은 자멸할 것으로 여겨진다. 즉 두려움의 메커니즘은 부정행위를 방지하므로 사형은 집행될 필요가 없으리라는 것이다. 따라서 『노자』에서 사형은 도가 특유의 방식으로 작동한다. 그것 역시 행위하지 않음을 통해 행위한다. 『노자』 제80장에 따르면 이상적인 상태에서 사람들은 계속해서 "죽음을 무서워할" 것이다. 다른 한편으로 제75장에서는 "백성들을 통치하기 어려운" 나라에서는 그들이 "죽음을 가볍게 여긴다"고 설명한다.* 죽음과 사형이 두려움

---

* 제75장: "백성들 사이의 무질서는 — / 윗사람들이 행위에 종사하기 때문이니, / 이 때문에 백성들은 무질서해진다. // 백성들이 죽음을 가볍게 보는 것은 — / 그들이 삶에서 너무 격렬하게 애쓰기 때문이다. / 이 때문에 그들은 죽음을 가볍게 본다[百姓之不治也, 以其上有以爲也, 是以不治. 民之輕死, 以其求生之厚也, 是以輕死(마왕퇴 갑본) 民之難治, 以其上之有爲, 是以難治. 民之輕死, 以其求生之

의 대상이 되지 않는 나라는 반드시 몰락한다. 그 나라는 병을 두려워하지 않는 신체처럼 사멸할 것이다.

제74장의 첫 번째 부분에서는 사형의 도가적 용도를 좀 더 상세하게 설명하고 있다.[4]

> 백성들이 죽음을 전혀 무서워하지 않는다면
> 어떻게 그들을 사형으로 위협할 수 있겠는가?
> 백성들이 죽음을 조금이라도 무서워한다면
> 그리고 내가 잘못 행위하는 자들을 잡아서 사형시키겠다고 한다면
> 누가 감히 그렇게 하겠는가?

厚, 是以輕死(왕필본)]"(Moeller, *Daodejing*, 173) 마왕퇴 을본은 갑본의 '以其上有以爲也'에서 '上' 뒤에 '之'가 붙어 있고, '民之輕死' 뒤에 '也'가 붙어 있다.

4 여기서는 내가 독일어로 해설하고 번역한 텍스트 *Laotse: Tao Te King*(Frankfurt am Main: Fischer, 1995, 131-132)을 따랐다. (중국과 서양의) 대부분의 다른 주석가들과 번역자들은 이 단락을 다른 방식으로 독해하며, 이것을 사형 일반에 반대하는 진술로 받아들인다. 나는 이 단락이 사형 집행에 반대하는 진술이지, 사형 제도에 반대하는 진술은 아니라고 본다. (여기서 설명한 것처럼 내가 생각하기에 도가의 역설적 논증 방식에 따르면 사형에 대한 『노자』의 입장은 "행위함 없이 행위"해야 한다는 것이다.) 나는 내 해석이 사람들 사이에 퍼져 있는 (때 이른) 죽음에 대한 두려움이 갖는 중요성을 (앞서 언급했던 장들처럼) 강조하고 있는 『노자』의 맥락과 일치하며, 마왕퇴본의 문헌학적 증거와도 일치한다고 생각한다. 마왕퇴본은 대부분의 다른 주석들과 해석들이 근거하고 있는 후대의 통용본과는 대조적으로 "사형"에 대해서 공공연하게 언급하고 있다. 나와 의견을 같이하는 소수파 해석에 대한 언급뿐만 아니라, 다수파 해석에 대한 개관은 다음에서 볼 수 있다. 黃釗, 『帛書老子校注析』, 臺北: 學生書局, 1991, 399.

백성들이 죽음을 두려워하려면
사형 집행인이 항상 있어야 한다.*

도가적 군주의 다스림에서 사형 집행인은 없어서는 안 되지만, 그가 있다는 사실만으로 그가 행동을 취할 필요는 없을 것이다. 도가적 군주, 즉 앞의 인용문[제74장] 속의 "나"는 사형을 집행할 수 있는 힘을 가진 유일한 사람이다. 그는 도를 구현하고 있고 "텅 빈 마음"을 가지고 있다고 여겨지기 때문이다. 다시 말해 그는 그 어떤 사적인 성향도 감정도 없다. 사형은 개인적으로 권력을 행사하기 위한 장치가 아니다. 그것은 사회질서를 창출하기 위한 "자연적" 도구이지, 사적인 이해관계를 가진 군주들의 도구가 아니다. 도가적 사형은 말하자면 "스스로 그러한(自然)" 방식으로 작동한다. 그것은 그 어떤 "주관적" 의도도 없이 작동하며, 전적으로 행위하지 않음으로써 작동한다. 그것은 실제로 사용되는 일 없이 질서를 창출해낸다.

물론 사적인 감정에 휘둘리고 사적인 권력 행사를 위해 사형을 적극적으로 이용하는 비非도가적 군주에 의해 사형이 남용될 위

---

* 제74장: "若民恒且不畏死, 奈何以殺懼之也? 若民恒畏死, 則而爲者吾將得而殺之, 夫孰敢矣! 若民恒且必畏死, 則恒有司殺者."(마왕퇴 갑본) "若民恒且○不畏死, 若何以殺懼之也? 使民恒且畏死, 而爲奇者吾得而殺之, 夫孰敢矣! 若民恒且必畏死, 則恒有司殺者."(마왕퇴 을본) "民不畏死, 奈何以死懼之! 若使民常畏死, 而爲奇者吾得執而殺之, 孰敢? 常有司殺者殺."(왕필본) 마왕퇴 갑본에는 을본과 왕필본의 '而爲奇者'에서 '奇'가 빠져 있다. 필사하면서 빠뜨린 것으로 보인다. 지은이는 을본을 따라 번역하였다.

험은 항상 존재했다. 이런 일이 일어난다면 도가적 사형의 역설적 효과는 무효가 될 것이다. 사적인 "권력의지"를 가진 사람이 사형을 이용한다면 사형은 그것이 집행되었다는 사실 때문에 쓸모없는 도구가 될 것이다. 그리고 그것은 폭력과 혼란과 반란으로 이어질 것이다. 결국 폭군은 자신의 이해관계 때문에 이용하려고 했던 그 형벌의 희생자가 될 가능성이 있다. 그는 자신에게 저항하여 들고일어난 사람들에 의해 응징될 것이다. 이것은 제74장의 두 번째 부분에서 다음과 같이 설명되고 있다.

> 무릇
>> 사형 집행인을 대신해서 사형하려고 하는 것,
>> 이것은 나무꾼을 대신해서 나무를 베는 것이다.
> 나무꾼을 대신하면서
>> 손을 다치지 않는 경우는 좀처럼 없다.*

도가적 사형 집행인은 사형을 행하지 않는 사형 집행인이다. 만약 그가 사형을 행하는 사형 집행인, 그리고 어떤 목적을 가지고 사형을 행하는 사형 집행인으로 교체된다면 결국에는 사형 집행인 자신이 사형을 당하는 결과가 초래될 것이다.

---

* 제74장: "夫代司殺者殺, 是代大匠斲也. 夫代大匠斲者, 則希不傷其手矣."(마왕퇴 갑본) "夫代司殺者殺, 是謂代大匠斲, 夫代大匠斲者, 希有不傷其手."(왕필본) 마왕퇴 을본은 갑본의 '是代大匠斲也'에서 '也'가 없고 '夫代大匠斲者'에서 '者'가 없으며 '則希不傷其手矣'에서 '矣'가 없다.

도가적인 사형은 오로지 억제력에 기초를 두고 있다. 사형 집행자 편에도 범죄자 편에도 거기에는 아무런 사적인 칼날이 없다. 그것은 전적으로 예방적이며 "보복"을 목표로 하지 않는다. 그것은 이미 일어난 범죄에 대해 복수를 하기보다는 범죄 자체를 단념시키고 싶어 한다. 더욱이 그것은 도덕적이지도 않고 감정적이지도 않다. 그것은 "분노의 도덕"에 기초해 있지 않으며, 오히려 감정적인 것들을 전부 배제하고자 한다. 그것은 사회적 절차의 효과에 관심이 있지 개인적 "정의"에 관심이 있는 게 아니다. 사형의 활용은 주로 형벌의 현실적 효과, 즉 그것의 사회적 결과와 관계가 있었다. 그것은 주로 나쁜 행위들을 방지하는 것을 목표로 했지, 악한 자를 처벌하거나 무고한 자의 원한을 갚는 것을 목표로 하지 않았다.

물론 "서양"에서도 억제력은 사형을 옹호하는 한 가지 이유가 되기도 했다. 그러나 그것은 『노자』에서처럼 본질적인 것으로 간주되지는 않았다. 서양의 전통에서 사형은 오히려 비非도가적인 방식으로, 연루된 사람들과 관련해서 정당화되곤 했다(그리고 미국의 여러 주에서는 아직도 그러하다). 기독교 전통의 위대한 "해체주의자" 프리드리히 니체는 이런 경향을 매우 웅변적으로 기술하였다. 그에게 기독교는 인간을 자유로운 동시에 죄가 있는 존재로 여기는 "사형 집행인의 형이상학"을 발전시켰다. 기독교는 사람을 자유의지가 있고, 따라서 자유로운 행위자인 것처럼 구성하였다. 그로써 개개인들은 개인적으로 책임이 있는 존재로 기술되는 동시에 그로 인해 잠재적으로 죄가 있는 죄인들로 기술될 수 있었다. 니체에 따르면 서양의 신학자들은 생성의 무구함을 "죄"와 "벌"로 오염시키기 위해서 "자유의지"라는 것을 발명해냈다.5 인간들은 자유로울수록 더 죄가 있는 존재가 된다. 자유의 의미론과 죄의 의미론 사이에는 연관성이 있다.

서양의 사형의 형이상학이 범죄자를 단순히 나쁜bad 짓을 한 부정행위자wrongdoer로 보는 데 그치지 않고 악한evil 개별적 죄인으로 규정할 때, 관심의 대상이 되고 처벌이 관계하는 것은 더 이상 행위가 아니라 한 명의 인간으로서의 범죄자이다. 이는 『노자』에서 발견되는 도가적 모델이 완전히 뒤집힌 것이다. 이제 주요 관심사는 어떤 행위들을 방지하는 데 있는 것이 아니라, 악한 사람들에게 가차 없이 복수하고 그들을 파멸시키는 데 있다. 현대의 사형 집행에서는 희생자에 초점을 맞추는 현상이 매우 두드러지는데, 이는 복수가 갖는 지위를 직접적으로 반영하고 있다. 처벌은 희생자나 그 일가에게는 "종지부를 찍는" 것으로 여겨진다. 『노자』에

---

5   Friedrich Nietzsche, *Götzen-Dämmerung*, "Die vier grossen Irrthümer", in Giorgio Colli and Mazzino Montinari, eds., *Sämtliche Werke: Kritische Studienausgabe*, vol. 6(Munich: DTV, 1980), 95-96[프리드리히 니체, 「네 가지 중대한 오류들」, 『우상의 황혼』(니체전집 15권), 백승영 옮김, 책세상, 2002, 121-122쪽]. 기독교를 "사형 집행인의 형이상학"으로 보는 니체의 견해는 현대 독일 철학자 페터 슬로터다이크에 의해 재차 확인된다. 슬로터다이크는 기독교의 자유의지와 인간의 죄 사이의 상호 연관성을 강조하면서 다음과 같이 쓰고 있다. "죄를 원죄라는 개념으로 응축시켜서 사람에게 과중하게 부담 지우는 것은 자유로부터의 논증에 점점 더 의존해온 결과이며, 그 논증은 신이 창조한 완전한 현실 내부에 존재하는 악의 동기를 설명하기 위한 것이다." Peter Sloterdijk, *Nicht gerettet: Versuche nach Heidegger*(Frankfurt am Main: Suhrkamp, 2001), 92.

서 사형 집행인의 형이상학은 예방의 형이상학인 반면, 기독교적 버전은 니체의 또 다른 용어를 사용하자면 범죄자를 향한 원한의 형이상학이다.⁶

6   서양의 사형 철학에서 개인화individualization와 인격화personalization가 담당하는 중심 역할은 임마누엘 칸트Immanuel Kant의 철학으로 거슬러 올라간다. 칸트는『도덕형이상학』(영역본으로는 Mary Gregor, *The Metaphysics of Morals*, Cambridge: Cambridge University Press, 1991, 140-45을 보라)에서 잘못된 행위는 그 어떤 것이든 범죄자의 타고난 인격의 "내적인 사악함(*innere Bösartigkeit*)" 탓으로 돌릴 수 있다고 주장한다. 자연적 처벌과 달리 법정 처벌은 범죄자를 한 명의 인간으로, 또는 한 명의 자유로운 개인으로 인정한다. 칸트는 이러한 인정 — 여기서 그는 확실히 기독교의 사형 집행인의 형이상학과 일치한다 — 을 정의의 중심에 있는 것으로 본다. 그는 이것을 처벌의 차원에서 "보복의 법(*ius talionis, Wiedervergeltungsrecht*)"으로 적절하게 묘사한다. 칸트는 (도가에서처럼) 보복이 아닌 억제력에 기반을 둔 기독교 이전의 원시적인 사형 철학에 조롱을 보낸다. 그는 억제의 격률을 "온 민족이 멸망하는 것보다는 한 사람이 죽는 것이 낫다"[「요한복음」 11장 50절]라고 한 "바리새인의 격언"이라고 부르면서, 이것으로는 정의가 사라질 것이라고 생각한다. 칸트적 정의에 기초한 사형은 원리와 이성에 기초한 것이지, 순전히 실천적이거나 자연적인 목적들에 기초한 것이 아니다. 칸트는 다음의 사례를 들어 설명한다. "만일 섬에 살고 있는 어떤 민족이 전 세계로 뿔뿔이 흩어지기로 결정한다면, 가장 먼저 감옥에 남아 있는 살인자를 마지막 한 명까지 처형해야만 한다. 그래서 각자에게 자신이 한 행위에 마땅한 결과가 주어지게 해야 한다." 사형은 아무런 실용적 의미가 없다고 할지라도 등한시해서는 안 되는 "형이상학적" 의무이다. 그것은 말하자면 없어서는 안 될 도덕적인 청소이다. 아무 쓸모가 없을지라도 칸트적 사형 집행인은 칸트적 형이상학을 위해서 사형을 집행해야 한다.

    매우 흥미로운 것은 "내적 인격"에 기초를 둔 칸트의 사형의 형이상학은 사형을 "명예 범죄"에 관한 한은 미덥지 않은 것으로 간주한다는 점이다. 칸트는 다음의 사례를 제시한다. "결혼 생활과 무관하게 세상에 나온 아이"를 살해하는 것은 명예심에서 나온 행위로 간주되어야만 한다. 이런 경우에 사형이 요구되어서는 안 된다. 한편으로는 그 살해가 인격적 명예를 지키기 위해서 행해졌기 때문이고, 다른 한편으로는 희생된 아이가 인격을 결여하고 있기 때문이다. 칸트에 따르면 사생아는 "(밀수품처럼) 몰래 국가로 들어왔다. 그래서 국가는 그의 존재를 무시할 수 있고(그 아이는 이런 식으로 존재하게 되면 안 되기 때문이다), 그래서 그의 무화無化도 무시할 수 있다." 이런 경우에 범죄자는 "내적 사악함"이 없고 살해된 아이 ― "사생아"이기 때문에 인간으로서의 지위를 결여한 아이 ― 는 희생자라는 자격을 얻을 수 없기 때문에 보복은 이 상황에 맞지 않고 사형도 부적절하다.

현대 미국의 사형 철학은 범죄자의 "내적 사악함"과 "무고한 희생자들"의 보복을 강조하는 기독교 및 칸트 특유의 철학을 직접 계승한 것이다. 그 철학은 인간의 죄를 선고하기 위해서 개인의 자유를 주장한다. 자유로울수록 죄가 많은 존재가 된다. 페터 슬로터다이크는 다음 사실에 주의를 기울인다. "미국의 형벌 제도가 세상에서 가장 광범위하면서도extensive 가장 철두철미하다는intensive 사실과, 인구의 비율로 볼 때 미국의 감옥에 수감되어 있는 수감자들의 수가 유럽보다 거의 10배가량 많다는 사실은 우연이라고 할 수 없다."(Sloterdijk, *Nicht gerettet*, 121)

매우 칸트적인 방식으로 미국의 저술가 허버트 모리스는 다음과 같이 말한다. "어떤 사람이 범죄를 저질렀다면 그는 [치료를 통해] 처치받기보다는 처벌받아야 할 권리를 갖는다."(Herbert Morris, "Person and Punishment", in Robert M. Baird and Stuart E. Rosenbaum, eds., *Philosophy of Punishment* [Buffalo: Prometheus Books, 1988], 67-82, 78) 범죄자의 자유로운 인격을 인정하는 것은 그의 죄와 벌을 불러온다. 또 다른 미국의 저술가 월터 번스는 "분노의 도덕"에 대해서 언급한다. 부정행위를 한 악한은 그 주변의 다른 자유로운 존재들의 정당한 분개의 대상이 된다. 따라서 벌은 도덕적 분노의 표현이자 일종의 사회적 카타르시스로 이해된다. 번스에 따르면 "사람들의 영혼에는 무언가가 있어서 … 범죄에 대해 복수할 것을 … 요구한다."(Walter Berns, "The Morality of Anger", in Baird and Rosenbaum, eds., *Philosophy of Punishment*, 85-93, 89) 적어도 내가 알기로 여기서 내세우고 있는 "사람들의 영혼"의 보편적 특징에 대한 심리학적 증거는 없다. 그럼에도 불구하고 미국의 형벌 제도는 예컨대 사형장에 희생자와 그의 가족을 위한 좌석을 마련해둠으로써 범죄 희생자들이 내세울 것이라고 추정되는 복수에 대한 요구와 권리를 인정하고 장려하고 있다. 복수와 존엄성과 희생자 숭배는 자유로운 개인의 의미론을 구성하는 요소들이며 서로 긴밀하게 연관되어 있다. 자유로운 인간존재에 대한 경외감을 고취시키기 위해 정의가 가정된다. 그리고 적어도 번스에 따르면 미국이라는 나라는 사형을 폐지하지 않음으로써 시민들 사이에

도가적인 사형이 비록 사형 집행이 없는 것을 목표로 하기는 하지만, 그렇다고 그것이 서양의 경우보다 더 "관대한" 것도 아니고 더 "자비로운" 것도 아니다. 이 범주들은 니체가 비판했던 기독교 특유의 전통에 속한다. 그리고 그것들은 정의 및 보복의 의미론의 보완물들이며, 그 의미론의 필요 불가결한 부분을 보여준다. 도가적인 사형은 도덕주의적이지도 않고 감정적이지도 않다. 그래서 그것이 기독교적인 사형 철학보다 "더 선한" 것은 아니다. 그렇다

> 그런 경외감을 고취시킨다. 그는 미국은 사형을 고집함으로써 "미국이 영웅들에게 어울리는 국가임을 시민들에게 상기시키려고 한다"고 주장한다(93). 영웅주의, 개인 존중, 도덕성, 분개, 그리고 희생자의 복수는 불가분의 관계에 있다. 번스는 선언한다. "우리가 범죄자들을 처벌하는 것은 대개는 그들에게 되갚아 주기 위해서이다. 그리고 우리는 그들 중 가장 나쁜 자를 도덕적 필요moral necessity에 따라 처형한다."(85. 강조는 내가 했다) 도덕적 원리에 기초한 영웅적이고 형이상학적인 살해를 옹호하는 미국의 사형 철학은 어네스트 반 덴 하그의 저작들에서 절정에 이른다. 반 덴 하그는 기독교-칸트적인 처형의 의무에 대해 숙고할 뿐만 아니라, 상당히 가혹하고 직접적인 처형의 필요에 대해서도 숙고한다. 보복의 법이라는 칸트적인 개념과 관련해서 반 덴 하그는 훨씬 더 나아간다. 그는 합당한 처벌은 부당할 정도로 가혹해야 한다고 생각한다. "범죄자는 그의 희생자에게 부당한 고통을 가했기" 때문이다. "왜 사회는 범죄자에게 부당한 … 고통을 가해서는 안 된다 말인가?"(Ernest van den Haag, "Refuting Reiman and Nathanson", in Baird and Rosenbaum, eds., *Philosophy of Punishment*, 141-151, 142) 칸트는 형법은 주로 범인에게 "고통을 안기는 것"을 목표로 한다는 점을 이미 지적하였다(*The Metaphysics of Morals*, 140). 반 덴 하그에 따르면 이 고통은 아주 심한 것이어야 한다. 범죄자는 법을 위반함으로써 희생자뿐만 아니라 사회 전체가 고통을 겪도록 만들었기 때문이다. 반 덴 하그는 말한다. "따라서 처벌은 가능하면 언제나 그 범죄에 희생당한 개인이 겪은 고통을 능가할 것이라 생각되는 고통을 가해야 한다. 그래야 마땅하다."(van den Haag, *ibid.*, 143)

면 그것은 어떤 점에서 좋은 것인가?

한 가지 좋은 점이 있다면, 도가적 사형은 다음의 사실을 이해하는 데 도움을 준다. 즉 죄와 자유의지의 의미론이 필연적인 것이 아니라는 점, 그리고 그 의미론이 현재 합법적인 살인에 적용되고 있는 처벌 및 정의의 의미론과 관계가 있다는 사실이다. 나는 이 의미론들이 일부 형벌 제도들뿐만 아니라 심지어 외교정책들과 군사행동을 정당화하는 데 사용되고 있다고 할지라도 이것들을 꼭 신뢰해야 한다고 생각하지는 않는다. 철학적으로 검토해 보면 그런 의미론은 역사적으로 그리고 문화적으로 일정한 조건에 따라 생겨난 것으로 드러날 것이다. 나는 그것을 낡은 철학적 수사로 보기는 하지만, 그렇다고 해서 그것보다 훨씬 더 낡았을 수 있는 도가적 수사로 그것들을 대체하자고 주장하려는 것은 아니다. 그러나 도가에 대한 성찰은 지금까지 살아남은 일부 전통적인 철학 개념들의 미심쩍음을 이해하는 데 도움이 된다고 생각한다. 이런 종류의 비교 성찰은 생명을 빼앗는 일에 관한 결정들을 내릴 때 철학적 품위와 겸손함의 감각을 고취시킬 수도 있다. 철학이 사형 집행인들에게 형이상학을 제공하는 일을 그만두는 것은 때로는 권장할 만한 것일 수 있다. 그들을 그런 형이상학이 없는 채로 내버려두는 것은 어떨까?

제10장
"사람의 충동이 없음":
인간주의에 대한 도가의 비판

『장자』「덕충부德充符」의 끝부분에는 장자와 그의 친구 혜시惠施 사이에 오고간 대화가 실려 있다.

혜시가 장자에게 말했다. "사람에게 정말로 사람의 충동이 없을 수 있소?"

"그럴 수 있소."

"사람에게 사람의 충동이 없다면 우리가 어떻게 그를 사람이라고 부를 수 있겠소?"

"도道가 그에게 겉모습을 주었고 하늘이 그에게 형체를 주었는데 우리가 어떻게 그를 사람이라고 부르기를 마다할 수 있겠소?" "하지만 우리가 그를 사람이라고 부르는 이상 어떻게 그에게 사람의 충동이 없을 수 있겠소?"

"'그것이다, 아니다[是非]'를 판단하는 것이 내가 말한 '사람의 충동'이오. 그 충동이 없다고 한 것은 그 사람이 좋아함과 싫어함으로 인해 안으로 자기 자신을 해치지 않는 것, 항상 자발적인 것을 따르면서 삶의 과정에 그 어떤 것도 덧붙이지 않는 것, 이것을 의미하오."[1]*

도가적 성인들은 인간다움의 가장자리에 있다. 그들은 겉으로는 인간처럼 보이고 인간 동료들 속에서 살아가지만, 사람들의 동료라기보다는 "하늘"의 동료이다. 사람man은 태어나면서부터 인간human이다. 그래서 성인들도 인간의 형체를 가지고 있다. 그러나 인간은 태어나면서부터 자연적 존재이기도 하다. 그리고 성인들은 겉으로 보이는 "인간다움"이 그들이 그저 자연적 존재일 뿐이라는 사실을 침범하지 못할 정도로 자기 안에서 이 더 큰 자연을 발전시킬 수 있는 자들이다.

위의 인용문에서 사람의 "충동impulses"으로 번역한 것은 원문에는 정情으로 되어 있다. 이 용어는 다른 곳에서는 흔히 "감정feeling"이나 "정서emotion"로 번역하곤 한다.[2] 인간존재들이 지

---

1   앵거스 그레이엄의 번역문을 약간 변형시켜 인용하였다. A. C. Graham, *Chuang Tzu: The Inner Chapters*(Indianapolis and Cambridge: Hackett, 2001), 82[앵거스 그레이엄 해설 및 편역, 『장자: 사유의 보폭을 넓히는 새로운 장자 읽기』, 김경희 옮김, 이학사, 2014, 221쪽]. 원문은 다음을 보라. 諸子集成版, 『莊子集釋』(北京: 中華書局, 1954), 99-100.

*   『莊子』「德充符」: "惠子謂莊子曰: '人故无情乎?' 莊子曰: '然.' 惠子曰: '人而无情, 何以謂之人?' 莊子曰: '道與之貌, 天與之形, 惡得不謂之人?' 惠子曰: '旣謂之人, 惡得无情?' 莊子曰: '是非吾所謂情也. 吾所謂无情者, 言人之不以好惡內傷其身, 常因自然而不益生也.'"(郭慶藩 撰, 『莊子集釋』, 北京: 中華書局, 1961, 220-221)

닌 "정서적" 특성은 여기서 확실히 정情과 결부되어 있다. 그리고 나는 그런 함축적 의미들을 포함시키기 위해 "충동들"이라는 용어를 택했다. 그러나 『장자』가 제시하는 정情에 대한 구체적 설명은 순전히 "심리학적"이기만 한 의미와는 조금 차이를 보인다. 『장자』는 정情이 무엇을 의미하는지에 대해 두 차례나 이야기한다. 그것은 인간의 판단적 태도, 즉 찬성하거나 찬성하지 않거나 둘 중의 하나를 택하려는 성향, "그렇다" 또는 "그렇지 않다"(한자로는 시是와 비非)라고 말하려는 성향이라는 것이다. 적어도 장자와 혜시의 이 짧은 대화에서는 이런 특유의 태도가 다름 아닌 "인간적" 측면을 구성하는 요소이다. 성인은 이런 인간적 측면을 극복한 자이며, 성인만이 홀로 ("고독"하게) 이런 측면을 극복한다.

찬성하거나 찬성하지 않는 태도, 좋아하거나 싫어하는 태도는 인간 전체로 보나 개개인으로 보나 인간을 특별하게 만드는 태도들이다. 인간 전체로 보자면 인간 종은 아마도 옳은 것과 그른 것, 참인 것과 거짓인 것을 인지적으로 구별하는 유일한 종일 것이다. 사실상 이러한 구별은 사람을 사람 이외의 자연과 구별시켜준다. 그러나 이보다 훨씬 더 중요할 수도 있는 것은 바로 이 태도들 때문에 개인이 자신을 다른 개인들과 구별한다는 점이다. 우리는 호오好惡가 다르고 의견이 다르며 고집하는 진리가 다르기 때문에 서로 구별된다. 우리는 다름 아닌 판단하는 능력을 통해서 우리의

---

2 그레이엄은 여기서 정情을 조금 색다르게 "본질적 요소들essentials"로 번역한다(앞의 각주 1을 보라).

개인성을 발전시키고 우리 자신을 다른 사람들과 구별한다. 적어도 『장자』의 관점에서 보면 이것이야말로 호오를 갖는다는 것의 가장 중요한 철학적 측면일지도 모른다. 이런 호오로 인해 우리는 우리 자신을 인간으로서 드러내는 것이다.

도가적 성인은 이런 인간적 특징들을 인정하며, 그것들을 폐기하는 것을 목표로 삼지 않는다. 그러나 그들은 끝까지 이런 특징들로부터 영향을 받지 않는다. 성인만이 홀로, "고독"하게 이런 변별적 판단들에 따라 그 자신 또는 그녀 자신을 드러내는 것을 자제할 수 있다. 성인이 진정으로 그리고 어디에서도 긍정적인 태도를 견지할 수 있는 것은 오로지 이런 방식을 통해서이다. 성인은 특정한 부정을 필연적으로 포함하게 될 그 어떤 특정한 긍정에도 편을 들지 않음으로써 모든 것을 긍정한다. 따라서 도가적 성인은 "너머의 인간 overman"이 아니라, 오히려 인간적 개인화가 시작되기 이전에 머물러 있는 "아래의 인간 underman"이다. 성인은 (『노자』 제8장의 표현을 빌리자면) "대부분의 사람들이 싫어하는 곳에 자리하며",* 눈에 띄겠다는 어떤 야심도 없이 살아간다. 성인들은 어떠한 인간적 구분도 전면 거부함으로써 자신들을 다른 모든 인간과 구별되도록 한다. 이 역시 도가 특유의 역설적 방식이다.

바꿔 말해 도가적 성인은 인간적 자만심으로부터 자유로운, 즉 옳은 것과 그른 것을 결정하려는 충동으로부터 자유로운 유일한

---

* 제8장: "居衆人之所惡." (마왕퇴 을본) "處衆人之所惡." (왕필본) 마왕퇴 갑본은 '人'이 없다.

인간이다. 그리고 이것은 미학적으로, 도덕적으로, 정서적으로, "과학적으로", 그 어떤 의미로도 이해될 수 있다. 예컨대 아름다운 것을 추한 것보다 더 좋아하고, 이것을 선한 것으로 저것을 악한 것으로 분류하며, 죽는 것을 사는 것보다 정서적으로 더 혼란스럽게 느끼고, 어떤 의견은 옳고 다른 의견은 틀린 것으로 간주하려는 그 어떤 욕구도 없는 유일한 인간이 성인이다. 이는 도가적 성인들이 이런 인간적 구분들을 부정한다는 의미가 아니라, 그런 것들로 인해 "안으로 자기 자신을 해치지 않는다"는 의미이다. 이런 면에서 성인은 인간답지 않으며, 그래서 그만큼 더 자연적이다. 앞에서 인용한 『장자』의 단락은 『노자』 제5장의 다음 문장들에 대한 설명으로 이해되어도 좋을 것이다.

> 하늘과 땅은 인간답지 않다.
> 그것들은 만 가지 사물을 지푸라기로 만든 개로 간주한다.
> 성인은 인간답지 않다.
> 그는 모든 백성을 지푸라기로 만든 개로 간주한다.³*

---

3 이 단락에 대해서는 다른 독해도 있다. 마지막 두 글자[芻狗]를 여기서처럼 "지푸라기로 만든 개"가 아니라 "지푸라기와 개"로 해석하는 것이다. 이 해석은 왕필의 주로 거슬러 올라간다. 그러나 나는 Wing-tsit Chan, *The Way of Lao Tzu*, Indianapolis: Bobbs-Merrill, 1963, 107 및 다른 많은 학자의 독해를 따랐다. 이어지는 분석은 나의 다음 논문을 따랐다. "The Discarding of Straw Dogs(Thinking Through the *Laozi*)", in Ewing Chinn and Henry Rosemont Jr., eds., *Metaphilosophy and Chinese Thought: Interpreting David Hall*(New York: Global Schol-

도가적 성인은 "인간답기"는커녕 오히려 하늘과 땅의 태도를 취하면서 인간존재들을 "지푸라기로 만든 개(芻狗)"처럼 대한다. 고대와 현대의 주석가들이 일제히 지적하듯이[4] 지푸라기로 만든 개는 제사를 지내는 중에는 높이 떠받들어지지만 제사가 끝나면 그 의미를 완전히 상실하고 내동댕이쳐질 뿐이다. 『장자』는 어떤 단락에서 다음과 같이 설명한다. "지푸라기로 만든 개는 제물로 바쳐지기 전에는 대나무 상자 안에 담겨 아름답게 수놓은 천에 싸여 있다네. 무당과 제사를 주관하는 자는 미리 재계를 하고 금욕적인 생활을 하다가 때가 되면 그것을 받들고 가지. 그러나 일단 제사가 끝나면 그것은 버려져서 머리와 등줄기가 지나가는 사람들에게 밟히거나 부엌 아궁이의 불쏘시개로나 쓰일 뿐이네."[5]** 이처럼 도가적 성인은 사람들에게 — 적어도 죽은 사람들에게는 — 큰 관심이 있어 보이지 않는다.

나는 이런 맥락을 감안하면 『노자』 제50장은 유가적이고 "인간

---

    arly Publishtions: 2005).

* 제5장: "天地不仁, 以萬物爲芻狗. 聖人不仁, 以百姓爲芻狗."(마왕퇴 갑본·을본; 왕필본)

4 천구잉陳鼓應은 『老子註譯及評價』(北京: 中華書局, 1984, 78-84)에서 주석들에 대해 개괄적으로 설명하고 있다. 이 책은 영 R. Y. W. Young과 로저 에임스Roger T. Ames에 의해 영역되었다. *Lao Tzu: Text, Notes, and Comments*, San Francisco: Chinese Materials Center, 1981.

5 Graham, *Chuang Tzu*, 192[그레이엄, 『장자: 사유의 보폭을 넓히는 새로운 장자 읽기』, 512쪽].

** 『莊子』「天運」: "夫芻狗之未陳也, 盛以篋衍, 巾以文繡, 尸祝齊戒以將之. 及其已陳也, 行者踐其首脊, 蘇者取而爨之而已."(『莊子集釋』, 511-512)

주의적인" 의례주의에 대한 공격으로 읽을 수 있다고 본다. 의례들, 특히 죽음과 관련된 의례들은 유교 문화에서는 지극히 중요한 것이었다. 지푸라기 개를 내다버리는 것에 대해 언급한 것은 의례의 거행을 조롱한 것이다. 영속성, 즉 인간 조상들과 그 일족의 영속성을 찬양해야 하는 의례는 대단히 영속적이지 못한 행사이다. 일단 의례가 끝나면 의례에 사용된 물건들은 그 의미를 완전히 상실하기 마련이다.

여기서 『노자』는 인간의 영속성에 대한 유가들의 탐색은 실패로 돌아갔다고 비판하는 듯 보인다. 도가적 관점에서 보면 영속성은 (조상들과 그 일족이) 계속해서 존재함을 찬양하는 데 기초해서는 안 되고, 오로지 끊임없는 변화에 대한 인식에 기초해야만 한다. 인간존재들은 영속하지 않으며, 유가적 의례가 인간들을 영속하도록 만들어주는 것도 아니다. 둘째, 도가적 관점에서 보면 유가적 의례는 삶과 죽음에 정서적으로 장악된 상태를 표현한 것으로 보이며, 그런 상태는 환영할 만한 것이 아니다. 『장자』와 마찬가지로 『노자』도 유가가 죽음에 정서적으로 사로잡혀 있다고 비판한다. 도가로서는 그런 정서적 집착은 삶을 죽음보다 더 좋아하는 인간적 경향들로부터 생겨나며, 지푸라기 개에게 정서적으로 집착하는 것만큼이나 "자연스럽지 못"하다 ― 유가들조차도 일단 의례가 끝나면 지푸라기 개를 기꺼이 내던져버린다.

지푸라기 개의 이미지는 유가적 의례주의를 비판하고 조롱한 것이기는 하겠지만, 나는 무엇보다도 여기서 쟁점이 되는 것은 그것과 연결되어 있는 "인간주의"라고 생각한다. 하늘과 땅처럼 도가적 성인 역시 특별히 "인간답지" 않고, 인간존재들에 대해 각별한 관심을 가지고 있지도 않다. 도가적 성인에게 인간존재들은 본질적으로 개와 다르지 않으며, 심지어 지푸라기 개와도 다르지 않다. 지푸라기 개가 의례에서 사라지듯 인간도 삶에서 사라진다. 지푸라기 개가 아궁이의 불쏘시개로 변하듯 인간존재들은 천상의 조상들이 아니라, (예컨대) 『장자』에서 이미지를 차용하자면[6] 석궁을 만드는 데 쓰는 목재만큼이나 인간이 아닌 어떤 것으로 변한다. 『노자』 제5장의 두 번째 부분에서 인간이 아닌 풀무에 비유되는 도가적 성인은 인간의 죽음에 무심할 뿐만 아니라 인간존재들 전체에 무심하다. 물론 성인들이 인류를 싫어한다거나 심지어 경멸한다는 말은 아니다. 그들은 단지 여타의 종들보다 인간 종에 더 애착을 가지고 있는 것도 아니고 덜 애착을 가지고 있는 것도 아닐 뿐이다. 성인들은 스스로를 비우면서 감정들을 비울 뿐만 아니라 젠더와 종도 비운다.

『노자』의 비인간주의적 철학은 비인간주의적 문학 형식과 궤를 같이한다. 이 책 제1장에서 논한 바와 같이 『노자』는 실제로 일반 "백성들"이 읽을 수 있도록 저술되거나 만들어진 게 아니었다. 그것은 아주 제한적인 청중들을 겨냥한 것이었고, 애초부터 아주

---

[6] Ibid., 88[그레이엄, 『장자: 사유의 보폭을 넓히는 새로운 장자 읽기』, 236쪽. "저 조물자는 … 차츰차츰 내 오른팔을 빌려 그것을 석궁으로 변화시킬 테지. 그러면 나는 그 덕분에 저녁으로 구운 올빼미를 기다리게 되지 않겠나."].

소수의 사람들, 즉 (성인-)군주가 될 가능성이 있는 사람들을 향해 발언된 것이었다. 그 문체도 비밀스럽고 난해해서 오늘날 서양 사람들이 접근하기 어려운 것만큼이나 확실히 고대 중국의 대다수 사람들도 접근하기 어려운 것이었다. 『노자』의 "교육적" 기능은 지혜를 가능한 한 널리 퍼뜨려야 할 무언가로 여기는 인간주의적 이상과는 매우 달랐다. 서양의 "계몽"은 적어도 점차적으로라도 지식을 모든 이에게 확대해야 할 의무가 있었다. 『노자』에는 그런 교육적 목적이 뚜렷하게 드러나지 않는다. 누가 봐도 그 텍스트는 널리 이해될 수 있게 하려는 그 어떤 시도도 하지 않는다.

『노자』는 인간 일반을 향해 발언하고 있지 않을뿐더러 딱 들으면 알 수 있는 인간적 목소리로 말하지도 않는다. 그 텍스트에 대한 이전의 해석들, 특히 서양의 초창기 번역들은 『노자』를 한 명의 개인 저자가 자신의 사상을 표현하고 있는 것처럼 독해하였다. 이런 경향은 해석학적으로 해결책보다는 문제점을 더 많이 낳았다. 그 텍스트에는 발화하고 있는 일인칭 주어 "나"가 거의 없으며, 있다 해도 이야기를 들려주고 있는 "나"라기보다는 이야기되고 있는 내용에 자신을 동일시할 독자나 청자의 "나"인 것처럼 보인다. 그런 개인적 목소리의 부재를 감안한다면 그 텍스트를 하나로 묶어줄 특정한 "의도"도 없다. 선형적으로 펼쳐지는 이야기도 없고, 논증의 전개도 없다. 그런 것들이 있다고 가정하는 것은 "인간주의적" 형식을 갖고 있지 않은 텍스트를 "인간화함"을 의미할 것이며, 이는 해석학적인 오류이다. 개인 저자가 있고 일반 독자가 있다는 생각은 현대 서양의 관념들이며, 따라서 어떤 의미에서는 『노자』에는 적용되지 않는 인간주의적인 범주들이다.

『노자』의 문학적 구성에 그런 "인간주의적" 기본 요소들이 결여되어 있다는 점은 그 텍스트의 더 많은 비인간주의적 특징들로 이어진다. 그것은 어떤 고정된 형태나 모습을 갖고 있지 않다. 그것의 확정된 버전을 보여줄 어떤 "원본"도 없다. 말하자면 그 텍스트는 "스스로 그러하게" 진화했다. 이는 그 텍스트를 기록한 실제 사람들이 없다는 의미가 아니라, 이 사람들이 개인의 자격으로는 저자로 인정될 수 없다는 의미이다. 한 명의 동일한 저자author를 식별해낼 수 없다는 점은 이 용어의 엄밀한 의미를 생각해볼 때 결과적으로 그 텍스트의 권위 있는authoritative 특수한 형태를 식별해낼 수 없다는 말이 된다. 『노자』는 계속해서 스스로를 "변형시켰으며", 최신 번역들은 이 점을 정확하게 반영하고 있다. 예를 들어 로저 에임스와 데이비드 홀의 번역은[7] 기존에 없던 한문 원문과 함께 나오는데, 그 원문은 "고전적인" 주석본들뿐만 아니라 새롭게 발견된 고대의 필사본들까지 포함한 상이한 버전들을 대조하고 검토해서 나온 결과물이다. 이 때문에 전통적인 "인간주의적" 문헌학의 관점에서 보면 에임스와 홀은 신성모독으로 비난받을 수도 있다. 그들은 하나의 동일한 "원본"을 취해야 한다는 원칙을 어겼다. 그러나 『노자』의 경우 나는 그들을 옹호하는 입장에서 논증할 것이다. 하나의 동일한 원본을 찾으려는 시도들은 모

---

[7] Roger T. Ames and David Hall, *Daodejing: "Making This Life Significant": A Philosophical Translation*(New York: Ballantine, 2003).

두가 "인간주의적" 편견을 반영하고 있다.

이 책의 제3, 4, 5장에서는 "현대인"에게는 본래부터 인간적인 듯이 보이는 영역에 대해 『노자』가 어떻게 비인간주의적인 상을 제시하는지 검토하였다. 『노자』에서 사회는 원래 인간적인 것이 아니라 우주적 과정들 속에 깊숙이 박혀 있고 그 속에 포함되어 있다. 고대 중국의 농경 사회는 인간의 행위에 의존했다기보다는 기후 같은 현상들에 의존했다. 가뭄이 들거나 지진이 발생했을 때 사람들이 할 수 있는 일은 그리 많지 않았다. 인간의 삶은 자연의 일에 주제넘게 나서기보다는 "하늘과 땅"의 리듬, 즉 음과 양의 리듬을 따라야만 했다. 더 큰 우주의 작용 속에서 사람들의 영역은 하늘과 땅의 영역 내에 존재할 뿐이었다. 그리고 이런 관점에서는 인간 사회에 대해서라 해도 자연으로부터 유리시켜 인간주의적 개념을 갖는 것은 한쪽으로 치우친 것이거나 "추상적인" 것이 될 것이다. 인간의 삶에 관한 한 하늘과 땅은 무시될 수 없으며, 사회는 자연의 관점에서 이해되어야지 그 반대가 되어서는 안 된다.

『노자』에는 우주적 과정과 인간적 과정 사이의 상호 의존성이 두드러지게 나타난다. 우리 시대에는 오로지 인간적인 문제로만 제시되곤 하는 사안과 관련해서 특히 그러하다. 『노자』의 관점에서 보면 섹슈얼리티는 인간적인 것이라기보다는 우주적인 것이다. 그리고 출산은 더 광범위한 사안으로서 그 속에서 인간의 생식은 단지 하나의 계기일 뿐이다. 사계절이 계속해서 재생되고 동식물들이 새롭게 삶을 시작하는 일이 없다면 인간의 출산도 불가능할 것이다.

이런 상황들을 감안할 때 사람들의 통치 또는 인간의 정치는 우주적 과정에 대한 고려 없이 수행되어서는 안 된다. 인간의 "문화"는 "자연"으로부터 고립될 수 없다. 애초부터 자연과 문화라는 "인간주의적" 이분법은 없다. 국가의 질서는 더 큰 우주의 질서 속에 있는 하나의 계기이며, 어떤 한 영역에 적용되는 질서의 원리들은 다른 영역에 적용되는 질서의 원리들과 동일하다.『노자』에서 성인-군주는 인간적인 사안들에는 덜 몰입한다. 이는 리바이어던Leviathan의 군주처럼 서양의 초창기 모더니티에서 상상했던 모델들 속의 군주와는 다르다. 리바이어던의 군주는 사람과 자연을 중재하고 사회와 우주 사이의 연결 고리로서 작용하기보다는 특별히 인간적인 관심사로부터 그리고 특별히 인간적인 이해관계들 때문에 통치를 해야 한다. 성인-군주는 여러 사람 중의 한 사람이라기보다는 하늘과 사람과 땅 사이의 변하기 쉽고 깨지기 쉬운 균형의 축이다.

이 책의 제6, 7, 8, 9장에서는 인간 실존의 심리학적이고 인지적인 측면들을 다루었다.『노자』는 이런 영역들에서 활동을 최소화하거나 줄이는 방법들을 지지하는데, 이는 인간적인 것을 탈인간화하는 것에 가깝다. 도가적 성인은 욕구, 의도, 감정, 판단과 같이 명확하게 인간적인 특징들을 결여한 인간존재로 그려지고 있다. 인간의 영역과 하늘과 땅 사이의 연결 고리로서 성인은 하늘과 땅이 인간적 범주들에 당연히 무심한 만큼 인간적 범주들에 무심해진다. 하늘과 땅은 "돌보지" 않으며,『노자』의 도가적 성인 역시 돌보지 않는다. 그러나 돌봄의 이런 부재는 "부주의함"이 아니라 오히려 그 반대이다. 그것은 인간 세상을 더 큰 우주에 매끄럽게, 그래서 마찰 없이 통합시키기 위한 조건이다. 성인들의 정서적이고 인지적인 비非활동성은 나라를 공평무사하게 통치하기 위한 조건일 뿐만 아니라, 더 중요한 것은 "스스로 그러하게(自然)" 일어나는 일들에 대해 간섭하지 않을 수 있는 능력의 조건이기도 하다는 것이다. 성인-군주들은 자기를 비움으로써 그 어떤 사적 또는 개인적 이해관계로부터도 자유로울 수 있다. 그런 이해관계들은 필연적으로 "이해관계의 충돌"을 낳아 세계의 조화로움을 침해하는 결과를 낳을 것이다.

성인의 인간적이지 않은 (비非)특성들은 인간들을 세계에 매끄럽게 통합시킨다. 이것은 순수한 내재성의 세계로 귀결된다. 성인은 인류의 내재성을 실질적으로 분명하게 드러내 보인다. 세계에 대해 "초월적인" 위치에 있는 인간적 특성은 그에게 하나도 남아 있지 않다. 사람은 "물질적인" 것들을 인지적으로 ― "관념들"을 통해서 ― 초월하는 능력을 본래부터 지닌 초월적 신의 형상에 따라 창조된 것이 아니다. 자연을 제압할 프로그램은 없으며, 인간에게는 어떤 종류의 우월성도 부여되어 있지 않다. 인간의 영역은 우주의 다른 나머지 부분만큼이나 "유기체적으로" 또는 이런 메타포가 괜찮다면 "기계장치처럼machinically" 작동한다.

성인들은 자신들의 인간적 "충동들"을 억제함으로써 모든 인류의 충동들을 억제한다. 성인들은 인간의 모든 "죄"를 스스로 떠안는 인류의 구원자 역할을 하는 것이 아니라, (적어도 『노자』의 정치

철학에서는) 다른 모든 이를 위해서 그들의 인간적 특징들을 포기한다. 이것은 기독교의 모델과는 현저히 다른 점이다. 예수 그리스도를 통해 하느님은 인간이 되었으며, 예수는 모든 인간을 구원하고 고귀하게 만들기 위해서 특유의 인간적 모습을 하고 있었다. 이런 기독교적인 인간화의 모델은 도가적 전략과 정확히 반대되는 것으로 보인다. 『노자』는 모든 인간적 "충동"을 줄인 이상적 존재를 통해서 인류에 도움이 되는 것을 목표로 한다.

『노자』의 비인간주의적 철학은 현대 서양의 인간주의에 익숙한 독자들에게는 꽤나 매력 없는 것으로 보일 수도 있다. 기독교는 철저히 인간주의적인 종교이다. 이는 기독교의 거의 모든 변종에도 해당된다. 그리고 계몽주의가 종교적 "상부구조"를 벗어나려는 경향을 보이는 동안 종교적 가치들은 종종 세속화됨으로써 인간주의의 핵심이 보존되었을 뿐만 아니라 심지어 증폭되고 응축되었다. "인간의 권리"나 "인간의 존엄성"과 같은 개념들은 명백히 인간주의적이다. 그러나 "자유"와 "해방", "민주주의"와 "정의", 심지어 "교육"과 "건강"과 같이 훨씬 더 구체적인 이상들도 충분히 인간주의적이며, 현재 서양 사회에서 공적으로 엄청난 위세를 누리고 있다. 이 용어들은 관련된 많은 용어와 마찬가지로 현대사회에서 지배적인 의미론을 구성하고 있다. 그리고 『노자』에는 그 용어들과 연결될 만한 것들이 별로 없다. 오히려 『노자』의 비인간주의적 철학은 종종 이런 의미론과는 정반대된다. 그렇다면 『노자』는 우리 시대의 철학적 "스캔들"인 것일까? 의례가 더 이상 거행되지 않으면 거기서 사용되었던 지푸라기 개는 버려지듯이 『노자』도 버려져야만 하는 것일까? 나는 그렇게 생각하지 않는다. 확실히 『노자』를 "글자 그대로" 취할 수도 없고 그것의 비인간주의적 가르침들을 우리 시대에 즉각적으로 채택할 수도 없다. 그렇지만 『노자』는 아직도 만연해 있는 다소 낡은 인간주의적 자기 기술들self-descriptions을 극복하려는 시도에 중요한 기여를 할 수 있다.

인간주의적인 의미론은 서양 사회에서는 여전히 공적 담론과 여론을 지배하고 있기는 하지만 여기서조차 그 철학적 신뢰를 많이 잃어가고 있다. 인간주의적인 어휘에 저항하는 철학적 반란은 적어도 프리드리히 니체로 거슬러 올라간다. 그의 유명한 혹은 악명 높은 "초인overman"은 "슈퍼휴먼superhuman"이나 "슈퍼맨superman"이라기보다는 편협한 인간주의적 범주들을 넘어서는 새로운 인간 개념이다. 가장 영향력이 큰 현대 사상가들 중 일부는 니체의 비인간주의를 받아들였고, 이른바 대륙 철학에서 특히 그러했다. 미셸 푸코Michel Foucault의 책 『말과 사물The Order of Things』은 중국의 한 백과사전에 나와 있는 허구적이면서도 상당히 현실성 있는 기술로 시작한다.* 그 기술은 단연 비서양적이고

---

* 미셸 푸코, 『말과 사물』, 이규현 옮김, 2012, 민음사, 7쪽(『말과 사물』의 영어판 제목은 *The Order of Things*이지만 프랑스어 원서 제목은 *Les mots et les choses*이다). "보르헤스의 텍스트에 인용된 '어떤 중국 백과사전'에는 '동물이 a)황제에게 속하는 것, b)향기로운 것, c)길들여진 것, d)식용 젖먹이 돼지, e)인어人魚, f)신화에 나오는 것, g)풀려나 싸대는 개, h)지금의 분류에 포함된 것, i)미친 듯이 나부대는 것,

비인간주의적으로 실재를 범주화하는 방식을 보여준다. 그리고 그 책은 "인간은 인간의 앎에 대해 제기된 가장 오래된 문제도 가장 지속적인 문제도 아니다"라는 결론으로 끝맺는다. 현대의 인간 개념은 16세기 유럽의 발명품이다. 푸코는 말한다. 우리 사회가 다시 변한다면 "장담하건대 인간은 바닷가 모래사장에 그려놓은 얼굴처럼 사라질지도 모른다."[8]

사람은 적어도 계몽주의 시대 이래로 우리 앎의, 즉 우리가 세계를 이해하는 방식의 "근본적인 배치"가 되어왔다.* 그러나 푸코가 보여주듯이 이 배치는 "자연적인" 것이 아니라 역사적으로 발생한 것이다. 세계를 인간적인 용어들로 기술하는 것이 필연적인 것은 아니며, 인간적인 용어들이 그런 기술에 가장 적합하다는 보장도 없다. 질 들뢰즈Gilles Deleuze 같은 다른 탈현대적 저자들은 푸코의 비판을 더 멀리까지 밀고 나갔으며, 새롭기도 하고

---

j)수없이 많은 것, k)아주 가느다란 낙타털 붓으로 그린 것, l)기타, m)방금 항아리를 깨뜨린 것, n)멀리 파리처럼 보이는 것'으로 분류되어 있다는 것이다."

8 Michel Foucault, *The Order of Things: An Archaeology of the Human Sciences*(New York: Vintage, 1994), 386-387[미셸 푸코, 『말과 사물』, 이규현 옮김, 2012, 민음사].

* 미셸 푸코, 『말과 사물』, 526쪽. "요컨대 동일자의 그 깊은 역사가 내보이는 모든 국면 중에서 150년 전에 시작되었고 어쩌면 이제 종결되고 있는 중일 단 하나만이 인간의 형상을 출현하게 했다. 그것은 오랜 불안으로부터의 해방, 먼 옛날부터의 막연한 근심에 대한 날카로운 자각, 개인적인 신념이나 사고방식의 올가미에 오랫동안 걸려 있던 것의 객관적인 검토가 아니었다. 즉 그것은 근본적인 지식의 배치에서 일어난 변화의 결과였다. 사유의 고고학이 보여주듯이 인간은 최근의 시대에 발견된 형상이다. 그리고 아마 종말이 가까운 발견물일 것이다."

때로는 신경을 자극하는 철학적 개념들, 예컨대 "리좀rhizome" 같은 개념들을 제시하였다. 그 개념들은 비인간주의적인 것이 분명하지만, 더 정확히 말하면 "유기체적" 또는 "기계적machinic"이다. 『노자』의 철학은 현대 서양의 인간주의와는 강하게 충돌하는 반면, 탈인간주의적 사상에서 현재 일어나고 있는 발전들과는 흡사한 면들이 있다. 푸코의 말을 진지하게 받아들인다면 이는 깜짝 놀랄 만한 것은 아니다. 현대 서양 세계의 "짙은" 인간주의가 하나의 역사적 현상이라면, 다른 전통들이 그것을 공유하지 않는다는 점, 그래서 그 전통들이 적어도 인간주의적이지 않다는 점에 있어서는 탈현대적 발전들에 비견할 만하다는 점은 뜻밖의 사실이 아니다. 나는 도가와 탈현대 철학 사이의 일치점들은 전前인간주의적pre-humanist 철학과 탈인간주의적post-humanist 철학 사이의 일치점들이기도 하다고 주장하고자 한다. 그런 유사점이 있다는 것은 ─ 그중 어느 쪽도 인간주의적이지 않다는 이유에서 ─ 그리 놀랄 일은 아니다. 그리고 인간주의적 의미론이 여전히 만연해 있기 때문에 이 유사점들은 눈에 띄게 돋보일 수도 있다. 바꿔 말해 전인간주의적 『노자』와 푸코 및 들뢰즈 같은 탈인간주의적 저자들은 똑같이 "거북스러운" 것으로 감지될 수도 있다. 그러나 양쪽 다 모래사장에 그려놓은 그 얼굴을 지우는 데 기여할 수도 있다. 이는 여전히 그 바닷가에서 놀고 있는 사람들에게는 기쁜 일이 아닐 것이다.

비인간주의적 『노자』가 "현대적"으로 어떤 관련성을 맺고 있는

지는 이상과 같은 텍스트적 쟁점, 사회적 쟁점, 인지-심리학적 쟁점으로 구분해서 추적해볼 수 있을 것이다.

이 책의 제1장에서 나는 『노자』라는 텍스트의 특징들을 오늘날의 하이퍼텍스트에 비유하였다. 『노자』는 단 한 명의 저자가 한 명의 청중에게 이야기하는 전통적인 "인간주의적" 텍스트의 선형적 전개 방식 대신, 열려 있는 텍스트의 구조를 보여준다. 그런 열린 구조들은 우리 사회에서 점차적으로 표준이 되어가고 있다. 책들은 여전히 읽히고 있지만(지금 이 책의 경우에 있어서는 그러기를 바라지만), 텍스트의 다른 형식들이 늘어나고 있다. 인터넷상에서는 전통적인 인간적 의사소통의 형식들이 더 이상 준수되지 않는다. 대화는 다수의 필명을 사용해서 이루어지고 있고 의사소통의 기호 체계도 너무 심하게 전문화되어서 거기에 참여하려면 "전문적" 언어에 대해 고도로 친숙해지는 것이 필요하다. 이런 담론들에서는 개별적인 인간적 출처는 식별해낼 수가 없다. 수많은 이질적 담론이 출현하고, 그 담론들은 각각의 고유한 규칙들을 생성해 냄으로써 체계적으로 기능하는 듯 보인다.

전통적인 미디어조차 점점 더 표준화되어가고 있다. 연속극들은 집단적으로 집필되고 있고, 작가 개인은 교체 가능하며 계속해서 교체되고 있다. 소위 "리얼리티 TV"는 결코 전통적인 의미에서의 "리얼함"을 보여주지 않는다. 보드리야르Baudrillard의 용어를 사용하자면 그것은 미디어 외부에 있는 인간의 리얼리티를 반영하지 않는 시뮬레이션된 리얼리티이다. 사람들은 뉴스 채널을 시청할 때조차도 "개인적인" 의사소통의 생산물과 마주하는 것이 아니라, 여러 층위에서 나란히 "상연되는" 다양한 정보, 즉 구두로 이루어지는 해설, 화면에 동시에 나오는 갖가지 문자 텍스트들, 시각 정보 등등을 마주하게 된다. 현대사회의 큰 부분을 차지하고 있는 의사소통의 유형들에서 "인간적" 요소들을 식별해내기란 거의 불가능하다.

이론의 여지는 있겠지만, 현대사회에서 가장 많은 양의 텍스트를 생산해내는 영역은 매스미디어와 인터넷일 것이다. 이 매체들의 텍스트 생산은 전통적인 인간주의적 개념들로는 적절하게 분석하기가 무척 어렵다. 오늘날 텍스트들의 대부분은 일찍이 디킨스Dickens의 소설들이나 칸트의 철학 저작들이 저술되었던 방식으로 더 이상 저술되지 않는다. 전통적으로 그런 텍스트 생산물들은 "인문학humanities" 내에서 연구되었지만, 텍스트들을 이해하는 것과 관련해서 이 개념은 점점 더 쓸모없는 것이 되고 있다. 인문학은 계몽주의 정신에 입각해서 인문학이라고 불렸다. 계몽주의는 텍스트를 주체성의 생산물이자 주체성을 위한 생산물로 여겼다. 그러나 이 전제들은 더 이상 일반적 타당성을 갖지 못한다. 21세기의 매스미디어는 "주체성"의 사례들이 거의 아니며, 이 현상들을 연구하기 위해서는 새로운 분과 학문들이나 방법론들이 발명되어야만 한다.

이런 급격한 변화들을 감안할 때, 문헌 분석의 전통적인 범주들이 『노자』 같은 텍스트들의 수용 방법을 반드시 지배하는 것은 아닐 것이라고 추정해볼 수 있다. 탈인간주의적 해석학에 기초해서 전인간주의적 『노자』가 새로운 각도에서 출현하는 것으로 밝혀질 수도 있다. 그리고 어쩌면 고대의 전인간주의적 텍스트들을 새롭게 연구하는 것은 미래의 탈인간주의적 해석학을 발전시키는 데 보탬이 될지도 모른다.

현대의 독자들에게 훨씬 더 충격적일 수도 있는 것은 『노자』의 텍스트적 특징들보다는 그것의 사회적이고 정치적인 측면들일 것이다. 『노자』는 사회를 개인들의 공동체로 보지 않으며, 인간들이 그들의 공동체가 정의롭고 유익할 수 있도록 그것을 정치적으로 조직하는 창의적 방법들을 강구한다고 암시하지도 않는다. 요컨대 『노자』는 사회를 인간적 행위주체성에 의해 구성되는 것으로 보지 않는다. 사회에서 가장 힘이 강한 인간존재인 성인-군주조차도, 그리고 누구보다도 성인-군주야말로 행위하지 않는다.

인간적 행위주체성의 결여는 확실히 현 사회에 대한 지배적인 기술記述에는 반하지만, 나는 그것이 실제로 사회 현실과 그렇게까지 상충되는지는 잘 모르겠다. "자유로운" 사회에서 인간들은 확실히 자신들이 사회를 통제한다고 생각하는 경향이 있지만, 정치적으로 힘이 강한 자들이 실제로 그들의 행위주체성을 통해서 사회를 형성하는지에 대해서는 도가적인 국가에서처럼 의문을 품을 수 있다.

심지어 대통령과 정부도 사건들을 조종할 수는 없다. 그들이 여러 결정을 내릴 수는 있지만, 그 결정들이 실제로 어떤 사태들을 야기할지는 언제나 불분명하다. 정부에 따라서는 새로운 법률을 도입할 수도 있겠지만, 이것이 의도한 결과를 가져올 것이라는 보장도 없다. 또 다른 정부는 전쟁을 일으킬 수도 있겠지만, 이 결정이 바라는 결과를 가져오는 데 실패할 수도 있다. 인간적 행위주체성은 당연한 것으로 여겨지지만, 사회에서 일어나는 일이 실제로 정치적 의사 결정자들이 했던 행위의 직접적 결과인지는 분명치 않다. 『노자』에서처럼 정치권력과 리더십의 기능은 보기에 따라서는 실천적인 면보다 상징적인 면이 더 클 것이라고 추정하는 것은 어쩌면 전적으로 이상한 것이 아닐 수도 있다. 리더들은 사회 통합을 증명하며, 질서가 확립되어 있고 규칙들이 적재적소에 적용되고 있다는 인상을 준다. 그러나 지배적인 의미론에도 불구하고 정치 리더들이 실제로 말 그대로 사회를 리드할 수 있는지는 분명하지 않다.

경제가 돌아가는 데 있어서도 마찬가지로 인간적 행위주체성이 결여되어 있을 수 있다. 소위 시장의 메커니즘들은 사실상 개인들의 특정한 경제적 결정들에 기인한다고 할 수 없는 경우가 종종 있다. 통화의 증가나 감소, 인플레이션 또는 디플레이션의 증가나 감소는 그 원인으로 지목할 수 있는 특정 개인이나 집단이 없다. 경제적 전개 양상들을 회고적으로 어떤 사람들이나 어떤 결정들, 예를 들면 정부의 감세 조치 같은 결정에 기인하는 것으로 보는 데 익숙하다고 할지라도 이런 주장들은 심히 의심스러운 것이다. 그것이 정말로 경제 행위자로서 경제를 조종하는 정치가들이나 다른 인간 존재들에 의해 좌우되는 것이라면 왜 불경기가 발생하겠는가? 경제적 전개 양상들의 원인을 사후에 인간의 결정들로 돌리려는 경향은 실제 인간의 경제적 행위주체성보다는 그런 귀인歸因들에 대한 인간의 의지를 입증해 보이는 것인지도 모른다.

심리학적이고 인지적인 영역에서 인간적 행위주체성이 갖는 잠재력 또한 현재의 탈인간주의적 관점뿐만 아니라 도가의 전인간주의적 관점에서 볼 때 문제시될 수 있다. 그런 개념들에 덧붙여진 인간의 자만심을 "자유의지"와 동일시했던 것은 역시 프리드리히 니체(그리고 이후 그를 본받은 지크문트 프로이트Sigmund Freud)였다. 근대 서양의 "계몽주의"에서 매우 높게 평가했던 자유의지는 실제 우리의 심리학적 구조에서는 대단치 않은 하나의 요소에 불과한 것일지도 모른다. "자아"는 의식의 실제 "주인"이라기보다는 그것의 구성물이거나 생산물이다. 통제할 수 없는 욕구들과 본능들이 있으며, 접근할 수 없는 무의식이 있다. 우리의 "자아"는 그 무의식과의 관계에서 다소 무력해 보인다. 현대의 실험심리학이 보여주듯이 의지를 가진 행위주체성에 기인하는 것으로 간주되기는 하지만 사실상 우리가 자동적으로 수행하고 있고, 또 그렇게 할 때에만 가장 잘 수행할 수 있는 수많은 행위가 있다.[9] 우리는 운전하는 방법에 대해 계속해서 생각하지 않는 법을 배움으로써 차를 운전하는 법을 배운다. 차량들이 물 흐르듯 지나갈 수 있도록 우리는 의식적인 결정들을 줄이는 법을 배운다. 차량들의 질서 정연한 흐름은 운전에 관여하는 개인적인 "자아들"을 최소화하는 것에 달려 있다. 『노자』는 인간들의 자아-집중ego-focus을 줄임으로써 사회에서도 이와 유사한 자동적 흐름이 생겨나는 것

---

[9] *American Psychologist* 54·7(July 1999)에 실려 있는 "자동성automaticity"에 대한 일련의 논문들을 보라.

을 상상한다.

나는 전인간주의적인 또는 탈인간주의적인 철학적 관점이 인간주의적인 관점보다 더 매력적이라고 확신하지는 않는다. 프로이트의 자아의 "상대화"는 (우리가 우주의 중심에 있지 않음을 보여준 코페르니쿠스와 우리가 창조의 시작점에 존재하지 않았음을 보여준 다윈 이후) 인간의 자만심에 대한 세 번째 모욕으로 불려왔다. 그리고 자만심은 모욕을 당하면 종종 불편함을 느끼게 된다. 세계에 대한 인간주의적 전망이 어쩌면 전인간적 대안과 탈인간적 대안보다도 더 마음에 들고 더 공감이 되며 비위에도 더 맞을 것이다. 그러나 아주 인간적인 이유로 두 대안을 선택할 가능성은 여전히 있다. 비인간주의적 관점은 더 진실되고 겸손한 자기 기술이다. 그것은 인간들이 할 수 있는 게 무엇인지, 또는 해야 하는 게 무엇인지를 고려할 뿐만 아니라, 인간들이 하는 척할 수 없는 게 무엇인지, 그리고 그렇기 때문에 어쩌면 하는 척해서도 안 되는 게 무엇인지를 고려하는 자기 기술이다. 그것은 적어도 at least 그리고 마침내 at last 인간들을 많은 곤란으로부터 벗어나게 해줄 것이다.

부록 I
『도덕경』 판본의 역사

『노자』 또는 『도덕경』의 판본의 역사는 매우 복잡하고, 그것의 초기 단계들은 대부분 알려져 있지 않다. 그 텍스트의 현존하는 필사본들 중 가장 오래된 것들은 최근인 1993년 중국의 곽점촌郭店村에 있는 고대의 한 무덤에서 발견되었다. 이 필사본들은 후대의 표준 판본이나 통용본textus receptus의 일부를 담고 있으며, 기원전 300년경에 저술되었다. 일반적으로 그 텍스트, 또는 최소한 그 내용은 다양한 기원을 갖는 더 오래된 구술 전통으로부터 유래했을 것으로 추정되고 있다.

두 번째로 가장 오래된 필사본은 그보다 20년 앞서(1973년) 발견된 것으로 기원전 200년경으로 거슬러 올라간다. 이 필사본들은 마왕퇴馬王堆라고 불리는 곳에 있는 한 무덤에서 발견되었으며, 후대의 통용본과 거의 완벽하게 일치하는 두 종류의 판본을 담고 있다.

고대의 필사본들은 저자나 본문 전체의 제목을 표시한 경우가 없다. 한漢 왕조(기원전 206-기원후 220) 때 여러 판본과 주석서가 있었던 것으로 알려져 있지만, 현재 이 시기에 통용된 『노자』의 완전한 판본은 남아 있지 않다. 그것은 애초에 "노자"라는 이름으로 알려졌으며, 노자가 당연히 이 본문의 저자인 것으로 간주되었다. 한 왕조에서는 "도道와 그것의 효력에 대한 경전", 즉 "도덕경"이라는 영예로운 호칭이 주어졌다.

『노자』 통용본은 왕필(226-249)의 판본이다. 왕필의 『노자』는 그의 철학적 주석과 함께 『노자』 판본의 역사와 후대의 해석들, 더 최근에는 다른 언어로 번역된 책들에까지 중대한 영향을 미쳤다. 그러나 현대에 이루어진 연구는 오늘날 알려져 있는 왕필본이 최초의 판본이 아님을 시사한다.

『노자』의 간명한 역사는 Roger T. Ames and David Hall, *Daodejing: "Making This Life Sigfinicant": A Philosophical Translation*(New York: Ballantine, 2003), 1-10에 실려 있다. 『노자』라는 텍스트의 역사에 대한 다른 권장할 만한 학술적 개괄로는 다음을 보라. William G. Boltz, "Lao tzu Tao te ching", in Michael Loewe, ed., *Early Chinese Text: A Bibliographical Guide*(Berkeley: The Society for the Study of Early China and The Institute of East Asian Studies, University of California, Berkeley, 1993), 269-292.

부록 II
『도덕경』의 영역본들

아래 목록에 제시된 번역서들은 모두 서로 다른 이유에서 추천한 것들이다. 어떤 번역서는 그 번역서가 나온 시대에 서양인들이 보여준 수용력을, 특히 철학적인 수용력을 문헌으로 뒷받침하는 데 역사적 관심이 있다. 또 어떤 번역서는 가장 최근의 학문적 성취를 보여주고 있고, 어떤 번역서는 내가 보기에 문학적으로 또는 학술적으로 높은 수준을 보여주고 있으며, 둘을 겸비하고 있는 경우도 있다. 이 목록은 연대순에 따른 것이다.

이 목록에 포함되지 않은 다른 좋은 번역서들도 틀림없이 있을 것이다. 그러나 시중에 나와 있는 번역서들 중에는 (학술적 관점에서 보면) 그 질이 의심스러운 것들 또한 많다. 『노자』를 읽을 때에는 여러 번역서를 비교해서 보는 것이 유익하다. 번역이 크게 다른 경우도 종종 있을 것이다.

나는 마왕퇴 필사본 『노자』의 독일어 번역서를 출간한 바 있다(*Laotse: Tao Te King: Nach den Seidentexten von Mawangdui* [Frankfurt am Main:

Fischer, 1995]). 영어 번역서도 오픈 코트Open Court 출판사에서 곧 출간될 예정이다.*

Roger T. Ames & David Hall, *Daodejing: "Making This Life Significant": A Philosophical Translation*, New York: Ballantine, 2003.

이 번역서는 제목이 말해주듯이 철학적 관점에서 『노자』를 제시한다. 이 책은 강력히 추천할 만한 서론과 철학적 핵심 개념들에 대한 정의들, 그리고 곽점에서 출토된 판본들에 대한 학문적 분석을 담고 있다.

Rudolf G. Wagner, *A Chinese Reading of the Daodejing: Wang Bi's Commentary on the Laozi with Critical Text and Translation*, Albany: State University of New York Press, 2003.

이 책은 번역서라기보다는 중국학 연구서이다. 학자들에게만 추천한다.

Philip J. Ivanhoe, The *Daodejing of Laozi*, Indianapolis and Cambridge: Hackett, 2003.

가독성이 높은 이 번역서는 최근의 학술적 성과들을 참작하고 있으며, 『노자』 제1장에 대한 상이한 번역들을 비교하는 부록을 포함하고 있다.

---

* 이 영역본은 2007년에 출간되었다. 28쪽의 옮긴이 각주를 참조하라.

Robert G. Henricks, *Lao Tzu's Tao Te Ching: A Translation of the Startling New Documents Found at Guodian*, New York: Columbia University Press, 2000.

이 번역판은 곽점에서 출토된 자료들에 대한 상세한 분석과 학술적 번역을 담고 있다. 부록은 사마천司馬遷의「노자열전老子列傳」에 대한 번역과 곽점본을 마왕퇴본 및 왕필본과 한 줄 한 줄 비교한 부분, 그리고 구두점과 장章 구분에 대한 서술을 포함하고 있다.

Richard John Lynn, *The Classic of the Way and Virtue: A New Translation of the Tao-Te Ching of Laozi as Interpreted by Wang Bi*, New York: Columbia University Press, 1999.

왕필의 『노자주老子注』를 번역한 이 책은 왕필의「노자지략老子指略」뿐만 아니라 그에 대한 상세하고도 흥미로운 연구를 포함하고 있다.

Victor H. Mair, *Tao Te Ching: The Classic Book of Integrity and the Way*, New York: Quality Paperback Book Club, 1998.

중국학자가 쓴 가독성 높은 이 번역서는 마왕퇴 필사본들에 기초하고 있다. 후기에서 번역자는 『노자』라는 텍스트의 구술적 배경을 분석하고, 고대 인도 힌두교의 관습 및 텍스트들과 『노자』의 관련성을 입증하려고 한다. 내가 아는 한에서 이 가설은 일반적으로 받아들여지고 있지는 않다.

Michael Lafargue, *Tao and Method: A Reasoned Approach to the Tao Te Ching*, Albany: State University of New York Press, 1994.

이 책은 『노자』와 그 역사적 배경에 대한 상세한 연구이다. 저자는 그 자신의 해석학적 접근 방식을 펼쳐 보인다.

Robert G. Henrics, *Lao-Tzu: Te-Tao Ching: A New Translation Based on the Recently Discovered Ma-Wang-Tui Texts*, New York: Ballantine, 1989.

이 번역판은 필사된 마왕퇴 판본들을 문헌학적 분석에 초점을 둔 장章별 주석과 함께 제시하고 있다.

D. C. Lau, *Lao Tzu: Tao Te Ching*, London: Penguin, 1963; and Hong Kong: Chinese University of Hong Kong Press, 1982.

이 펭귄판은 널리 읽히고 있고 가독성도 높으며, 『노자』의 구술적 기원에 대한 라우Lau의 영향력 있는 분석을 담고 있다. 홍콩판은 마왕퇴 필사본들에 대한 번역을 담고 있다.

R. Y. W. Young and Roger T. Ames(translators), Chen Guying(author), *Lao Tzu: Text, Notes, and Comments*, San Francisco: Chinese Materials Center, 1981.

이 번역판에서는 『노자』에 대한 주해와 논평이 붙은 천구잉陳鼓應의 번역판*을 소개하고 있다. 『노자』라는 텍스트에 대한 현대

---

* 陳鼓應, 『老子註譯及評價』, 北京: 中華書局, 1984.

중국인들의 학술적 성과를 간파할 수 있게 해준다.

Ariane Rump and Wing-tsit Chan, *Commentary on the Lao Tzu by Wang Pi*, Honolulu: University of Hawaii Press, 1979.

이 번역판은 『노자』의 철학적 타당성을 강조하는 왕필의 주에 대한 번역과 함께 윙칫찬陳榮捷의 『노자』 번역을 담고 있다.

Paul J. Lin, *A Translation of Lao-tzu's Tao Te Ching and Wang Pi's Commentary*, Ann Arbor: University of Michigan Center for Chinese Studies, 1977.

이 번역서는 왕필의 주를 소개하고 있다.

Wing-tsit Chan, *The Way of Lao Tzu*, Indianapolis: Bobbs-Merrill, 1963.

윙칫찬의 이 번역서는 『노자』를 매우 "형이상학적인" 관점에서 제시한다. 이 번역서는 『노자』가 철학적으로 수용되는 데 큰 영향을 미쳤다.

Eduard Erkes, *Ho-shang-kung's Commentary on Lao-tse*, Ascona: Artibus Asiae, 1950.

하상공河上公의 주석본은 왕필의 주석본 다음으로 가장 중요하고 전통적인 한문 판본이며, 중국에서는 특별히 도교 수행에 영향을 미쳤다.

Arthur Waley, *The Way and Its Power: A Study of the Tao Te Ching*, London: Allen and Unwin, 1934.

이 "고전적" 번역서 또한 『노자』를 수용하는 데 대단히 큰 영향을 미쳤다. 이 책은 시적인 방식으로 본문을 제시한다.

James Legge, *The Texts of Taoism: The Tao Teh King; The Tao and Its Characteristics*, Oxford: Oxford University Press, 1891.

이 번역서는 서양의 선교사 학자들에 의해 『노자』가 초기에 어떻게 수용되었는지를 반영하고 있다.

옮긴이의 말

『도덕경』(이하『노자』)은 2000년이 넘는 긴 시간 동안 동아시아 인들에게 사랑을 받아온 고전이다. 이 고전은 도가적 사상 배경을 가진 사람들뿐만 아니라, 유교나 불교 등 다른 사상 배경을 가진 사람들에게까지 널리 탐독되었고 이들에 의해 수많은 주석서가 탄생했다. 현대에 들어『노자』는 여러 문화권에서 다양한 언어로 번역되고 같은 언어라 할지라도 새로운 번역들이 계속해서 시도 되는 등 전 세계인의 관심과 사랑을 받는 세계적 고전으로 자리매 김했다. 최근에 출간된『노자』관련 서적들을 보면, 학계의 전문 연구자들에 국한되지 않고 문화, 종교, 경제, 경영 등 다양한 분야 에 종사하는 사람들이『노자』에 관심을 가지고 저술 활동을 하고 있음을 알 수 있다. 이런 현상은『노자』가 폭넓게 읽히면서 많은 이의 사유와 통찰을 자극하고 있음을 잘 보여준다. 그러나 아이러 니하게도『노자』는 다른 어떤 고전보다도 쉽게 이해되지 않는 난 해한 책으로 유명하다. 특유의 간결함과 모호함으로 인해 단번에

읽히지도 않고 내용의 전모가 명확하게 드러나지도 않는, 그래서 많은 사람에게 난해하게 느껴지는 텍스트인 것이다. 『노자』에 실려 있는 경구들을 단편적으로만 활용하거나 그것들을 실마리 삼아 자기 생각을 펼치는 경우라면 이 난해함이 크게 문제가 되지 않을 수도 있다. 그러나 이 텍스트의 전체적인 의미 연관을 분명하게 파악하고 그럼으로써 정합적인 철학 체계를 재구성해내고자 하는 사람들에게 『노자』는 난감함을 안겨준다.

 이 책은 한스-게오르크 묄러Hans-Georg Moeller의 『『도덕경』의 철학The Philosophy of the *Daodejing*』(2006)을 우리말로 옮긴 것이다. 묄러는 현재 마카오대학 철학·종교학과 교수로 있으면서 중국철학과 비교철학 및 사회정치사상에 걸쳐 왕성한 연구와 저술 활동을 하고 있는 학자이다. 그의 학술적 관심은 여러 방면에 걸쳐 있기는 하지만, 그 가운데에서도 도가철학이 그의 연구 전체에서 큰 비중을 차지하고 있다. 지금까지 그는 『노자』 독역본(1995)과 영역본(2007)을 비롯해 『풀어쓴 도가: 나비 꿈에서 어망 우화까지Daoism Explained: From the Dream of the Butterfly to the Fishnet Allegory』(2004), 『진실된 가장: 장자 철학에 대하여Genuine Pretending: On the Philosophy of the *Zhuangzi*』(2017) 등 도가 철학과 관련된 저·역서와 논문을 꾸준히 발표해왔다. 특히 『『도덕경』의 철학』은 중국어와 이탈리아어로도 번역되어 동서양의 『노자』 연구자들과 입문자들에게 널리 읽히고 있다.

 '『도덕경』의 철학'이라는 제목은 『노자』가 철학 텍스트임을 강조하고 철학적 관점에서 『노자』를 해석하겠다는 지은이의 의지를 드러낸 것이다. 묄러는 『노자』를 불가해한 수수께끼로 가득한 신비주의적 텍스트로 치부하거나 장생불사長生不死를 추구하는 도교道教의 경전으로만 보는 관점으로부터 거리를 둔다. 그는 두 가지 측면에서 『노자』가 철학적으로 의미 있는 텍스트임을 분명히 하고 있다. 첫째, 『노자』는 성립 초기부터 소수의 정치적 리더들에게 사회질서의 확립과 좋은 통치를 가능하게 하는 철학적 토대를 제시하려는 정치철학적 의도를 가지고 있었다는 것이다. "『노자』라는 텍스트는 애초부터(즉 기원전 4-3세기경부터) '정치철학'이라고 부를 만한 것에 대한 하나의 지침서였으며, 더 구체적으로 말하자면 사회에서, 나아가 우주에서 질서를 유지하거나 확립하는 방법에 대해 논한 전문서였다."(9쪽) 둘째, 『노자』의 철학적 가치는 과거의 어느 시기에만 유효했던 것이 아니라 오늘날에도 여전히 유효하다는 것이다. 묄러에 따르면 『노자』는 근대 이후 서양 문화에서 당연시해온 인간적 행위주체성 개념과 주체성의 철학을 반성적으로 돌아보는 데 도움이 될 뿐만 아니라, 그에 대한 대안을 제시하는 데에도 기여한다.

 그럼에도 불구하고 묄러가 우려하듯이 『노자』를 철학 텍스트로 인정하기를 꺼려하는 경향은 학자들 사이에서조차(특히 서양의 학자들 사이에서) 쉽게 사라지지 않고 있다. 『노자』의 본문이 보여주는 내용상의 불명료함과 불가해함 때문이다. 묄러는 『노자』의 이런 불명료함과 불가해함은 우리가 현대의 철학 저술에 기대하는 것을 오래전 전혀 다른 문화적 맥락 속에서 탄생한 이 고전에도 기대하는 해석학적 오류로부터 생겨난 것이라고 본다. 『노자』는 우리가 철학 텍스트라면 당연히 가지고 있을 것이라고 생각하는 세 가지 요소를 결여하고 있다. 그중 하나는 개인적 자아를 지닌 저자의 존재이다. 철학 텍스트의 저자라면 자기만의 독창적인 사고를 제시하고 그 독창적 사고의 주체로서 자기 존재를 드러내야 하는데,『노자』에서는 그런 존재를 찾아볼 수가 없다.『노자』의 본문에 '나(我, 吾)'라는 주어가 간혹 등장한다는 점에서 이런 개인 저자가 암암리에 드러난다고 보는 사람들도 있다. 그러나 묄러는 그 일인칭 주어는 저자가 자기 개인을 드러내는 자리라기보다는 독자나 청자가 그 속에 자신을 동일시하거나 이입해 넣을 수 있도록 비워둔 자리라고 본다. 둘째, 철학 텍스트는 일정한 주제와 논점이 있어야 하고 체계적 논증도 있어야 하는데『노자』는 그렇지가 않다.『노자』는 다양한 격언과 가르침들이 특정한 패턴 없이 파편화된 형태로 텍스트 여기저기에 흩어져 있을 뿐이다. 셋째,『노자』는 내용에 있어서 명확한 시작과 끝이 없고 일정한 순서도 없는 비선형적인 전개 방식을 취하고 있다.『노자』가 비선형적 텍스트라는 점은 이 책이 철학의 기본 요소로 간주되는 논리적 특성을 결핍하고 있는 것처럼 보이게 한다. 그러나 묄러는 이 요소들은 근대 이후 서양 문화에서나 중요한 의미를 가질 뿐 철학 텍스트의 필수 불가결하고 본질적인 요소라고 볼 수 없다는 점에서 이 요소들의 부재에 근거해『노자』를 철학 텍스트가 아니라고 단정할 수는 없다고 본다.『노자』는 우리가 기대하는 것과는 전혀 다른 방식으로 철학적 의미들을 구성하고 있으며, 이 요소들의 부재는 오히려 비非인간주의라는『노자』의 철학적 전제를 잘 보여주고 있다는 것이다.

앵거스 그레이엄은 『노자』의 상당 부분이 운문의 형식을 띠고 있음을 상기시키면서 『노자』 전체는 "의심의 여지 없이 한 편의 철학적인 장시長詩 또는 시 전집"으로 볼 수 있다고 언급한 바 있다(Angus C. Graham, *The Disputers of the Tao*, La Salle, Ill.: Open Court, 1989, p. 218). 운문체와 더불어 『노자』를 특별히 시적 텍스트로 만들어주는 것은 다양한 메타포이다. 『노자』는 골짜기, 물, 뿌리, 문, 어머니 등과 같이 우리가 자연이나 생활 속에서 쉽게 접할 수 있는 구체적인 존재들을 메타포로 적극 활용하고 있다. 그레이엄은 『노자』가 철학적 시라는 자신의 주장을 『노자』는 이미 완성되어 있는 모종의 철학을 시적인 형식으로 옮겨놓은 것이라는 의미로 받아들여서는 안 된다고 강조한다. 『노자』가 이 메타포들을 도道와 함께 엮어 짜는 것은 추상적인 사고를 전달하기 위해 구체적 실례들을 드는 것이라기보다는 사유 과정 그 자체라는 것이다. 『노자』는 "풀어서 설명하는 대신 응축시키고, 간극들을 메우는 대신 적나라하게 병치시킨다. 아무렇게나 위치하고 있다시피 한 '따라서'나 '이 때문에'는 서로 연결이 잘 안 되는 경구들 사이에 행동이 존재한다는 점을 알리는 신호에 지나지 않는다."(p. 218) 그레이엄은 메타포들을 통한 사유는 논리적인 사고만큼이나 우리 지성의 중요한 작용이며, 『노자』는 바로 그런 종류의 지성을 보여주는 걸작이라고 평한다. 그레이엄의 이런 견해를 수용한다면 우리는 『노자』에 나타나는 메타포들의 이미지, 그 이미지들의 특성과 효과에 좀 더 천착할 필요가 있다.

『『도덕경』의 철학』 제1장에서 묄러는 『노자』가 저술의 형태로 정착되어 고정된 판본의 모습을 갖기 이전까지는 정치적 엘리트들의 암송을 위한 구술 텍스트로 존재했으며, 그로 인해 "한 권의 책으로 기능했다기보다는 일종의 고대의 하이퍼텍스트로, 또는 구성과 해체, 확대와 축소의 지속적 과정 속에 놓여 있었던 텍스트적 게슈탈트gestalt로 기능했다"고 주장한다(25쪽). 『노자』에서는 어떤 주제가 여러 장과 여러 구절에 걸쳐 조금씩 변주되면서 반복적으로 출현한다. 각 장들과 각 구절들을 연결하고 각 부분들 사이의 응집력을 갖게 하는 것은 선형적으로 전개되는 논리적 구성 방식이 아니라, 변주를 통해 반복적으로 등장하는 이미지들이다. 일정한 패턴 없이 곳곳에 흩어져 있는 듯 보이는 이 이미지들은 유사성과 연관성에 의해 서로 연결된다. 『노자』는 이 이미지들이 수사학적 연결 고리가 되어 각 부분들이 복합적인 네트워크를 형성하고, 이미지들의 그런 네트워킹과 상호 참조를 통해 철학적 의미를 드러낸다는 것이다. 묄러는 제1장에서 그 이미지들을 촘촘하게 쫓아가면서 『노자』가 전하려는 철학적 메시지들을 분석해 보이고 있다. 만일 우리가 오늘날의 철학 텍스트를 읽듯이 『노자』를 읽기를 고집한다면 『노자』의 독해는 실패할 수밖에 없다. 이 책의 제1장은 『노자』의 효과적인 독해를 위한 지침을 제시한다는 점에서 이후의 장들의 토대가 되는 장이라고 할 수 있다. 제2장부터는 제1장에서 제시한 독해 전략에 따라 『노자』가 담고 있는 철학적 내용들을 본격적으로 다루고 있다. 구체적으로는 성, 정치, 전쟁, 정서, 욕구, 시간, 죽음과 관련된 문제들을 둘러싸고 『노자』

가 어떤 철학적 입장을 보여주는지를 고대 그리스 철학이나 기독교의 세계관, 근대의 계몽주의 등과 비교해서 분석하는 방식으로 설명한다. 그리고 이렇게 드러난 『노자』의 철학이 현대인들이 당연시해온 관념들을 반성적으로 되돌아보는 데 어떤 도움을 줄 수 있는지를 보이려고 한다.

『노자』가 역사적으로 특정 시기에 철학 텍스트로서 중요한 역할을 했다는 사실이 현대인들에게도 『노자』가 여전히 철학적으로 유효함을 보증해주지는 않는다. 정치철학적 관점에서 보면 『노자』는 자유, 권리, 정의, 민주주의 같이 현대 정치철학의 주요 개념들을 전혀 다루고 있지 않다. 이 때문에 이 텍스트는 우리에게 큰 의미가 없는 시대착오적이거나 이질적인 내용으로 이루어져 있는 것처럼 보일 수 있다. 그러나 묄러는 『노자』의 이런 특성이 오히려 우리가 익숙해져 있는 관념들과 인간관, 세계관을 반성적으로 돌아보게 하는 외재적 준거점이 될 수 있다고 본다. "자신이 쓰는 언어를 더 잘 이해하기 위해서는 외국어를 연구하는 것이 중요하듯이 자신이 어떻게 사유하는지를 더 잘 이해하기 위해서는 다른 방식으로 철학하고 사고하는 것을 연구하는 게 중요하다. … 이 텍스트는 사람들이 너무나 친숙해져 있는 것을 달리 생각하고 다른 각도에서 바라볼 것을 요구한다."(13쪽) 묄러는 한 걸음 더 나아가 『노자』는 우리가 진지하게 고려해볼 만한 대안들을 제시한다는 점에서 더 적극적인 가치를 갖는다고 본다. 그 대안적 지점을 그는 인간주의humanism에 도전하는 탈脫인간주의와 공명하는 『노자』의 전前인간주의에서 찾고 있다. 근대 이후 서양 문화를 지배해온 인간주의에 대한 반성으로 등장한 탈인간주의적 사유를 발전시키는 데『노자』의 비非인간주의적 또는 전前인간주의적 관점이 도움이 될 수 있다는 것이다. 그에 따르면 비인간주의적 관점은 "인간들이 할 수 있는 게 무엇인지, 또는 해야 하는 게 무엇인지를 고려할 뿐만 아니라, 인간들이 하는 척할 수 없는 게 무엇인지, 그리고 그렇기 때문에 어쩌면 하는 척해서도 안 되는 게 무엇인지를 고려하는 자기 기술이다. 그것은 적어도at least 그리고 마침내at last 인간들을 많은 곤란으로부터 벗어나게 해줄 것이다."(270쪽)『『도덕경』의 철학』제10장은 이 책 전체를 관통하는『노자』의 비인간주의적 입장을 강조하면서 이 책 전체를 개괄하고 있다.

『『도덕경』의 철학』은 전체 분량에 비하면 다루고 있는 주제들이 다양하고 광범위한 편이다. 이 책에 대한 한 서평은 다음과 같이 언급하고 있다. "간결하면서도 우아하게 제시되어 있는 10개의 장에서 한스-게오르크 묄러는 철학 및 초기 도가를 연구하는 이들이 틀림없이 흥미롭게 생각할 비교 연구의 쟁점들과 텍스트의 쟁점들을 폭넓고 다양하게 탐구하고 있다. 묄러는 특히『도덕경』에 광범위하게 퍼져 있는 '비인간주의적non-humanistic' 철학을 강조하면서, 그런 철학이 개인과 사회 및 세계에 대한 현대인들의 사고방식에 대해 던지는 도전들을 개괄한다. 그가 다루고 있는 주제들은, 몇 가지 예를 들자면 텍스트 자체의 특성으로부터 정치, 전쟁, 윤리, 성, 욕구, 죽음과 죽음의 형벌에 대한 견해들, 그리고 영속성 개념에 이르기까지 수도 많고 종류도 많다. … 묄러의 책은 이 텍스트에 대한 보통의 분석이나 번역에서는 볼 수 없는 흥미로운 관점들과 통찰들을 제공하고 있다."(Erica Brindley, "Book Review", in *Journal of Chinese Philosophy*, 35(1), 2008, p. 185) 『도덕경』의 철학』은 『노자』에 대한 해석적 지침을 제공할 뿐만 아니라 『노자』를 활용해 오늘날에도 여전히 쟁점이 되는 철학적 주제들을 다루는 방식을 보여주고 있다. 이 책에서 다루는 주제들에 더 천착하고 더 많은 철학적 주제를 다루는 데 『노자』를 어떻게 활용할지는 독자들에게 열려 있는 과제라고 할 수 있을 것이다.

묄러의 책이 출간된 지 얼마 되지 않았을 무렵, 도가 철학 전문가이신 김시천 선생님의 소개로 이 책을 처음으로 접하게 되었다. 그후로 10년 넘게 이 책을 책장에 꽂아두기만 하고 제대로 읽지는 못했다. 몇 년 전 『노자』를 처음 접하면서 난감해하는 대학원생들에게 구체적인 주제들을 다루기에 앞서 이 텍스트를 어떤 방식으로 읽어야 할지에 대한 지침을 마련해주는 일이 우선임을 절실히 느낀 적이 있다. 그때 관련 서적들을 참조하다 이 책의 제1장에서 『노자』를 인터넷의 하이퍼텍스트에 비견한 점이 흥미로워 정독하기 시작했고, 책 전체를 읽으면서 번역의 가치에 대한 확신이 들어 짬짬이 번역을 하게 되었다. 번역하는 동안 예전에 김시천 선생님과 전호근 선생님과 함께 세미나를 하면서 소중한 학술적 도움과 자극을 받았던 기억이 자주 떠올랐다. 새삼스러워서인지 표현이 서툴러서인지 감사의 마음을 변변히 표현한 적이 없는 것 같다. 지금은 자주 뵙지 못하고 있지만 이 후기를 빌려 두 분께 감사의 마음을 전하고 싶다. 또한 이 책의 출판을 흔쾌히 결정해주신 이학사, 그리고 부지불식중에 습관처럼 배어들어 있던 표현상의 문제점들을 꼼꼼하게 살펴주시고 느린 작업 속도를 이해해주신 임양희 편집장님께 감사드린다. 『노자』가 "아무리 써도 고갈되지 않는" 지혜의 책으로 사용되는 데 이 책이 보탬이 된다면 더없이 좋겠다.

찾아보기

인명

ㄱ

공자孔子 10, 21, 170, 173
곽상郭象 227
그라네, 마르셀 76, 78
그레이, 존 15
그레이엄, 앵거스 114, 249, 250

ㄴ

나폴레옹 161
니체, 프리드리히 199, 242-244, 246, 262, 269

ㄷ

다윈, 찰스 270
들뢰즈, 질 263-264
디킨스, 찰스 266

ㄹ

레비스트로스, 클로드 78
루만, 니클라스 105, 107, 183

ㅁ

마투라나, 움베르토 105-107
맹자孟子 10-11, 203-205
모리스, 허버트 245

ㅂ

바렐라, 프란시스코 105, 107
반 덴 하그, 어네스트 246
번스, 월터 245-246
보드리야르, 장 265

ㅅ

성 아우구스티누스 220-224
소크라테스 69-74, 79, 191
슬로터다이크, 페터 243, 245

ㅇ

아리스토텔레스 82, 106, 109
에뤼시마코스 69-72
에임스, 로저 93, 159, 170, 253, 257
왕필王弼 31
유안劉安 188

ㅋ

칸트, 임마누엘 244-246, 266
코페르니쿠스, 니콜라스 270

ㅍ

푸코, 미셸 262-264
프로이트, 지크문트 57, 269, 270
플라톤 69-71, 73, 79, 109, 169, 235

ㅎ

하상공河上公 28
하이데거, 마르틴 109, 111
헤밍웨이, 어니스트 163
혜시惠施 248, 250
홀, 데이비드 93, 159, 257

용어

ㄱ

갓난아이 59-62, 64-66, 81, 83, 85, 134-135, 177
강 40-42, 54-55, 66, 209
게슈탈트gestalt 25, 34, 83
계몽 142, 256
계몽주의 142, 261, 263, 266, 269
『고백록Confessions』 220-223
고유한 경로(자연自然) 101-103, 108
골짜기 29-42, 44, 46, 50, 54, 65-66, 84, 87-88, 133, 209
골짜기의 혼 27, 29, 34, 36, 39-40, 42-44, 54, 226
곽점본 11, 21, 28
구름과 비의 유희(운우雲雨) 63
『국가Republic』 169
금욕 61-62, 125, 180, 253
기氣 59, 74, 79
기계장치 100, 260
기공氣功 80-81
기공술 80
기독교 47, 61, 73, 93, 108-109, 112, 152, 191, 220, 222, 224-225, 235, 242-246, 261

ㄴ

남성스러움 55, 59, 67, 76
내재성 107, 260
너머의 인간overman 251
네 가지 단초(사단四端) 204-205
넷Net 23
『논어論語』 21, 170, 173

ㄷ

달력 212-213, 220
대조 분석contrastive analyses 13
덕德 60, 74, 89-90, 92, 104, 107
데미우르고스demiurge 109

도道 51-52, 54, 60, 62, 65, 67, 74, 85, 88, 91, 94, 107-108, 112, 130, 134, 137, 144, 174, 177, 193, 202, 210, 218, 226, 231, 238, 248
도교道敎 10, 226-227
도덕 감정 204, 207
『도덕경道德經』 9, 17
『도덕형이상학The Metaphysics of Morals』 244
도상학圖像學 161, 164-165
두 가지 기(이기二氣) 80
때 이른 죽음 236-239

ㄹ

리더십 114, 141, 268
리듬 65, 78-81, 83, 85, 92, 141, 192, 210, 212-213, 225, 258
리바이어던Leviathan 259
〈리쎌 웨폰lethal weapon〉 162
링크link 23, 26-28, 30, 34, 37-38, 40, 44-45, 48, 52, 90
링크 장치linkage 38, 49, 51

ㅁ

마왕퇴본 21, 59, 228, 239
만 가지 사물(만물萬物) 39, 43, 75, 77-78, 83-86, 94-95, 102, 104, 115-116, 130-132, 202, 217, 229, 252
만족 64, 106, 151-152, 154, 176-184

『말과 사물The Order of Things』 262-263
매질媒質 79-81, 83
메커니즘 14, 52, 86, 103-104, 115, 144-145, 184, 238, 268
명예 범죄 244
무기 152-156, 158, 175, 233
무심함 14, 190-191, 193, 198-200, 202-203, 209
무위無爲 64
문門 17, 26-27, 46-50, 52
민족국가 165-166
민주주의 13, 123, 142-144, 261

ㅂ

바람과 물의 기술(풍수風水) 64
바퀴통 35-36, 62, 86, 120, 220
반反영웅 163
반전 44, 46, 49, 98, 118, 193
반反활동주의 152
방중술房中術 56
변화의 다섯 가지 국면(오행伍行) 63
부동不動의 동자動者 109
분노의 도덕 242, 245
불멸(성) 29, 34, 71, 226-228, 231, 233-236
불운 187-193, 198, 202
비非행위주체성 146
뿌리 27, 48-50, 62, 123, 133, 170, 172-173, 209, 217-219

ㅅ

사형 236-247
사형 집행인 240-244, 247
사형 철학 244-246
상보성 192
상보적 193-194, 196, 200, 209, 229
상호 텍스트적 51
새옹지마塞翁之馬 187, 192, 195, 205
생식 54-56, 61-63, 65, 69, 71-72, 74, 77, 91, 209, 258
성性 13, 54-55, 60, 62, 64, 75, 203
성교 56, 58
성인-군주 44, 61, 92, 102, 115-116, 119, 124-127, 129, 131, 136-137, 142, 150-151, 154-156, 167-169, 173, 175-177, 182, 197, 201, 203, 213, 256, 259-260, 267
섹슈얼리티sexuality 54, 61-63, 69, 71-74, 91, 258
스스로 그러하게/스스로 그러하다 (자연自然) 14, 97, 101-104, 108, 113, 120, 123, 240, 257, 260
시간 13, 47, 64, 77-79, 195, 209-226, 231
시간성 216, 220-224, 226, 231
시의적절함 213-215, 219-220
심장 77-78, 82, 85-86, 115, 117, 168, 275
심층생태론deep ecology 143

ㅇ

아래의 인간underman 251
아무것도 하지 않으면서도 하지 않는 것이 없다(무위이무불위無爲而無不爲) 160, 167
아무것도 하지 않음(무위無爲) 119
어둠 17, 26, 28, 45, 48, 52, 77, 83, 136-138, 156, 172, 210
얻음(득得) 90-91
없음(무無) 37-38, 50, 53, 84-86, 116, 119, 134, 194
에로스Eros 69-73
에로티시즘 69
여성스러움 27, 42-44, 46-48, 54-56, 58, 67, 76
역설 62, 64, 125, 128, 133, 137, 140-141, 143, 146, 150, 155-156, 176, 179-180, 239, 241, 251
역학 95, 101, 116
영구기관 103
영속성 44, 209-212, 214-216, 219, 222, 227, 254
영웅 162-164, 166, 246
영웅주의 161-165, 167, 246
영원성 71, 209, 220-222, 224-225
영혼 71, 140, 182, 191, 224, 235-236, 245
예禮 171
욕구 70, 124, 128, 130-132, 135, 150-152, 154-156, 163, 168-169, 172-186, 252, 259, 269

욕구 없음　173
『우상의 황혼Götzen-Dämmerung』　243
우애(제弟)　170
우주　9, 19, 49, 52, 62-65, 68-72, 77-80, 83, 85-86, 90, 93-95, 99-105, 107-109, 111, 134, 138-140, 148, 167, 210, 212, 258-260, 270
우주론　75, 105, 107-109
원한/원한 감정ressentiment　191, 242, 244
위무위爲無爲　56
유가　253-254
음기陰氣와 양기陽氣　80, 83
음陰과 양陽　74-81, 83, 107, 192-193, 210, 258
의례　18, 172, 212, 254-255, 261
의로움(의義)　203
인간다움(인仁)　132, 134, 170, 203, 249
인간주의humanism　71, 111, 113, 133, 142-144, 146, 166-167, 254, 256-259, 261-262, 264-266, 270
인터넷　22-25, 265-266
있음(유有)　37-38, 50, 53, 84-86, 116, 134, 194

ㅈ

자기self　236
자기 기술self-descriptions　19, 142-143, 146-147, 262, 270
자기 발생self-generation　105, 107
자기 발생적self-generated　105
자기 억제　151
자기 처방self-prescriptions　19
자기생산autopoiesis　105, 107-108
자기생산적autopoietic　105, 107
자르지 않은 목재　30-32, 65-67, 132
자아ego　14, 20, 141, 234, 269-270
자연自然　19, 40, 44, 46-47, 52, 63-64, 70, 72, 74, 80, 87, 90, 93-94, 97-98, 100, 103-105, 107-108, 111, 113, 131-132, 134, 138, 140, 161, 167, 185, 200, 205, 209-210, 212-213, 225, 233, 236, 249-250, 258-260
자유의지　140, 242-243, 247, 269
『장자莊子』　227, 230, 248, 250-255
전쟁　14, 80, 148-150, 152-169, 200, 207, 213, 236, 267
전쟁철학　148, 166
전前인간주의　264, 266-267, 269-270
정情　249-250
정결貞潔　61
정보사회　182-183
정서　14, 165, 168-173, 181-182, 184-186, 189-193, 195, 203, 249-250, 252, 254, 260
정서적 단식　172
정신화metalization　224
정의　71, 161, 244-247, 261

젠더　62, 255
『좌전左傳』　159-160
『주역周易』　75, 78, 192
죽음　14, 84, 210, 226-240, 254-255
죽음 철학　235
중독　180-181, 183
지푸라기로 만든 개　252-253
지혜(지智)　18, 22, 71, 203, 221, 256
질서(치治)와 혼란(란亂)　10, 113, 192

ㅊ

천天　93-94, 107
천하天下　11, 95
찰나　224
철인-왕　169
초인overman　262
출입구와 창　35-36, 46
충동　97, 182, 206, 248-251, 260-261

ㅋ

쾌락주의　180

ㅌ

타고난 성향(성性)　203
탈민주주의적post-democratic　145
탈인간적post-human　270
탈인간주의적post-humanist　144-145, 264, 266-267, 269-270
텅 비어 있음　32-35, 37-38, 44, 47, 52-53, 66, 84, 86, 116, 136

ㅍ

포이에시스poiesis　106
풀무　34-37, 39, 49, 62, 84, 255
프락시스praxis　106
플라토닉 러브　73

ㅎ

하나　39, 85-90, 140, 197
하느님　93, 108, 220-221, 223-224, 261
하늘(천天)　47, 77, 80, 87, 93-96, 98-101, 131, 248-249
하늘 아래　65, 95, 100
하늘과 땅　27, 34, 48-49, 52, 63, 65, 68, 75, 87, 99-100, 112-113, 131, 134, 140-141, 144, 161, 168, 185, 210-213, 252-254, 258-259
하늘의 도　96-99
하늘의 문　47, 49
하늘의 아들(천자天子)　140
하이퍼텍스트hypertext　22-26, 265
『하찮은 인간, 호모 라피엔스Straw Dogs: Thoughts on Humans and Other Animals』　15
항구성　49, 53, 194, 218, 226
항구적 효력　32-33, 41, 65-66
『향연Symposium』　69, 72
행동주의자들behaviorists　171
행운　187-193, 198, 202
행위주체성agency　14, 108, 267-269
행위하지 않음을 통한 행위/행위함

없이 행위한다(위무위爲無爲)
　　56, 61, 82, 239
현玄　46
현존재Dasein　112
『회남자淮南子』　187-188, 200
효孝　170-172
효력　30, 33, 37, 39, 41, 44, 46, 49, 52, 59-60, 70, 88-92, 103-105, 116, 138, 155, 158-159, 161